# 社会心理服务职业技能

## 基础理论与实践方法（初级）

许新赞　赵　杰　主编

清华大学出版社
北　京

本书封面贴有清华大学出版社防伪标签，无标签者不得销售。

版权所有，侵权必究。举报：010-62782989，beiqinquan@tup.tsinghua.edu.cn。

图书在版编目（CIP）数据

社会心理服务职业技能：基础理论与实践方法：初级 / 许新赞，赵杰主编. -- 北京：清华大学出版社，2025.4. -- ISBN 978-7-302-67764-2

Ⅰ．C912.6-0

中国国家版本馆 CIP 数据核字第 2025FS6921 号

责任编辑：张立红
封面设计：钟　达
版式设计：方加青
责任校对：卢　嫣
责任印制：丛怀宇

出版发行：清华大学出版社
　　　　　网　　址：https://www.tup.com.cn，https://www.wqxuetang.com
　　　　　地　　址：北京清华大学学研大厦 A 座　　　邮　　编：100084
　　　　　社 总 机：010-83470000　　　　　　　　　邮　　购：010-62786544
　　　　　投稿与读者服务：010-62776969，c-service@tup.tsinghua.edu.cn
　　　　　质 量 反 馈：010-62772015，zhiliang@tup.tsinghua.edu.cn
印 装 者：天津鑫丰华印务有限公司
经　　销：全国新华书店
开　　本：185mm×260mm　　　印　　张：16.5　　　字　　数：356 千字
版　　次：2025 年 5 月第 1 版　　　印　　次：2025 年 5 月第 1 次印刷
定　　价：79.00 元

————————————————————————————————

产品编号：096730-01

# 编写委员会

**总 主 编** 彭凯平　樊富珉　许　燕

**副总主编** 倪子君　陈　虹　闫洪丰　张英俊　秦　琴

**编　　委**（按拼音从A-Z排序）

　　　　　曹加平　陈　雪　崔景贵　郭晋林　胡　月　蒋晓明　李嘉鑫
　　　　　李　焰　刘　丹　刘华清　刘　军　任　俊　石　忠　苏细清
　　　　　孙　沛　孙时进　谭泽晶　唐海波　王阿芹　王　平　吴继霞
　　　　　喻　丰　张秀琴　张　焰　赵陵波　赵　然　周　涛

**本册主编** 许新赞　赵　杰

**副 主 编** 杨礼芳　赵会鹏　皮菁燕　卢娓娓　陈秋红

**参　　编**（按拼音从A-Z排序）

　　　　　范雅文　付美珍　胡　彬　黄慧蕾　黄　坚　阚亚辉　卢卫斌
　　　　　刘利敏　施柳周　汪　媛　谢威士　翟亚敏　支艳春　张元灏

# 前言

为深入贯彻落实《教育部办公厅 国家发展改革委办公厅 财政部办公厅关于推进1+X证书制度试点工作的指导意见》（教职成厅函〔2019〕19号）精神，依据国家卫生健康委等10部委联合发布的《全国社会心理服务体系建设试点工作方案》（国卫疾控发〔2018〕44号）政策文件，紧密围绕教育部办公厅等十四部门关于印发《职业院校全面开展职业培训 促进就业创业行动计划》的通知（教职成厅〔2019〕5号），培养具备专业知识和实践技能的高素质人才，我们精心组织策划了这套"社会心理服务职业技能——基础理论与实践方法"丛书，旨在为培养社会心理服务专业人才提供必要的支持。

社会心理是一种人们在精神层面上对社会现象、现实生活的普遍感受和总体反映。其基本特征是，人们通过情绪、态度、言论和生活行为习惯等所表现出来的一种综合而动态的社会精神属性。我们也可以认为，社会心理是社会意识的一种表现形式，它会促成一定的社会风气。通常来说，社会心理可以区分为个体心理和群体心理。《社会心理服务职业技能等级标准》将社会心理服务界定为：以提高大众心理健康意识，提升民众幸福感，构建积极社会心态为目的，而开展的满足个体或群体心理需求的具体活动过程或精神支持过程，包括社会性的心理科普、心理援助、心理评估，以及个体的心理咨询及辅导、心理治疗及危机干预等。上述界定在事实上既包括了个人心理的健康维护，也包括了群体心理的健康维系。

## 一、本丛书的背景、意义

教育部"1+X"证书制度是《国家职业教育改革实施方案》的重要改革部署。"1"指的是学历证书，"X"指的是若干职业技能等级证书。"1+X"证书制度鼓励学生在获得学历证书的同时，取得多类职业技能等级证书，这对于持续深化复合型、技术型、技能型人才的综合培养培训和评价模式的改革，有着积极的作用，从而能切实有效地进一步提高人才培养的质量。

因此，本丛书的意义将突出体现在：第一，有助于培养更多高素质、具备专业技能的社会心理服务人才，满足社会大众对心理健康服务的迫切需求。第二，为社会大众普及心理服务的科学知识和理念，提高公众对心理健康的科学认识，培养科学心理素养，增强社会大众用科学手段进行心理调适的能力。第三，为社会心理服务行业提供系统、规范的知识和技能体系，促进社会心理服务行业专业化、标准化和规范化发展。第四，推动职业教育高质量发展，助力"三教"改革，优化专业布局与人才培养模式，提升服务社会能力。

## 二、本丛书的指导思想

以提升社会心理服务从业者的专业素养和实践能力为核心目标，致力于培养能够有效应对社会心理问题、促进社会和谐发展的专业人才。

立足社会心理服务领域的发展趋势和现实需求，将促进个体心理健康与构建和谐社会紧密结合。

在理论知识传授上，遵循科学性、系统性和前沿性原则，确保学员掌握扎实的基础知识；在实践方法教学中，遵循实用性原则，注重案例分析、模拟训练和实地实践，提高学员解决实际问题的能力；在内容组织上，以推动社会心理服务行业的规范化和专业化发展为指导，充分满足学员在实际工作中的需求，提高学员的职业道德和社会责任感，为改善社会心态、提升社会治理水平贡献力量。

## 三、本丛书的主要内容

丛书分为初级、中级、高级三册，分别对应于社会心理服务职业技能初级、中级、高级的三个等级证书。学员在学习了丛书三个等级的内容，完成对应级别的培训并通过考试后，即可获得相应级别的证书。

丛书包括5个领域、46个任务。

| 领域 | 初级 | 中级 | 高级 |
| --- | --- | --- | --- |
| 1 | 任务1—3 | 任务1—3 | 任务1—3 |
| 2 | 任务4—6 | 任务4—7 | 任务4—7 |
| 3 | 任务7—9 | 任务8—13 | 任务8—13 |
| 4 |  | 任务14—17 | 任务14—17 |
| 5 |  |  | 任务18—20 |

### （一）初级主要内容

**社会心理服务法律法规**：确保在政策保障和伦理规范的指导下开展社会心理服务工作。

**社会心理服务基本理论**：介绍社会心理服务的基础概念如社会心理服务的定义、范畴、目标和重要性；心理学基础知识如社会工作理论、普通心理学、积极心理学、认知心理学、发展心理学、人格心理学、社会心理学、语言心理学、变态心理学等基本原理，涵盖心理学基本理论。

# 前　言

**社会心理服务实操技能**：精神卫生和心理健康科普宣教的知识及方式方法。能够了解科普宣传教育的途径、方法和重点内容，并辅助相应的科普宣教工作开展；常见心理现象与问题初步识别，常见情绪及焦虑抑郁等问题的表现、产生原因、初步应对方法等。能够使用问卷调查、访谈等方法识别常见精神心理问题、家庭/社区一般冲突；使用简单的心理测评工具并能够解读测评结果。了解初步的危机干预知识，能够识别危机信号，为大众提供初步的支持。能够使用心理学常识和有效方法，掌握一些沟通技巧，如倾听、表达、有效提问、非言语沟通、积极语言技术等。

## （二）中级主要内容

**完成科普宣教材料收集和准备**：能够独立开展宣教、进行效果评估，并创新宣教模式。

**深入学习心理学相关知识**：能够识别与评估更复杂的心理问题，能够使用较复杂的心理测评工具解读结果，对个体和群体心理状态进行综合评估，识别和引导不同群体的社会心态。

**掌握情绪疏导、心理辅导的专业技术和策略**：如认知行为疗法、人本主义疗法等。可以针对儿童、青少年、老年人、职场人士、残疾人等的心理特点和常见问题，提供专业的服务策略。能够应用沟通技巧和干预技术，完成压力与应激管理、情绪康复管理等工作。

**了解突发事件引发心理危机时的表现及原理**：学习心理危机管理的方法，制定有效的干预方案。能够进行心理危机评估与管理，指导个体和团体化解负面情绪，促使个体或团体采取积极行动。

**掌握组织和实施团体心理辅导活动的技巧和流程**：能够策划并实施一定规模的团体辅导活动。提升在公检法机构、企事业单位、学校、社区等开展社会心理服务工作的能力。

**充分使用社会心理服务专业知识**：能够独立完成社会心态调研、协助制定和实施社会心态培育方案，建立和谐人际关系，形成积极社会心态。

## （三）高级主要内容

**重点提升社会心理服务工作者的实践能力**：如能够独立策划、组织、实施科普宣教工作，带领居民、群众开展多种心理成长活动，普及心理教育，促进社区、社会和谐稳定发展。

**掌握精细技术，提高个性化服务能力**：能够掌握和运用多种心理科学专业技术和方法进行心理健康维护管理与干预工作；能够设计满足个体、群体和组织心理需求的社会心态管理方案，并有效实施，促使建立积极社会心态，构建健康、和谐和幸福社会。

**整合多方资源，拓展跨领域协作能力**：涉及了与其他领域（如医学、法学、教育学、语言学、社会学等）的交叉和融合，能够为服务对象提供多领域、跨文化、综合性的解决方案。

**有效应对危机，提高项目管理与评估能力**：在重大突发事件和危机情境下具备"现在进行时"的有效心理干预反应，并制定有效应对策略的能力。减少社会矛盾，促进社会稳定；具备在公共卫生和社会工作服务领域及高校、医院、心理研究机构等多种专业环境中，独立策划、组织和管理大型高质量社会心理服务项目的能力，包括项目的规划、执行、监督和评估。具备指导和培养初级、中级社会心理服务人员的能力。

**遵循伦理标准，提高法律困境的应对能力**：在面对复杂的伦理和法律困境时，能够遵循伦理准则和法律法规做出明智决策，保障服务过程的合法性和道德性。

## 四、适用群体

本丛书适用范围广泛，包括中等职业学校、高等职业院校、应用型本科学校的学生。

社会心理服务从业者：如心理咨询师、社会工作者、社区工作者、社区心理服务人员等。

教育工作者：如班主任、辅导员、心理健康教育教师、分管学校心理教育工作的干部等。

从事心理服务相关工作的医疗工作者、人力资源工作者、企业管理人员、政府部门（民政、司法、公安）工作人员，以及对社会心理服务感兴趣的人员。

## 五、编委团队

丛书编写团队由来自19个省份、58家高等院校具有丰富教学经验和实践经验的专家学者组成，其中，博士生导师10人，教授25人，副教授38人，博士47人，硕士62人，以及精神卫生医疗机构暨三级甲等医院精神科医师2人，高校、职校心理学院院长、心理学系主任、心理健康中心主任及副主任39人。他们均在社会心理服务领域积累了丰富的实践经验、操作方法和进行了大量的模拟训练，在书中为学员呈现了通俗易懂的知识和解决实际问题的方法。

2020年12月31日，依据教育部职业技术教育中心研究所发布《关于受权发布参与1+X证书制度试点的第四批职业教育培训评价组织及职业技能等级证书名单的通知》，北京中文在线教育科技发展有限公司获批成为职业教育培训评价组织，专项开展社会心理服务1+X证书制度的职业教育培训。"社会心理服务职业技能等级证书"入选教育部职业技能等级证书体系，该证书既是学员职业技能水准的有力见证，也是学员独立开展工作的重要依据。

厚德明心（北京）科技有限公司在研发"社会心理服务职业技能"系列丛书过程中，为了提高学员理论知识与实操水平，培养优秀社会心理服务人才，组织专业力量，精心设计课程，明确任务要求，构建分层题库，制订考评标准，规范实施流程，筑牢了教师教学水平的专业根基，为社会心理服务行业筛选输送合格专业人才提供了有力保障。

# 前　言

社会心理服务职业技能等级证书不但填补了国内在社会心理服务领域专业化培训的空缺，还为这一领域的职业技能确立了标准化与规范化的准则，也为社会心理服务事业的蓬勃发展提供了强大助力。通过全面培训和严格考核，学员能够显著提升社会心理服务的职业技能，为我国社会心理服务事业的稳健发展提供坚实支撑。

我们希望这套"社会心理服务职业技能"系列丛书能够成为广大学员学习和提升社会心理服务能力的有力工具，为推动社会心理服务事业的发展，促进社会和谐与进步发挥积极的作用。

最后，感谢所有主编、副主编、编委及参编人员，感谢在项目立项、联络作者、审改编校过程中做出突出贡献的工作人员王阿芹、张维作、马平英、李彦儒、桑迪、王微、吕越、任晓萌、庞雪，感谢清华大学出版社特聘专家陈虹编审的统稿审阅，第八事业部主任张立红编辑给予的专业支持与技术指导。

让我们携手共进，为构建系统、规范的社会心理服务体系而努力！

书中疏忽之处在所难免，请广大读者不吝赐正。

彭凯平

2025年1月28日

# 目录

## 领域一　科普宣教

### 任务一　资料准备　/ 3

- 一、任务信息 ··················································································· 3
  - （一）任务导入 ············································································ 3
  - （二）任务要求 ············································································ 3
- 二、任务实施 ··················································································· 3
  - （一）宣教途径/方式设计 ······························································ 4
  - （二）制订宣教方案 ···································································· 22
- 三、任务总结 ················································································· 38
- 习题 ····························································································· 39

### 任务二　宣教实施　/ 41

- 一、任务信息 ················································································· 41
  - （一）任务导入 ·········································································· 41
  - （二）任务要求 ·········································································· 41
- 二、任务实施 ················································································· 41
  - （一）宣教活动准备 ···································································· 42
  - （二）宣教活动实施 ···································································· 47
- 三、任务总结 ················································································· 56
- 习题 ····························································································· 57

## 任务三　效果评估　/ 59

### 一、任务信息 ... 59
（一）任务导入 ... 59
（二）任务要求 ... 59
### 二、任务实施 ... 59
（一）宣教后期数据收集 ... 60
（二）宣教效果评估 ... 70
### 三、任务总结 ... 73
### 习题 ... 74

# 领域二　问题识别

## 任务四　心理问题识别与评估　/ 79

### 一、任务信息 ... 79
（一）任务导入 ... 79
（二）任务要求 ... 79
### 二、任务实施 ... 79
（一）心理问题识别与评估 ... 80
（二）心理健康评估的流程 ... 84
### 三、任务总结 ... 97
### 习题 ... 98

## 任务五　家庭/社区一般冲突识别　/ 100

### 一、任务信息 ... 100
（一）任务导入 ... 100
（二）任务要求 ... 100

二、任务实施…………………………………………………………………… 100
　　　（一）家庭/社区一般冲突信息收集和识别……………………………… 101
　　　（二）家庭/社区一般冲突问题解决……………………………………… 115
　　三、任务总结…………………………………………………………………… 123
　　习题……………………………………………………………………………… 124

## 任务六　社会心理调研　/ 126

　　一、任务信息…………………………………………………………………… 126
　　　（一）任务导入………………………………………………………………… 126
　　　（二）任务要求………………………………………………………………… 126
　　二、任务实施…………………………………………………………………… 126
　　　（一）社会心理调研方法……………………………………………………… 127
　　　（二）分析调研数据、制作统计图表………………………………………… 134
　　　（三）撰写社会心理调研报告………………………………………………… 136
　　三、任务总结…………………………………………………………………… 140
　　习题……………………………………………………………………………… 141

# 领域三　伦理认知与专业关系建立

## 任务七　伦理认知　/ 145

　　一、任务信息…………………………………………………………………… 145
　　　（一）任务导入………………………………………………………………… 145
　　　（二）任务要求………………………………………………………………… 145
　　二、任务实施…………………………………………………………………… 145
　　　（一）伦理基本认知…………………………………………………………… 146
　　　（二）保密原则………………………………………………………………… 154
　　三、任务总结…………………………………………………………………… 158
　　习题……………………………………………………………………………… 159

## 任务八　专业关系建立　/ 161

### 一、任务信息 ········································································ 161
（一）任务导入 ································································· 161
（二）任务要求 ································································· 161
### 二、任务实施 ········································································ 161
（一）接待准备 ································································· 162
（二）专业关系建立 ·························································· 173
### 三、任务总结 ········································································ 186
### 习题 ···················································································· 187

## 任务九　沟通技术　/ 189

### 一、任务信息 ········································································ 189
（一）任务导入 ································································· 189
（二）任务要求 ································································· 189
### 二、任务实施 ········································································ 189
（一）有效沟通的主要内容 ················································ 190
（二）沟通技术实施 ·························································· 199
### 三、任务总结 ········································································ 214
### 习题 ···················································································· 215

# 参考文献　/ 217

# 习题参考答案　/ 225

# 跋　/ 235

# 领域一
# 科普宣教

## 一、领域性质

科普宣教是《社会心理服务职业技能》初级分册的第一个领域，是提供专业社会心理服务的基础。通过学习本领域内容，能够了解并掌握科普宣教的途径、方法和重点内容，辅助开展科普宣教工作。

## 二、领域目标

①能够明确社会心理服务政策，保障宣教内容合法合规。收集精神卫生和心理健康宣教资料，识别资料的专业性。根据受众获取心理服务的途径、地点等信息，编制出有特色和有针对性的宣教方案。

②能够开展科普宣教前的组织工作，把控宣教过程，有序、有效地进行宣教活动，确保宣教活动顺利开展，并根据宣教现场受众的需求与反馈，进行现场互动与解答。

③能够通过发放和回收调查问卷，对科普宣教受众进行初步访谈，整理访谈记录，确认科教宣传效果的评估指标，完成评估记录表和评估报告。

## 三、领域内容

本领域包括资料准备、宣教实施、效果评估3个任务。

资料准备包括宣教途径/方式设计和制订宣教方案；宣教实施包括宣教活动准备和宣教活动实施；效果评估包括宣教后期数据收集和宣教效果评估。

# 任务一　资料准备

## 一、任务信息

### （一）任务导入

时间：工作日

地点：金太阳社区

人物：社会心理服务工作者、社区老年人

情境：为普及老年人心理健康知识，使老年人远离心理疾病困扰，安享幸福晚年，社区社会心理服务工作者拟开展"关注老年人健康，从'心'开始"系列宣教。

### （二）任务要求

①能够明确国家社会心理服务政策，保障宣教内容合法合规。

②能够熟知社会心理服务基础知识，收集精神卫生和心理健康宣教资料，识别资料的专业性。

③能够设计宣传途径和方式，依据公众获取心理服务的途径、地点、时间等特征信息，使宣传可行有效。

④能够设计有针对性的宣教内容，可根据受众特点，明确设计方向，编制出有特色和有针对性的宣教方案。

## 二、任务实施

本任务包括宣教途径/方式设计和制订宣教方案两个部分。

## （一）宣教途径/方式设计

### 1. 知识学习

#### 1）国家社会心理服务法律法规以及政策

**（1）《中华人民共和国精神卫生法》（2013年5月1日起施行）**

《中华人民共和国精神卫生法》（以下简称《精神卫生法》），全文共7章、85条，节选部分内容如下。

①第一章总则，共12条。主要明确了精神卫生工作实行预防为主的方针，坚持预防、治疗和康复相结合的原则；精神障碍患者的人格尊严、人身和财产安全不受侵犯。

②第二章心理健康促进和精神障碍预防，共12条。主要明确了精神卫生工作实行政府组织领导、部门各负其责、家庭和单位尽力尽责、全社会共同参与的综合管理机制，要求各级人民政府和有关部门、用人单位、各类学校和监狱、看守所、拘留所、强制隔离戒毒所等场所，应当关注人员的心理健康，开展精神卫生知识宣传，提供心理咨询和心理辅导。

③第三章精神障碍的诊断和治疗，共29条。主要明确了精神障碍的诊断、治疗，应当遵循维护患者合法权益、尊重患者人格尊严的原则，保障患者在现有条件下获得良好的精神卫生服务；精神障碍的住院治疗实行自愿原则。

④第四章精神障碍的康复，共6条。主要明确了社区康复机构、医疗机构、基层群众性自治组织、残疾人组织、用人单位、监护人等应当为精神疾病患者提供康复便利。

⑤第五章保障措施，共12条。主要明确了保障精神卫生工作人员的人格尊严、人身安全，加强对精神卫生工作人员的职业保护，提高精神卫生工作人员的待遇水平。

⑥第六章法律责任，共11条。明确了精神卫生相关法律责任。

⑦第七章附则，共3条。解释了精神障碍和严重精神障碍。

**（2）《"健康中国2030"规划纲要》（2016年10月25日印发）**

《"健康中国2030"规划纲要》共8篇、29章。
①遵循的原则：健康优先、改革创新、科学发展、公平公正。
②战略主题：共建共享、全民健康。
③战略目标：到2030年，基本实现健康公平，主要健康指标进入高收入国家行列。到2050年，建成与社会主义现代化国家相适应的健康国家。

**（3）《关于加强心理健康服务的指导意见》（2016年12月30日由国家卫生计生委等22部门联合印发）**

根据《精神卫生法》《"健康中国2030"规划纲要》和相关政策，就加强心理健康服务、健全社会心理服务体系提出如下指导意见。

心理健康服务是运用心理学及医学的理论和方法，预防或减少各类心理行为问题，促进心理健康，提高生活质量，主要包括心理健康宣传教育、心理咨询、心理疾病治疗、心理危机干预等。心理健康是健康的重要组成部分，关系广大人民群众幸福安康，影响社会和谐发展。

①总体要求

指导思想：按照《精神卫生法》《国民经济和社会发展第十三个五年规划纲要》等法律政策要求，落实健康中国建设战略部署，强化政府领导，明确部门职责，完善心理健康服务网络，加强心理健康人才队伍建设。

基本原则：预防为主，以人为本；党政领导，共同参与；立足国情，循序渐进；分类指导，规范发展。

基本目标：到2020年，全民心理健康意识明显提高。到2030年，全民心理健康素养普遍提升。

②大力发展各类心理健康服务：全面开展心理健康促进与教育；积极推动心理咨询和心理治疗服务；重视心理危机干预和心理援助工作。

③加强重点人群心理健康服务：普遍开展职业人群心理健康服务；全面加强儿童青少年心理健康教育；关注老年人、妇女、儿童和残疾人心理健康；重视特殊人群心理健康服务；加强严重精神障碍患者服务。

④建立健全心理健康服务体系：建立健全各部门各行业心理健康服务网络；搭建基层心理健康服务平台；鼓励培育社会化的心理健康服务机构；加强医疗机构心理健康服务能力。

⑤加强心理健康人才队伍建设：加强心理健康专业人才培养；促进心理健康服务人才有序发展；完善心理健康服务人才激励机制；发挥心理健康服务行业组织作用。

⑥加强组织领导和工作保障：加强组织领导；明确部门职责；完善法规政策；强化基础保障；加强行业监管；加强心理健康相关科学研究。

**（4）《中国心理学会临床与咨询心理学工作伦理守则（第二版）》（自2018年7月1日起实施，以下简称《守则》）**

《守则》由中国心理学会授权临床心理学注册工作委员会在《中国心理学会临床与咨询心理学工作伦理守则》（第一版，2007年）的基础上修订，总则是善行、责任、诚信、公正、尊重。明确了下列问题。

①专业关系：社会心理服务工作人员应按照专业的伦理规范，与寻求专业服务者建立良好的专业工作关系。这种工作关系应以促进寻求专业服务者的成长和发展，增进其

利益和福祉为目的。

②知情同意：寻求社会心理服务的人员，可以自由选择是否开始或维持一段专业关系，且有权充分了解关于专业工作的过程和社会心理服务工作人员的专业资质及理论取向。

③隐私权和保密性：社会心理服务工作人员有责任保护寻求专业服务者的隐私权，同时明确认识到隐私权在内容和范围上受到国家法律与专业伦理规范的保护和约束。

④专业胜任力和专业责任：社会心理服务工作人员应遵守法律法规和专业伦理规范，以科学研究为依据，在专业界限和个人能力范围内以负责任的态度开展评估、咨询、治疗、转介、同行督导、实习生指导以及研究工作。

⑤心理测量与评估：心理测量与评估是咨询与治疗工作的组成部分。社会心理服务工作人员应正确理解心理测量与评估手段在临床服务中的意义和作用，考虑被测量者或被评估者的个人特征和文化背景，恰当使用测量与评估工具来增进寻求专业服务者的福祉。

⑥教学、培训和督导：从事教学、培训和督导工作的社会心理服务工作人员应努力发展有意义、值得尊重的专业关系，对教学、培训和督导持真诚、认真、负责的态度。

⑦研究和发表：社会心理服务工作人员应以科学的态度进行研究，以增进对专业领域相关现象的了解，为改善专业领域做贡献。以人类为被试的科学研究应遵守相应的研究规范和伦理准则。

⑧远程专业工作（网络/电话咨询）：社会心理服务工作人员有责任告知寻求专业服务者远程专业工作的局限性，让寻求专业服务者了解远程专业工作与面对面专业工作的差异。寻求专业服务者有权选择是否在接受专业服务时使用网络/电话咨询。

⑨媒体沟通与合作：社会心理服务工作人员通过（电台、电视、报纸、网络等）公众媒体和自媒体从事专业活动，或以专业身份开展（讲座、演示、访谈、问答等）心理服务的过程中，与媒体相关人员合作与沟通中需要遵守伦理规范。

⑩伦理问题处理：社会心理服务工作人员应在日常专业工作中践行专业伦理规范，并遵守有关法律法规。

## 2）社会心理服务基础知识

### （1）心理现象

心理现象分为两大类，即心理过程和个性心理。人的心理现象分类如图1-1。

### （2）心理健康

世界卫生组织认为"心理健康不仅是个体有能力实现自我价值的快乐幸福的状态，还体现在他们有能力应对生活中的压力，有成效地工作，并有能力为所在社区（社会）做贡献"。从广义上讲，心理健康是指个体具有一种持续、高效而满意的心理状态，在这种状态下，生命具有活力，潜能得到开发，价值得以实现。从狭义上讲，心理健康是指人的基本心理活动的过程协调一致，即认知、情感、意志、行为、人格完整和协调，有正常的智力水平，能够了解并接受自己，能与他人建立和谐的关系，善于调节与控制情绪，有良好的适应环境能力和完整统一的人格,心理年龄和实际年龄相符。

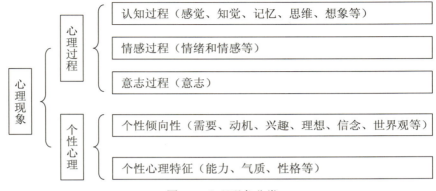

图1-1 心理现象分类

### (3) 心理咨询

在良好的咨询关系基础上,经过专业训练的心理服务人员运用咨询心理学理论和技术,帮助有心理困扰的求助者,以消除或缓解其心理困扰,促进其心理健康与自我发展。心理咨询侧重一般人群的发展性咨询。

### (4) 心理治疗

在良好的治疗关系基础上,经过专业训练的临床与咨询专业人员运用临床心理学有关理论和技术,帮助与矫治心理障碍患者,以消除或缓解其心理障碍或问题,促进其人格向健康、协调的方向发展。心理治疗侧重心理疾患的治疗和心理评估。

### (5) 心理学的研究方法

①观察法:在自然条件下,根据特定的研究目的、研究提纲或观察提纲,借助感官(如眼睛)和辅助设备(如单向玻璃),了解服务人群的日常生活,以及服务人群在特定生活场景中改变状况的一种方法。对表现心理现象的外部活动进行有系统、有计划的观察,从中发现心理现象产生和发展的规律性。观察法具有直接性和描述性的特点。观察法一般在下列情况下采用:对所研究的对象无法控制;在控制条件下,可能影响某种行为的出现;由于社会道德的要求,不能对某种现象进行控制。观察法的缺陷主要有:结果难以精确分析,易受到观察者本人影响。

②心理测量:是依据心理学理论,使用一定的操作程序,给人的行为和心理特点做出推论和数量化分析的一种方法。任何一种心理测量都只能测量个体行为的一个方面或者一种类型;大多数心理测量都建立了常模,会把个体或群体的测量结果与其他个体或群体加以比较,关注人们之间的差异;心理测量所测量的只是一种假定存在的特质,在测量过程存在不可控制因素和不可预测因素,要评估心理测量的价值和有效性比较困难。

测量时要注意两个基本要求:信度和效度。

信度是指测量的可靠程度,即测量结果的稳定性与一致性程度,信度用系数来表示。一般来说，系数越大，一致性越高，测得的分数越可靠；反之则相反。信度的高低与测量性质有关。通常，能力测验的信度（要求0.80以上）高，人格测验的信度（要求0.70以上）低。凡标准化的测量手册，都需要说明本测量的信度。对心理测量信度的评估，会受测验形式、测验程序、测验环境、测验评分方法及被测者的个性倾向、心理状态、知识水平和生活经验的影响。

效度是测量的有效性，即一个测验对它所要测量的特质准确测量的程度。如智力测验，若结果确实表明了受试的智力，量准了智力水平，说明这个测量的效度好；反之则不好。效度分为三类：校标效度、内容效度和结构效度。

③实验法：在控制条件下，对某种心理现象进行观察。分为实验室实验和自然实验（现场实验）。实验室实验是借助专门的实验设备，在对实验条件严加控制的情况下进行的。自然实验也叫现场实验，是对实验条件进行适当的控制，在人们正常的学习和工作情境中进行的。

④个案法：对某个人进行深入而详尽的观察与研究，以便发现造成其某种行为和心理现象的原因。

⑤调查法：用提问的方式，请被调查者就某个问题或某些问题发表看法。一般分为问卷调查和访问调查。

### （6）心理学主要派别

心理学主要派别如表1-1所示。

表1-1　心理学主要派别

| 派别 | 主要观点 | 代表人物 |
| --- | --- | --- |
| ①构造主义 | 主张心理学应该研究人们的直接经验即意识，并把经验分为感觉、意象和激情状态三种元素。强调意识的构成成分。研究方法强调内省法 | 冯特、铁钦纳 |
| ②机能主义 | 主张研究意识，把意识看成是一个川流不息的过程。强调意识的作用和功能。推动心理学向实际生活发展 | 詹姆士、杜威、安吉尔 |
| ③行为主义 | 反对研究意识，主张心理学应研究行为；反对内省法，主张用实验法 | 华生、斯金纳、班杜拉 |
| ④格式塔心理学 | 反对把意识分析为元素，而强调心理作为一个整体。认为整体不能还原为各个部分、各种元素的总和；部分相加不等于全体。整体先于部分而存在，并且制约着部分的性质和意义。重视心理学实验，在知觉、学习、思维等方面做出重要研究 | 韦特海默、柯勒、考夫卡 |
| ⑤精神分析学派 | 重视研究成年人的异常行为，强调心理学应该研究无意识现象。重视动机和无意识现象的研究 | 弗洛伊德、荣格 |
| ⑥人本主义心理学 | 重视人格，强调人的本质是好的，强调自我实现 | 马斯洛、罗杰斯 |
| ⑦认知心理学 | 重视对认知过程的研究，把人看成是认知加工的系统 | 皮亚杰、奈塞尔 |

续表

| 派别 | 主要观点 | 代表人物 |
| --- | --- | --- |
| ⑧日内瓦学派（皮亚杰学派） | 强调认知发展的阶段性和建构性，认为每门科学都要研究客体、该学科本身的理论结构和专门的认识论 | 皮亚杰 |
| ⑨存在主义心理学 | 强调人的存在、自由、选择和责任，认为人的心理是由其所处的环境和经验所塑造的 | 罗洛·梅、维克多·弗兰克尔 |
| ⑩后现代主义心理学 | 对现代主义心理学的客观性、理性主义和实证主义提出质疑，强调多元性、相对性和主观性 | 雅克·拉康、肯尼斯·格根、斯丹纳·克瓦尔 |

### （7）基本概念

①意识。

意识是一个古老而难解的谜。就心理状态而言，意识意味着清醒、警觉、注意集中；就行为水平而言，意识意味着受意愿支配的行为；就心理内容而言，意识意味着可以用言语报告出的行为；就哲学层面而言，意识是一种与物质相对立的精神实体。总之，意识是由人的认知、情绪、情感、欲望等构成的一种丰富而稳定的内在世界，是人们能动地认识世界和改造世界的内部资源，是一种觉知、一种高级心理功能、一种高级心理状态。

无意识是相对于意识而言的，是个体不曾察觉的心理活动和过程。常见的无意识现象有无意识行为、对刺激的无意识、盲视等。

潜意识是弗洛伊德论述最多的部分，也是他的早期人格结构理论的核心，潜意识代表的是深藏于内心的不可接近的部分，是精神活动的主要方面，潜意识包括人的原始冲动，各种本能和出生后所形成的与本能有关的欲望。

前意识是指没有浮现出意识表面的心理现象，它是人们能够回忆起来的经验。前意识是意识与潜意识之间的过渡领域，潜意识进入意识领域必须经过前意识领域，借助前意识的某种形式才能实现。

②注意。

注意是指心理活动或意识对一定对象的指向和集中。指向性是指在某一瞬间，心理活动或意识选择了某个对象而离开其他对象。集中性是指当心理活动或意识指向了某个对象的时候，便在这个对象上集中起来。注意有如下种类。

A. 不随意注意：事先没有目的、也不需要意志努力的注意。

B. 随意注意：事先有预定目的、需要一定意志努力的注意。

C. 随意后注意：有预定目的，但不需要意志努力的注意。

D. 选择性注意：个体在同时呈现的两种或两种以上的刺激中选择一种进行注意，而忽略另外的刺激。

E. 持续性注意：注意在一定时间内保持在某个认识客体或活动上，也叫注意的稳定性。

F. 分配性注意：个体在同一时间内对两种或两种以上的刺激进行注意，或将注意分配到不同的活动中。

注意的广度指在同一时间一个人所能清晰把握的注意对象的数量。注意的稳定性指注意在一个对象上保持时间的长短，分为狭义的稳定性和广义的稳定性。狭义的稳定性指注意保持在某一事物上的时间。广义的稳定性指注意保持在某一活动上的时间。

③感觉。

感觉是人脑对直接作用于感觉器官的事物的个别属性的反映。根据感觉的性质以及它所作用的感官的性质，感觉分为外部感觉和内部感觉。外部感觉接受外部世界的刺激，如视觉、听觉、嗅觉、味觉、皮肤感觉等。内部感觉接受机体内部的刺激（机体自身的运动与状态），如运动觉、平衡觉、内脏感觉等。感觉的测量有如下指标。

A. 绝对感觉阈限：刚刚能引起机体感觉的最小刺激量。

B. 绝对感受性：人的感官觉察微弱刺激的能力。绝对感觉阈限和绝对感受性成反比。

C. 差别阈限：刚刚能引起差别感觉的两个同类刺激物间的最小差异量。也叫最小可觉差。

D. 差别感受性：对最小差异量的感觉能力。差别感受性与差别阈限在数值上也成反比。

④知觉。

知觉是人脑对直接作用于感觉器官的事物的各个属性、各个部分的整体的总和的反映。知觉过程包括：觉察、分辨、确认。知觉具有理解性、整体性、选择性的特点。

知觉和感觉的联系：A.知觉和感觉都是人脑对当前客观事物的反映，即都是客观事物直接作用于感觉器官时，在人脑中产生的对当前客观事物的反映。B.感觉是对事物个别属性的反映，而知觉是对事物整体属性的反映。感觉是知觉的基础与有机组成部分，知觉是感觉的深入与发展。

知觉和感觉的区别：A.感觉的产生依赖于客观事物的物理特性和感觉器官的生理活动。知觉是在感觉的基础上，对客观事物的各种属性进行整合与解释的心理活动过程。B.感觉是对事物个别属性的反映，而知觉是对事物不同部分、不同属性及其相互关系的整体的综合的反映。C.从感觉和知觉的生理机制来看，感觉是单个分析器活动的结果，而知觉是多个分析器协同工作，对复杂刺激以及复杂刺激之间的关系进行分析综合的结果。知觉有空间知觉、时间知觉和运动知觉。空间知觉包括形状知觉、大小知觉、深度知觉和方位知觉。时间知觉是指人知觉到的客观事物和事件的连续性和顺序性，包括四种形式：对时间的分辨、对时间的确认、对连续时间的估量和对时间的预测。运动知觉包括真动知觉和似动知觉。

⑤错觉。

错觉是在特定条件下，对事物必然产生的具有固定倾向的受到歪曲的知觉。包括大小错觉、形状错觉、方向错觉。

⑥记忆。

记忆是通过识记、保持、再现等方式,在头脑中积累和保存个体经验的心理过程。记忆是对过去经历过的事物的反映。记忆具有能动性,只有编码后的信息才能被人们记住。只有对人有意义的信息,人们才会有意识地记忆。记忆包括三个过程:信息编码、存储和提取。

编码指人们在处理信息时,将外界信息的物理特性转化为一种抽象的形式,以便于存储在记忆中,供需要时提取的心理表征过程;是个体对外界信息进行形式转换的过程,包括对外界信息进行反复的感知、思考、体验和操作。

存储指将编码后的信息,以一定的形式存储于记忆中,以备需要时提取的过程;是把感知过的事物、体验过的情感、做过的动作、思考过的问题等,以一定的形式保持在人们的头脑中。

提取指将存储于记忆中的信息选取出来,并加以应用的过程;是指从长时记忆中查找已有的信息的过程。

记忆根据信息保持时间长短分为感觉记忆、短时记忆和长时记忆。感觉记忆指当客观刺激停止作用后,感觉信息在一个极短的时间内保存下来。短时记忆是感觉记忆和长时记忆的中间阶段,保持时间大约为5秒到2分钟。长时记忆是信息经过充分和有一定深度的加工后,在头脑中长时间保留下来。感觉记忆是记忆系统对外界输入的信息进行进一步加工前的暂时登记,是记忆系统的开始阶段;是当客观刺激停止作用以后,在一个极短的时间内保存下来的记忆,是人类信息加工的第一个阶段。

⑦遗忘。

遗忘是指记忆的内容不能保持,或提取时有困难。再认指当经历过的事物再次出现时,能够被识别和确认的心理过程;回忆是指在没有直接刺激的情况下,将经历过的事情在头脑中重新呈现出来的心理过程。能再认而不能回忆叫不完全遗忘;不能再认也不能回忆叫完全遗忘;一时不能再认或重现叫临时性遗忘;永久不能再认或回忆叫永久性遗忘。艾宾浩斯遗忘曲线发现遗忘的规律具有先快后慢的特点,识记后短时间内遗忘得比较快,以后逐渐缓慢,过了相当长的时间,几乎不再遗忘。

⑧思维。

思维是人脑对客观现实的间接和概括的反映,是认识过程的高级阶段。思维在感觉和知觉的基础上产生,并借助语言和文字来表达,包括分析、比较、综合、抽象、概括、判断、推理等过程。正常人的思维具有目的性、连贯性、逻辑性、实践性的特点。

⑨言语。

言语是人们利用语言来表达自己思想情感和与他人交流的活动过程。具有交际功能、调节功能、创造性功能、思维功能。

⑩情绪和情感。

情绪和情感是人们对客观事物的态度的体验和相应的行为反应。由主观体验、外部表现、生理唤醒三种成分组成,具有适应功能、信号功能、动机功能、组织功能。

情绪可分为基本情绪和复合情绪；情绪状态有心境、激情和应激。心境是一种深入的、比较微弱而持久的情绪状态，具有弥散性，并不是对某一事物的特定体验，而是由一定情境引起的，在一段时间内，影响主体对事物态度的体验。激情是一种强烈的、短暂的、爆发性的情绪状态，常伴有明显的外部行为表现和生理状态的变化，往往伴有意识狭窄现象。应激是人面对危险状态或出乎意料的紧张情景时所出现的高度紧张的情绪状态。

情感是人在与外界事物交互过程中产生的内心感受和主观反应，是一种复杂的心理现象。情感的种类有：道德感、理智感、美感。道德感是指依据一定的社会道德行为标准，在评价自己或他人的行为举止、思想言论时产生的情感体验；理智感是指对认识活动成就进行评价时，产生的情感体验；美感是依据一定的审美标准，对事物进行评价时产生的情感体验。情绪和情感是一种内部的主观经验，但它们发生时，又总是伴随着某种外部表现，这些与情绪、情感有关的外部表现就叫作情感的表达，也就是常说的表情。表情分为面部表情、姿态表情（身体表情、手势表情）、语调表情。

情绪与情感的区别：A.情绪具有生理性，情感具有社会性。情绪是人和动物所共有的，是原始的；情感是人类独有的心理活动，具有一定的社会历史性。B.情绪发展在先，情感体验在后。C.与情感相比，情绪不稳定。D.情绪有外显性，情感具有内在性。

情绪与情感的联系：A.情感离不开情绪，稳定的情感是在情绪的基础上发展起来的，情感的表达离不开情绪，离开情绪的情感是不存在的。B.情绪离不开情感，情绪的变化往往反映着情感的深度，情绪的产生往往包含着情感。

⑪动机、需要与意志。

A. 动机：指引和维持个体的活动，使活动朝向某一目标的内部动力或内部心理过程。动机具有激活、指向、维持和调整功能。根据动机的性质，可分为生理性动机与社会性动机。生理性动机也称驱力，它以有机体自身的生物学需要为基础。社会性动机以人的社会文化需要为基础。社会性动机包括兴趣动机、成就动机、权力动机、交往动机。兴趣动机指人们探究某种事物或从事某种活动的心理倾向，它以认识或探索外界的需要为基础。成就动机指人们希望从事对其有重要意义的、有困难的、有挑战性的活动，取得优异结果和成绩，并能超过他人。权力动机指人们具有的某种支配和影响他人以及周围环境的内在驱力。交往动机指愿意归属团体，喜欢与人交往，希望得到关心、友谊、支持、合作与赞赏。

B. 需要：机体内部的一种不平衡状态，反映对内部环境和外部生活条件的稳定的要求。动机是在需要的基础上产生的。需要按起源可分为自然需要和社会需要；按指向的对象可分为物质需要和精神需要。马斯洛的需要层次理论，将人的需要分为生理需求、安全需求、归属和爱的需求、尊重需求和自我实现需求。

C. 意志：个体自觉地确定行动目的，并根据目的来支配和调节行为，克服各种困难，以实现目标的心理活动过程。意志具有独立性、自觉性、自制性、坚定性、果断性的品质。

⑫能力。

能力是人们成功地完成某种活动所必须具备的个性心理特征。人们要完成某种活动，往往不是只依靠一种能力，而是依靠多种能力的结合。这些能力相互联系，保证了活动的顺利进行，这些结合在一起的能力就是才能。知识是人们掌握的关于人类改造自然与社会的历史经验，是人脑对客观事物的主观表征。人们可以运用知识来指导实践活动，知识是能力基本结构中不可缺少的成分。技能是通过练习获得的动作方式和动作系统。能力分为一般能力和特殊能力，模仿能力和创造能力，流体能力和晶体能力，认知能力、操作能力和社交能力。

⑬人格。

人格是指人在社会化过程中形成和发展的思想、情感及行为的特有统合模式。弗洛伊德认为人格由本我、自我和超我三部分构成，见图1-2。本我是人格与生俱来的原始结构，是完全无意识的本能、冲动，是所有心理能量的来源。本我遵循快乐原则，要求即刻满足各种需要。自我是本我在与现实环境作用过程中逐渐分化而来的人格结构，其活动遵循现实原则。超我体现了文化、家庭等社会因素对人格的影响。超我遵循道德原则，其作用是对个人的动机行为进行监督管制。

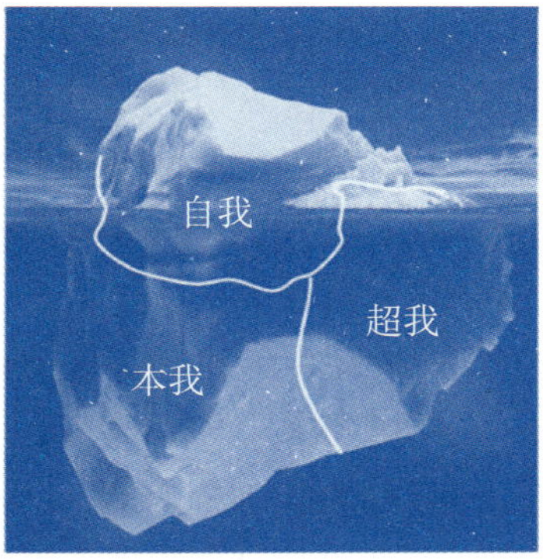

图1-2　人格的结构模式图

A. 人格由气质、性格等构成

气质是个体心理活动的稳定的动力特征，表现在心理活动的强度、速度、灵活性与指向性等方面，是先天形成的，它受个体生理基础的制约，是人格中最稳定的成分。气质分为胆汁质、多血质、黏液质和抑郁质四种类型。胆汁质的特点是情绪易激动、行动敏捷、为人热情直爽、争强好胜、易冲动、缺乏耐心。多血质的特点是思维灵活、容易接受新事物、兴趣广泛且多变、注意力易分散、缺乏耐心和毅力。黏液质的特点是踏实稳重、沉默寡言、行动缓慢、情绪不易外露、严格恪守生活秩序和工作制度，容易墨守成规、不善于随机应变。抑郁质的特点是能观察到别人不容易察觉的细节、怯弱羞涩、易多愁善感。

性格是一个人对现实的稳定态度和习惯化了的行为方式中，表现出来的稳定的个性心理特征，是人格中较稳定的、独特的、与社会相关最密切的心理特征。按照人的行为方式，可以把性格分为A、B、C型三种。A型性格的人争强好胜，有很强的事业心；时间观念强，行动匆忙；信不过别人，事无巨细，必要躬亲；心直口快，易急躁，易发怒。B型性格的人情绪稳定，性情随和，情绪反应不强烈，不喜欢争强好胜；做事慢条斯理，从容不迫，稳扎稳打。C型性格的人感情内向，勤于思索，不招惹是非，注重人际和谐；害怕竞争、逃避现实；不善于表达，忍让自律，逆来顺受，爱生闷气。

气质和性格之间既相互联系又有区别。

气质和性格的联系表现为相互渗透、彼此制约：气质能影响性格的形成和表现方式，使性格带有明显的个性特征；不同气质类型的人都可以培养积极的性格特征。性格对气质有深刻影响，在一定程度上能掩盖和改造气质，使气质的消极因素得到抑制，积极因素得到发挥。

气质和性格之间的区别主要有：气质是先天因素形成的，主要受高级神经系统的影响，具有牢固性和稳定性，没有好坏之分；性格主要是后天养成的，更多受社会生活和实践的影响，具有相对稳定性和较强的可塑性，有明显的好坏之分。

B. 常见的人格障碍

常见的人格障碍有偏执型、分裂型、反社会型、表演型、冲动型、强迫型、回避型（焦虑型）等。

a. 偏执型人格障碍以多疑、敏感和偏执为特点，男性多于女性。

b. 分裂型人格障碍以情感冷漠、脱离社会及人际关系差为特点，男性略多于女性。

c. 反社会型人格障碍又称社交紊乱型人格障碍，以对抗社会或有犯罪行为为特点。

d. 表演型人格障碍又称癔症性人格障碍，以过分地感情用事、用夸张言行吸引他人的注意为特点。

e. 冲动型人格障碍以情绪不稳定、易冲动、爆发强烈愤怒和暴力行为为特点。

f. 强迫型人格障碍以过分的谨小慎微、严格要求、追求完美、无安全感为特点。

g. 回避型（焦虑型）人格障碍以紧张、焦虑、无安全感、缺乏自信、过分依赖、害怕被抛弃和决定能力低下为特点。

⑭**精神障碍。**

精神障碍是指由各种原因引起的感知、情感和思维等精神活动的紊乱或者异常，导致患者明显的心理痛苦或者社会适应等功能受损害。精神障碍主要有以下症状。

A. 感知觉障碍

感知觉障碍包括感觉障碍、知觉障碍及感知综合障碍。感觉障碍包括感觉过敏、感觉减退、内感性不适。知觉障碍包括错觉和幻觉，幻觉又分为幻听、幻视、幻嗅、幻味、幻触、内脏幻觉。感知综合障碍包括视物变形症、空间知觉障碍、时间感知综合障碍、非真实感。

B. 思维障碍

a. 思维形式障碍

思维速度和量的异常，主要表现为思维奔逸、思维迟缓、思维贫乏。

思维连贯性异常，主要表现为思维散漫、思维破裂、思维不连贯。

联想途径异常，主要表现为病理性赘述和思维中断。

联想形式障碍，主要表现为持续言语、重复言语、刻板言语、模仿言语。

思维自主性异常，主要表现为思维插入、思维被窃、思维播散、强迫观念。

思维逻辑障碍，主要表现为象征性思维、语词新作、逻辑倒错性思维。

b. 思维内容障碍

妄想：一种病理信念，是一种与自我有密切关系的坚信不疑的观念，不接受事实和理性的纠正。常见有：被害妄想、关系妄想、夸大妄想、罪恶妄想、疑病妄想、嫉妒妄想、钟情妄想、物理影响妄想（又称被控制感）、被洞悉感（又称内心被揭露感）、被窃妄想、宗教妄想、着魔妄想等。

强迫观念：某一观念或概念反复出现在脑海中，明知不必要，但又无法摆脱，又称强迫性思维。

C. 注意障碍

a. 注意增强：多为随意注意增强。

b. 注意减退：主动和被动注意减弱，注意广度缩小，注意稳定性下降。

c. 注意转移：被动注意的兴奋性增强，注意稳定性降低，容易受外界环境影响而不断转换注意对象。

d. 注意涣散：主动注意的不集中，注意的稳定性分散。

e. 注意狭窄：注意集中于某一事物时，就不能再集中于其他事物，即主动注意范围缩小，被动注意减弱。

D. 记忆障碍

a. 记忆增强：对过去很远的、极为琐碎的事情都能回忆，常包括许多细节。

b. 记忆减退：信息编码、存储和提取三个基本能力减退。

c. 遗忘症：常见顺行性遗忘、逆行性遗忘、进行性遗忘这几种。

d. 错构症：对经历过的事件所发生的时间、地点、情节等产生记忆错误。

e. 虚构症：为摆脱记忆缺失造成的窘境，以随意想出的内容填补记忆空白。

E. 智能障碍

智能障碍有精神发育迟滞和痴呆两种类型。痴呆可分为以下3类。

a. 全面性痴呆：智能全面减退，常出现人格改变、定向力障碍、自知力缺少。

b. 部分性痴呆：记忆力减退、理解力削弱、综合分析困难，人格保持良好、定向力完整，有一定的自知力。

c. 假性痴呆：一种功能性的、可逆的、暂时性的痴呆状态。

F. 定向力障碍

对环境或自身状况的认识能力丧失或认识错误，包括时间定向障碍、空间定向障碍、人物定向障碍等。

G. 意识障碍

指意识清晰度下降、意识范围改变及意识内容的变化。常见意识障碍表现如下。

a. 嗜睡：意识水平下降，但呼叫或推醒后能够简单地正确应答，停止刺激后又进入睡眠，但生理反射存在。

b. 意识模糊：意识清晰度受损，表现似醒非醒，缺乏主动。

c. 昏睡：对周围环境意识及自我意识均丧失，但强烈刺激下可有简单或轻度反应。

d. 昏迷：意识完全丧失，对外界刺激没有反应，随意运动消失，生理反射消失。

e. 谵妄：在意识清晰度降低的同时，出现大量错觉、幻觉。

H. 自知力障碍

多数精神病患者的自知力不完全，神经症患者的自知力多数存在。自知力完整是精神病病情痊愈的重要指标之一。

I. 情感障碍

通常表现为3种形式。情感性质障碍表现为情感高涨、情感低落、焦虑、恐惧。情感波动性障碍表现为情感不稳定、情感淡漠、病理性激情、易激惹。情感协调性障碍表现为情感倒错、情感幼稚。

J. 意志行为障碍

表现为意志增强、意志减退、意志缺乏、矛盾意向。

K. 动作行为障碍

表现为精神运动性兴奋、精神运动性抑制。

### 3）设计宣教途径/方式

宣教途径/方式设计包括公众获取心理服务的特征和宣教途径设计两个部分。

#### （1）公众获取心理服务的特征

社会心理服务的宣教途径设计多种多样，社会心理服务工作者首先要明确宣教的工作对象所获取心理服务的途径、时间和地点有哪些特征。

①工作对象

社会心理服务的工作不仅关注个体，更聚焦于全体国民，服务于整个社会群体。其中，应重点关注以下4类对象。

A. 社会弱势群体：社会弱势群体是一个相对的概念，是指在社会生产和生活中由于群体的力量或权力相对较弱，具有经济利益的贫困性、生活质量的底层次性和承受力的脆弱性的特殊社会群体。主要包括老年人、妇女、未成年人和残疾人等。

B. 高危特殊群体：高危特殊群体是指轻微越轨人员、强制隔离戒毒人员、社区矫正人员等可能影响社会安全稳定的人群。

C. 心理危机和心理疾患人群：心理危机人群是指因为生活中的压力或者突发事件而产生轻微心理危机的人群。心理疾患人群是指有严重精神障碍和疾患的群体。

D. 职业人群：医护工作者，警务执法人员，服务行业从业者，从事与公共交通、公共安全相关的心理高压行业的从业人员。

②公众获取心理服务的途径、时间、地点

A. 途径有宣传栏、宣传资料、电视节目、网络、朋友圈以及专业讲座等。获取的方式有主动的，也有被动的。

B. 时间可分为时间的选择、时长和频次3个方面。时间的选择指的是工作日和节假日的划分；时长指活动开展的总时长；频次指公众多久获取一次心理服务，是每周一次，还是半年一次，或是因自身需要才获取。

C. 地点可分为专业的心理服务机构和大众心理服务中心。专业心理服务机构包括医院的心理科、精神科，专业心理咨询机构等。大众心理服务中心主要包括县（市、区）、乡镇（街道）、村（社区）社会心理服务平台、企事业单位心理服务网络等。

根据不同工作对象的特点，将公众获取心理服务的特征信息归纳如表1-2。

表1-2  公众获取心理服务的特征信息

| 工作对象 | 获取心理服务的途径 | 获取心理服务的时间 | | | 获取心理服务的地点 |
|---|---|---|---|---|---|
| | | 时间选择 | 时长 | 频次 | |
| 社会弱势群体 | 主动、被动 | 根据工作对象需要 | 1—2小时 | 定期开展 | 大众心理服务中心 |
| 高危特殊群体 | 被动 | 不限 | 不限 | 根据工作对象需要 | 专业的心理服务机构、大众心理服务中心 |
| 心理危机和心理疾患人群 | 被动 | 不限 | 不限 | 根据工作对象需要 | 专业的心理服务机构、大众心理服务中心 |
| 职业人群 | 主动、被动 | 节假日 | 1—2小时 | 根据工作对象需要 | 大众心理服务中心 |

### （2）宣教途径设计

宣教途径包括线下和线上两个途径。

①线下途径

A. 宣传资料

宣传资料包括心理宣传海报、心理宣传手册、心理宣传标语和心理书签等形式。这种宣传途径适用于所有人群，具有覆盖面广、不受时间和空间约束的优势。

a. 心理宣传海报是设计者围绕心理服务的某个主题，将与心理相关的图片、文字、色彩、空间等要素进行结合，确定主题、风格、构图、配色、背景、内容，以海报的形式呈现，以达到有效传播心理健康知识，倡导健康生活方式，提升心理健康素养的目的。设计心理宣传海报时要做到主题突出，语言简明扼要，形式新颖美观，以吸引人们更多的关注和加入。

b. 心理宣传手册是指为了详细、全面地展示社会心理服务某方面的知识，把一些宣传资料装订成册。宣传手册面向的是有相关心理困惑的人群。设计宣传手册时，文字要可读性强，图形要能直观传播信息和观念，准确传达主题思想，激发人们兴趣与欲求，从心理上取得人们的信任。

c. 心理宣传标语和心理书签是设计者将心理励志名言或者一些暖心的话呈现在横幅或者书签上，引发人们对社会心理服务的思考，发挥警醒引导的作用。

B. 心理讲座

心理讲座是围绕某个心理专题知识邀请相关领域专家进行宣讲，推广和宣传心理健康知识，传授心理问题处理方法等。

C. 心理工作坊

心理工作坊有心理沙龙、沙盘游戏、心理情景剧、团体辅导、心理游园活动等形式。

a. 心理沙龙是一种形式自由、参与性强的主题讨论会。它是通过多人互动、交流沟通、情感宣泄、自我表露等方式对典型问题进行深入探讨，实现个体的自我反思和情感分享。心理沙龙可以围绕某个主题单纯谈话，也可以依附于某个载体而开展，如影视沙龙、读书沙龙和摄影沙龙等。心理沙龙具有规模小、议题简要、非正式化的特点，组织方便，利于集中，对场地的规模要求不高，每次参与者10—20人左右，且每次的时间控制在1—2小时之间，可在工作对象的空闲时间组织，可操作性强，适用人群广泛。但不适用于性格内向、不愿意说话的人群。

**案例**

社会心理服务工作者了解到金太阳社区的一些老年人喜欢在每天下午闲暇时坐在一起聊天，他们感到随着年龄增长，自己越来越没有用了。为帮助老人们找到自己的价值，提升生活幸福感，社会心理服务工作者为金太阳社区打造了一场以"自我价值提升"为主题的老年人心理沙龙活动。

1. 活动名称：自我价值提升心理沙龙

2. 活动目标：增进老年人之间的沟通，帮助老年人找到自己的价值所在，感受到生活的幸福，提升生活满意度和幸福感。

3. 活动时间：6月3日下午3:00—4:30

4. 活动地点：金太阳社区活动室

5. 活动流程

（1）热身：老人在场地内自由互打招呼，两两自我介绍。帮助参与者相互认识，提升对活动的热情，帮助参与者更快融入沙龙。

（2）每位老人讲述自己最擅长的事情，并在现场展示才艺。

（3）主持人引导老人发现自己的价值，同时发现周围人的价值，提升幸福感受。

b. 沙盘游戏是将分析心理学与游戏疗法整合为一体的一种心理疗法。是指在完全自由与受保护的空间中，使用沙子、沙盘、水以及各种造型的微缩模型来进行的心理治疗与辅导技术。沙盘游戏可以个体单独进行，与自己的潜意识对话，了解自己的深层次需要，也可以由家庭或其他形式的团体一起完成，为家长提供观察孩子玩游戏的机会，从而帮助家长更好地了解孩子对家庭、对家长、对亲情、对世界的感受，有效改善家庭成员关系。沙盘游戏可以为有恐怖症、自闭症、躯体化、社交困惑等心理障碍的儿童提供心理辅导，成人也可以通过做沙盘游戏，提升自信、完善自我、宣泄消极情绪、提高交往技巧、释放压力等。学生、医护人员、教师、企业高层管理人员、公务员、销售人员等某一特定团体进行沙盘游戏，可以升华团队精神，提高团队凝聚力，培养协作性人才，发现团体中的共性，加强成员间的精神交流，改善团队氛围。但沙盘游戏对操作人员的专业化程度要求较高，需要在专业人士的指导下操作。

c. 心理情景剧是一种以团体形式处理心理问题的方法。通过将心理事件以情景剧的形式展现出来，使人体验既往、当前和将来的事件，或真实和想象的情节。在表演过程中，借由角色转换、未来投射、镜像、雕塑等心理剧技术，个体的人格结构、人际关系、情绪问题和心理冲突会逐渐呈现出来，实现释放情绪压力，增强人际沟通，增强适应环境和克服危机的能力。

d. 团体辅导是指个体在团体内的人际交互过程中，通过观察、学习、体验来认识自我、探讨自我、接纳自我，调整和改善与他人的关系，学习新的态度和行为方式，以发展良好的生活适应能力的助人过程。团体辅导中的情境都是来源于社会和家庭中的日常生活，个体在团体中学到的知识和技能可以且容易运用到日常生活中，有助于积累成长经验。因此，团体辅导的受众面广，效率高，容易学以致用，适用于所有人群。团体辅导规模可大可小，从几人到几十人都可以，社会心理服务工作者可以一人同时对多人，在人力上、经济上和时间上有较大优势。

## 案例

为做好为期一个月的老年人心理服务宣教活动，社会心理服务工作者根据老年人存在的孤独感问题，设计了以下团体辅导方案。

1. 活动名称：与你同行
2. 活动目标：帮助老年人认知人际交往的重要性及其对自己产生的积极作用；引导个体学会积极利用身边的社会支持资源，减少孤独感。
3. 活动时间：5月25日下午3：00—4：30
4. 活动地点：社区工作室
5. 活动流程

（1）热身游戏

同舟共济：首先全体组员一起站在一张大报纸上，脚不能着地；然后领导者撕去报纸的一角，这个时候所有的成员还必须都站在报纸上；社会心理服务工作者再撕去一角，此时全体成员仍须想办法都站在这张纸上；直至报纸撕至能够容纳全体成员站在上面的最小面积。成员可单脚站立，只要不落地即可。每位成员在游戏过程中感受在危难时刻有人搭把手或者拉自己一把的愉悦体验。（10分钟）

（2）支持树

组员通过绘画的形式，画出自己生命中的支持树。最能给自己支持的人或组织为树干，其次是树枝，最后是树叶。画好后依次分享、讨论。（15分钟）

（3）家庭空巢综合征

社会心理服务工作者通过PPT向成员解释家庭空巢综合征的表现（情绪、认知、行为）、原因（心理衰老、角色丧失）和克服方法（建立新型家庭关系、充实生活内容），帮助老年人理解社会支持、人际交往的积极作用。（20分钟）

（4）温暖卡片

成员在卡片上写出最好朋友的名字以及与其之间最感动的事情，重温好友、同窗、战友带给自己的感动。（15分钟）

（5）家庭作业

①邀请一位自己许久不见的老朋友一起散散步，逛公园，聊聊天。

②将温暖卡片放在家中最显眼的地方，时常重温感动。

③挑选一张对自己来说最有意义的老照片，下次活动带来。

6.活动所需资源

报纸，白纸，彩笔，PPT，剪刀，卡片，音乐。

e.心理游园活动是通过策划心理知识问答、心灵交流、趣味心理自测、团体心理游戏、制作心灵励志卡、心理绘画区、心理阅读区、快乐大搜集、心灵自助等游园项目，以公众喜闻乐见的形式宣传心理健康知识，引导培养积极乐观心态的活动。心理游园活动注重趣味性和互动性，公众主动参与度较高，活动时间和场所集中，适用于所有人群。

除此之外，心理工作坊还有家庭系统排列工作坊、成长小组等心理服务模式。

②线上途径

线上途径就是"互联网+"社会心理服务的模式，主要包括社交平台宣传和门户网站宣传两种形式。

A.社交平台宣传：是运用最广的渠道之一，主要包括QQ、微信朋友圈、微信公众号、微信视频号、抖音、微博、知乎、论坛、贴吧等。优点是快速、高效、成本低。可定期发布心理服务活动，搜集公众的心理服务需求，开展微平台的问卷调查，为线下社会心理服务活动的开展和平台的改善提供依据。

B.门户网站宣传：互联网门户网站包括新浪、搜狐、腾讯、网易等平台，通过设置不同的心理模块，如心理科普站、心理体检室、面对面聊疗、心理测量、家庭娱乐圈等，广泛宣传心理知识，增进公众互动。

"互联网+"社会心理服务模式具有不受时间和空间的限制、公众易获取、受众面广、隐秘程度高等特点，对社会心理服务的有效开展具有重要作用。

不同的宣教途径有其特点和适用对象，归纳如下，见表1-3。

表1-3 不同宣教途径特点对比

| 宣教途径 | | 受众范围 | 宣教时长 | 宣教场所 |
| --- | --- | --- | --- | --- |
| 线下途径 | 宣传资料 | 全体工作对象 | 不受限制 | 室内/室外发放或自取 |
| | 心理讲座 | 根据讲座内容而定 | 1—2小时 | 教室、多媒体会议室、社区活动室、社会心理服务工作站 |
| | 心理沙龙 | 愿意主动交流的人群 | 1—2小时 | 心理咨询室、团体辅导室、社会心理服务工作站 |
| | 心理工作坊 沙盘游戏 | 儿童、青少年、某一特定团体 | 1—2小时 | 沙盘室 |
| | 心理情景剧 | 有一定认知能力的人群 | 1—2小时 | 有较为宽敞空间或舞台的团体心理辅导室、社区活动室、社会心理服务工作站 |

续表

| 宣教途径 | | 受众范围 | 宣教时长 | 宣教场所 |
|---|---|---|---|---|
| 线下途径 | 心理工作坊 | 团体辅导 | 存在相同心理困扰的群体 | 1—2小时 | 团体心理辅导室 |
| | | 心理游园活动 | 全体工作对象 | 1—2小时 | 心理咨询室、团体辅导室、社会心理服务工作站、户外 |
| 线上途径 | | 全体工作对象 | 不受限制、可定时推送 | 微信公众号、微信视频号、微博、抖音、社会心理服务相关网站 |

## 2. 技能演练

**案例**

社区的王大姐和李大姐来到社区服务中心，跟工作人员说，自己为支持儿女事业、照顾孙子来到杭州跟儿女一起居住，但感觉自己无法融入城市生活。王大姐说："来杭州的时候，刚好遇到梅雨季节，湿度很大，非常不适应。""来到杭州，一个认识的人都没有，感觉特别孤单。"来自哈尔滨的李大姐说："当时我女儿刚生二胎，所有的事情都需要我来帮忙照顾。我年纪大了，身体明显吃不消。我又是东北人，以前在家就喜欢和邻居唱歌跳舞，唠唠嗑，到这边来天天在家里，可难受了。""女婿教育孩子的方式我不认可，也不好说，说了怕影响女儿。"

两位老人向社会心理服务工作者倾诉苦闷。社会心理服务工作者发现，这个社区有相当高比例的老人是为了照顾儿女和孙辈而来，也存在类似困扰。

假如你是这个社区的社会心理服务工作者，请分析工作对象是谁，分析工作对象获取心理服务的特征，设计切实可行的宣教途径，填写技能演练记录表1-4。

表1-4 宣教途径/方式设计技能演练记录表

| 序号 | 项目 | 模拟演练过程记录 | 技能评估 | | | | |
|---|---|---|---|---|---|---|---|
| | | | 合理 | 比较合理 | 一般 | 不太合理 | 不合理 |
| 1 | 工作对象 | 明确工作对象： | ☐ | ☐ | ☐ | ☐ | ☐ |
| 2 | 工作对象获取心理服务的途径、时间和地点 | 途径：<br>时间：<br>地点： | ☐ | ☐ | ☐ | ☐ | ☐ |
| 3 | 宣教途径设计的内容 | 线上、线下注意事项： | ☐ | ☐ | ☐ | ☐ | ☐ |

**参考答案：**

工作对象：王大姐、李大姐以及社区内有类似情况的老人群体（或写弱势群体）

途径：主动到社区服务中心

时间：工作日

地点：社区服务中心

## （二）制订宣教方案

### 1.知识学习

制订宣教方案包括前期调研、设定宣教目标和主题、设计宣教方案3个步骤，如图1-3。

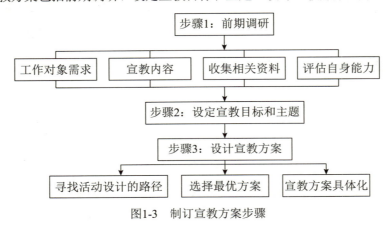

图1-3　制订宣教方案步骤

### 1）前期调研

设计宣教活动需要在广泛深入的前期调研、了解和评估工作对象的需求、充分掌握资料的基础上，找到切入点而制定方案。前期调研内容主要包括工作对象需求、宣教内容、收集相关资料和评估自身能力。

#### （1）工作对象需求

工作对象是宣教活动的目标群体，确切了解、分析工作对象的需求，是设定宣教活动目标的基础和依据。

①工作对象心理特点

A. 社会弱势群体

老年人身体机能逐渐衰退，容易引发心理变化，产生心理问题。由于退休、独居、子女不在身边、生活圈变窄等原因，一些老年人存在不同程度的抑郁和焦虑情绪，有恐惧疾病的倾向，变得有些警戒、怀疑，或者固执保守，可能会形成自卑、失落、多疑的心理问题。

妇女的心理压力更多来自家庭、婚姻和职场。家庭关系、婚姻关系、亲子关系的复杂性，以及职场上的压力，容易给女性带来挫折感，造成情绪上的失控和心理上的压力。在女性发展的特殊阶段，如妊娠和产褥期，容易缺乏自信、出现焦虑和抑郁情绪。

未成年人对自我及社会的认识能力、辨别是非的能力不强，自我控制能力不足，一些未成年人存在着对校园生活不适应、厌学、人际关系处理不当、沉迷于网络游戏、与父母关系紧张等情况。

残疾人因为伤残而行动不便，接触社会和人群的机会不多，容易情绪低落，郁郁寡欢，导致自卑和内向。有的残疾人认为自己给全家带来精神和经济双重负担，容易对生活失去信心，产生心理问题。

B. 高危特殊群体

高危特殊群体除了和普通人一样要面对来自生活、家庭的压力外，还要面对自己内心的焦虑、紧张和自卑等情绪。有的人明显情绪不稳定，容易产生过激行为。

C. 心理危机和心理疾患人群

心理危机人群在应对重大自然灾害、治安突发事件时，可能会产生应激反应和极端行为。按照现有条件，大多数精神障碍患者需要在家和社区进行康复治疗，由于自身存在精神障碍，他们容易出现病耻感和自卑心理。

D. 职业人群

医护工作者、警务执法人员、服务行业人员和从事与公共交通、公共安全领域相关的心理高压行业的从业人员，因工作强度大、任务重，容易产生人际关系紧张、心理压力大等问题。

②工作对象需求

A. 需求的含义和类型

需求是个人对内部环境和外部生活条件的稳定要求，是人类一切活动的出发点和归宿点。英国学者布莱德肖将人的需求分成4类（见表1-5）。

表1-5 布莱德肖的需求类型

| 需求类型 | 定义 | 示例 |
| --- | --- | --- |
| 规范性需求 | 界定主体是专业人员、行政人员或专家学者，依据专业知识和规定或规范，指出某一群体或个体在特定情况下的需求 | 根据心理援助热线的运行规范，接线员须接受不少于一定时长的专业培训，接听来电时须遵循特定的流程及话术 |
| 感受性需求 | 当社会心理服务的工作对象感觉到或意识到某些需要或期望不能满足，并用语言表述出来的，即为感受性需要 | 社会心理服务工作者经调查发现，社区居民认为社区的社会心理服务工作做得不够好 |
| 表达性需求 | 是个人或团体把自身的感觉通过行动表达和展现出来的需要，主要反映了工作对象对社会心理服务数量上的需求 | 社区居民向社区提出，定期了解家庭成员的心理健康状况，提供专业的心理咨询的要求 |
| 比较性需求 | 指工作对象将所得到服务与其他类似场景进行比较后感受到有差异性的需求。比较性需求可以由工作对象提出，也可由专家提出 | 情况基本相同的甲乙两个相邻的社区，甲社区为老年人提供了提升自我的心理辅导课程，乙社区却没有，乙社区老年人也希望获得这个服务 |

B. 需求评估的方法

a. 问卷法（又称书面调查法或填表法）是研究者运用事先设计好的问卷向被调查者了解情况或征询意见的一种调查方法。问卷法可以帮助社会心理服务工作者了解一个较大范围内的服务人群的基本特征，并以数字的形式清晰呈现出来，形成对这个区域服务人群基本需求的大致图像。（例如，某社区居民对心理服务的认知情况、获取服务的渠道、需求程度、服务主题与目标、服务机构需求、服务人员需求、服务内容需求、活动形式需求等。）问卷调查法具有标准化、低成本、针对性强、覆盖范围广、效率高等优势，是社会心理服务工作者开展需求评估时的首选。

完整的调查问卷通常包含标题、卷首语、指导语、被调查者的个人信息、主体（问题与答案）、结束语、其他资料，如表1-6。

表1-6 调查问卷的结构及内容

| 结构 | 内容 |
|---|---|
| 标题 | 简明扼要、一目了然、能够引起被调查者的兴趣等，同时，能使被调查者在一开始就了解填答问卷的重要性 |
| 卷首语 | 基本内容：<br>（1）我是谁——表明调查者的身份；<br>（2）要调查什么——说明调查的大致内容；<br>（3）为什么进行这项调查——说明调查的目的和意义；<br>（4）为什么会找你做调查——说明对被调查者的选取方式；<br>（5）调查会不会损害被调查者的利益——说明保密措施和匿名的方式；<br>（6）感谢语——恳请被调查者合作 |
| 指导语 | 说明填表的方法、要求、注意事项等。可分为卷头指导语和卷中指导语（针对某个具体问题所做的提示） |
| 个人信息 | 被调查者的基本情况，如所在单位（学校）、年龄（或年级）、性别等 |
| 主体（问题与答案） | 是调查问卷的主要部分，也是问卷的主要内容，一般包括询问的问题、答案，以及对回答方式的指导和说明等。编制的问题要简洁明了，要适应被调查者的文化程度，符合研究的目的和要求 |
| 结束语 | 对调查者的合作表示感谢 |
| 其他资料 | 问卷编号、问卷发放及回收时间、调查者信息 |

**案例**

社会心理服务工作者为了了解金太阳社区居民对社区心理服务的参与和认知程度，设计了一个调查问卷。

**[标题]居民对社区心理服务的参与及认知情况问卷**

[卷首语]您好，我是金太阳社区的社会心理服务工作者，非常感谢您抽出宝贵时间参与此次调查！

[指导语]我们希望通过此次调查，了解社区心理服务的现状，为高质量服务提供依据。请您根据真实感受和想法做出回答，在选项上打√。

[个人信息]第一部分：基本信息

1. 所在社区：
2. 性别：男□　女□
3. 年龄：①18岁以下□　②18—35岁□　③36—59岁□　④60岁及以上□
4. 受教育程度：①初中及以下□　②中专或高中□　③大学专科或本科及以上□
5. 平均月收入：
①2000元以下□　②2001—5000元□　③5001—10000元□　④10001元及以上□

[主体]第二部分：心理服务参与及认知情况
1. 您所居住的社区目前开展了哪些与心理服务有关的工作（可多选）：
①通过宣传栏、宣传手册等开展的宣传□
②开设讲座□
③开展有助于心理健康的亲子活动等□
④家事调解□
⑤家长学校等相对长期的学习课程□
⑥心理咨询□
⑦不清楚，好像没有□
⑧其他_____

2. 您平时是否会参加社区举办的与心理健康有关的活动：
①经常参加□　②偶尔参加个别感兴趣的□　③极少参加□　④不会参加□

3. 您没有去参加社区举办的这类活动的原因是（可多选）：
①不知道有这样的活动□
②对活动内容不感兴趣□
③对我的生活没什么帮助□
④时间不合适□
⑤我更喜欢待在家里或是和朋友在一起□

4. 您从哪些途径获取心理健康的知识（可多选）：
①社区宣传栏□　②社区开展的讲座、活动□　③社区发放的宣传资料□
④电视节目□　⑤因兴趣学习得知□　⑥亲朋好友告知□　⑦网络途径□

5. 在您印象中，您所在社区的有关心理工作多久开展一次：
①每周都有□　②每半个月一次□　③每月一次□　④每季度一次□
⑤每半年一次□　⑥每年一次□　⑦一年以上一次□　⑧不清楚□

6. 您所在社区是否有专门的场所开展有关的心理服务：
①有□　②不清楚□　③没有□

7. 当遇到心理方面的困扰时，您是否会寻求社区的帮助：
①会，我相信可以从中得到帮助□
②在没有其他办法的情况下可能会□
③不会，这方面的困扰求助社区没用□
④不会，不想把自己的情况告诉社区□

8. 您对现在社区开展的心理服务是否满意：
①很满意□  ②比较满意□  ③无所谓□  ④有些不满意□  ⑤很不满意□

9. 您认为自己是否需要心理方面的服务：
①很需要，会有帮助□  ②无所谓，没有也能接受□  ③不需要，过得很好□

10. 您期待社区可以更多提供哪些心理服务，请选择两个您认为最需要的：
①普及有关心理疾病症状、预防、治疗的知识□
②提供专业的心理咨询和辅导□
③定期了解家庭成员的心理健康状况□
④开展更多能够参与、体验的活动，促进心理健康□
⑤传授一些与日常生活相关的心理学知识□
⑥提供在面临心理困扰时可靠的求助途径□

11. 您希望社区心理服务以什么形式开展？请选择三项您认为最好的：
①发放宣传资料、张贴海报□    ②开设长期的课程□
③定期举办主题讲座□    ④开设心理热线或网络咨询□
⑤举办可以体验互动的心理活动□    ⑥提供心理咨询、心理辅导□
⑦通过官方公众号或微信群推送相关文章□

[结束语]感谢您的参与，期待您的宝贵意见。

××年××月××日

### 案例

社会心理服务工作者想了解某社区150名居民对心理服务的具体需求。

**[标题]××社区社会心理服务需求调查问卷**

[卷首语]您好，××社区社会心理服务站感谢您在百忙之中填答这份问卷，本问卷的目的是了解您对社区心理服务的需求。

[指导语]本项调查以匿名形式收集资料，仅用于设计心理服务内容时参考。答案无所谓对错，请您根据实际情况在符合您情况的□中打√。

再次感谢您的支持与配合。

[个人信息]

1. 您的性别是　①男□　②女□

2. 您的年龄是

①25岁以下□　②25—40岁□　③41—60岁□　④61岁以上□

3. 您的文化程度是

①初中及以下□　②高中、中专学历□

③大学专科、本科学历□　④硕士及以上学历□

4. 您的婚姻状况是

①未婚□　　　　②已婚□　　③离异或丧偶□

5. 您的就业状况是

①在职□　②退休□　③无业□

6. 您所在的住宅区是

①紫光小区□　　②陈桥小区□　③自来水公司家属区□

④文化局家属区□　⑤其他（请补充）

[主体]

7. 您对社会心理服务的需求程度如何？

①非常需要□　②比较需要□　③偶尔需要□　④不需要□　⑤无所谓□

8. 您是否知道本社区有社会心理服务站？①是□ ②否□

9. 您是否知道本社区社会心理服务站的位置？①是□ ②否□

10. 您是社区的

①居民□　②社区工作者□　③其他（请补充）

11. 您对自身的心理健康状况满意程度如何？

①非常满意□　②比较满意□　③一般满意□

④不太满意□　⑤不满意□　⑥不清楚□

12. 您出现心理问题时会怎么办？（可多选）

①找专业人员咨询□　　　②靠自己和家人帮助□

③到社区心理服务站咨询□　④不理会□　⑤不清楚□

13. 您认为是否有必要开展社会心理服务？

①有必要，应面向全社区□　②有必要，针对有心理疾病的人群□

③可有可无□　　　　　　　④没必要□

> 14. 您希望社区心理服务站开展哪种类型的服务？（可多选）
> ①个体心理咨询□　②知识普及讲座□　③危机干预□　④心理测量与评估□
> ⑤团体活动□　　　⑥发放宣传手册□　⑦其他□
>
> 15. 您最需要的社会心理服务是？
> ①发泄情绪、舒缓压力□　②处理人际交往困境□　③更好地适应环境□
> ④评估自身心理健康状况□　⑤缓解家庭矛盾□　　⑥处理亲子关系□
> ⑦其他（请补充）
>
> [结束语]感谢您的支持，谢谢。

b. 访谈法（又称会谈法、晤谈法、谈话法、问答法）是指社会心理服务工作者和工作对象通过面对面交谈，以提出开放性问题的形式了解工作对象就某一个问题所具有的想法、态度和经历，根据工作对象的反馈，搜集客观、不带偏见的事实材料，了解工作对象的心理和行为的心理学基本研究方法。不仅适用于需求评估，也广泛适用于教育状况调查、求职与咨询效果评估等，既有事实的调查，也有意见的征询。访谈法运用面较广，能够简单而迅速地收集多方面的资料，在做家庭/社区评估时常用此方法。

以访谈形式划分，可将访谈分为结构式和非结构式。结构式访谈是指按照事先设计的、有一定结构的访谈问卷进行的访谈，这种访谈是一种高度控制的标准化访谈，访谈对象、访谈方法和访谈程序，以及访谈中提出的问题、提问的方式和顺序、对访谈对象的回答的记录方式都是统一的。非结构式访谈又称为深度谈话、自由访谈，是一种非控制或半控制的访谈，不会预先设计统一题目，只是划定一个主题或大致范围的问题大纲，问题的形式和细节可在谈话过程中边谈边提出，对于提问的方式和顺序、回答的记录、谈话时的外部环境等没有统一要求，可根据谈话过程中的实际情况做出安排。以结构和限制程度划分，访谈有开放式、半开放式和封闭式；以正式程度划分，访谈有正规和非正规型；以人数划分，有个别访谈和团体访谈；以次数划分，有单次访谈和多次访谈；以内容划分，有事实调查和意见征询。

社会心理服务工作者对工作对象需求分析的访谈主要分为焦点小组访谈、知情者调查和社区会议3种形式。

### 案例

社会心理服务工作者为了了解金太阳社区居民对社区心理服务的参与和认知程度，采用知情者调查形式，设计了访谈提纲。

| 任务一 资料准备 |

**访谈提纲（社区工作人员版）**

您好，感谢参加此次访谈。此次研究希望了解社区心理工作的开展情况，发现不足，为今后工作提供指导。本次访谈是开放性的访谈，希望您根据所了解的情况和思考，对下列问题给出自己的回答。

1. 在您了解的范围内，目前所在社区开展了哪些您认为属于心理服务的工作？这些工作在社区整体工作中处于什么位置？
2. 目前社区与心理有关的工作是由谁负责？他们的工作职责是什么？
3. 您认为心理服务应当包含哪些内容？
4. 您觉得不同的群体（老年人、妇女、青少年等）在心理上分别有哪些需求？针对这些需求目前有哪些工作在开展？
5. 平时举办的活动中来参加的人占全体居民的比例有多少？有哪些工作是会覆盖到全体居民的？
6. 心理服务工作是如何规划的（例如每年组织什么样的活动，组织几次）？
7. 这些工作的开展在政策上和经费上支持情况如何？是否存在经费不足的情况？
8. 这些工作是如何进行考核的？
9. 目前开展的这些工作中比较受居民欢迎的有哪些？
10. 您认为在当前相关工作的开展中有哪些困难？
11. 您觉得这些困难需要如何去解决？
12. 对于这部分工作，您希望其将来可以做成什么样？

非常感谢您接受此次访谈，您所提供的信息非常宝贵！祝您工作顺利。

问卷法与访谈法的对比如表1-7。

表1-7 问卷法与访谈法的比较

| 方法类别 | 优势 | 局限性 |
| --- | --- | --- |
| 问卷法 | （1）不受地域空间限制<br>（2）具有很强的匿名性<br>（3）便于资料定量分析<br>（4）能够排除人为干扰<br>（5）节省人力财力时间 | （1）回收率有时难以保证<br>（2）要求被调查者具有一定的文化水平<br>（3）调查弹性小，深度有限<br>（4）调查资料质量难以保证 |
| 访谈法 | （1）面对面双向互动，有利于深入探索人的心理活动，获得丰富资料，深入研究心理和教育问题<br>（2）访谈过程比较灵活，可以根据具体情况有针对性地收集资料<br>（3）有利于发挥访谈者的主动性和创造性，可以获得真实可靠的资料，访谈者可在访谈过程中对疑惑、遗漏的信息进行追问，访谈对象可补充解答<br>（4）有较广的适用范围，社会心理服务工作者可以通过口头表达的形式，向不同文化程度、具有口头表达能力的工作对象说明或解释 | （1）访谈法受访谈员的影响较大，若访谈员在访谈过程中使用错误的访谈方式或语气等，极有可能造成访谈对象的抵触或谎报信息，影响所获资料的真实性<br>（2）时间、人力、财力、物力耗损较大<br>（3）无法匿名，有些问题不宜当面访谈，且访谈结果难以量化<br>（4）获得的许多资料有待于进一步查实验证，因为访谈时间，地点，环境，工作对象情绪、动机等因素都会对访谈过程造成影响 |

c. 观察法，科学的观察有明确目的、有计划，是系统的、可重复的。观察法包括：校对清单法，等级量表法，记叙性描述。观察需要用眼睛、耳朵等感觉器官来感知观察对象。但因为人的感觉器官存在局限性，就需要采用先进的设施和设备，如照相机、录音笔、显微录像机等辅助观察。

社会心理服务工作者需要选择工作对象典型的一日时间安排，按照"5个W"和"1个H"的观察框架，去观察工作对象一日生活。5个W和1个H是指谁（WHO）、什么时间（WHEN）、在什么地方（WHERE）、和谁（WHOM）、做了什么（WHAT：内容），以及怎么做（HOW：方式）。

**案例**

社会心理服务工作者为了了解某机构自闭症儿童的心理行为表现，设计了自闭症儿童的一日生活观察表，如表1-8。

表1-8 自闭症儿童一日生活观察表

| 时间（WHEN） | 生活内容（WHAT） | 和谁WHOM | 地方WHERE） | 方式（HOW） |
|---|---|---|---|---|
| 8：00—10：00 | | | | |
| 10：00—12：30 | | | | |
| 12：30—13：30 | | | | |
| …… | | | | |

4种需求类型所对应的资料收集方法见表1-9。

表1-9 需求类型对应的资料收集方法

| 需求类型 | 资料收集的方法 |
|---|---|
| 规范性需求 | 观察法 |
| 感觉性需求 | 问卷法、访谈法 |
| 表达性需求 | 问卷法、访谈法、观察法 |
| 比较性需求 | 问卷法、访谈法、观察法 |

（2）宣教内容

宣教内容包括心理健康核心知识和针对重点人群的心理健康知识。

①心理健康核心知识

具体包括社会心理服务法律法规政策、社会心理服务基础知识。

②针对重点人群的心理健康知识

A. 社会弱势群体

老年人心理服务的内容有四个方面。第一，帮助老年人正确认识生理上的老化。引导老年人关注身体老化现象，该就诊就诊，该求救求救，接纳自身变化，调整好心态，充分享受人生乐趣。第二，应对社会角色变化。根据社会需求和本人能力、兴趣、意愿，通过不同途径选择适当而有意义的活动，如参与老年大学，参加晨练社团等，扮演新角色，建立新感情，适应角色改变。第三，保持家庭氛围的和谐，处理好与老伴的关系，与子女的关系、与孙辈的关系。第四，保持与年轻人共同成长的态度。信息化高速发展的时代，老年人需要以年轻人为师，在某些方面向子女和孙辈学习，获得与年轻人共同成长的快乐，做个时尚老人、快乐老人。

妇女心理服务的内容有三个方面。第一，合理疏导情绪，保持良好心境。女性情绪变化对于个人和家庭的影响很大，应通过情绪识别、情绪管理等知识的宣教，帮助女性建立良好心境。第二，家庭与婚姻问题的处理。处理好夫妻关系、亲子关系，改变不科学的教育态度与行为。第三，建立和谐的人际关系。鼓励女性主动扩大人际交往范围，同更多的人交流思想和感情，建立更多的社会支持，建立充分的安全感和信任感。同时，处理好与异性朋友的关系。

未成年人心理服务的内容有两个方面。第一，提供发展性的心理服务。主要有学习辅导、人格辅导、生活辅导和升学择业辅导四个主题，包括学会学习、认识自我、人际交往、情绪调适、生活和社会适应等内容。根据未成年人的身心发展特点，可分阶段设置教育内容。学前教育阶段，关注和满足儿童心理发展需要，保持儿童积极的情绪状态，让儿童感受到尊重和接纳。针对特殊教育的孩子要注重培养其自尊、自信、自强、自立的心理品质。促进青少年身心可持续发展。第二，提供心理危机干预服务。针对遭受家庭暴力、校园欺凌、性侵犯的未成年人，主动提供心理创伤干预服务。

残疾人心理服务的内容主要有三个方面。第一，加强耐挫教育。创设情境，使残疾人获得成功体验。第二，强化主动沟通的意识。鼓励他们遇到困难时要主动提出，在自己克服不了的情况下，可以向家属、亲戚、朋友、社区工作人员说明，寻求帮助；通过参与集体活动，克服恐惧和害羞的心理，增强自信。第三，强化心理调节技能。教会他们一些心理康复的自我调节技能。如适当宣泄，当心中有不满、烦闷等情绪时能够及时以合适的方式宣泄出来，减轻心理压力。

B. 高危特殊群体

高危特殊群体心理服务内容有两个方面。第一，重点做好矛盾突出、道德失范和偏执型人格障碍人员的心理干预和疏导，做好事前预防、事中干预、事后矫正，提高高危特殊人员环境适应能力。第二，收集并整合高危特殊群体的相关信息，密切关注高危特殊人员心理波动和行为变化，精准识别社会风险，以"心防"助力社会稳定与社会安全。

C. 心理危机和心理疾患人群

心理危机和心理疾患人群心理服务内容主要有两个方面。第一，针对轻微的心理危机人群，积极进行干预和引导，依靠大众宣教系统进行心理援助；在应对重大自然灾害、治安突发事件时，组织开展心理危机干预活动，预防和减少不良应激反应和极端行为的发生；做好心理问题和精神障碍的早期识别、心理监测和转诊服务。第二，对于精神障碍和疾患群体，要建立精神卫生综合管理制度，开展多渠道登记报告、危险性评估、服药指导和跟踪管理等服务；充分考虑心理疾患人群的病耻感和自卑心理，重视线上心理服务工作的开展，为心理疾患人群提供专业化、规范化、便捷化的心理援助平台。

D. 职业人群

职业人群的心理服务内容有两个方面。第一，可结合职业群体特征，制订员工心理援助计划，将心理咨询和心理治疗纳入高危职业人群的医疗检查项目，并考虑在职工医疗保障体系中预留心理康复的内容。第二，加强人文关怀，有的放矢地根据职业特征帮助人们缓解职业倦怠感，为人们传授压力管理、情绪管理等自我调适方法，以及抑郁、焦虑等常见心理行为问题的识别方法，提高工作应激能力和抗压能力。

（3）收集相关资料

首先，收集与宣教活动相关的直接资料（调查资料），如在社区开展宣教活动、社区适合举办活动的环境状况、社区居民是否愿意参与社区活动等。其次，收集与宣教活动相关的间接资料（二手资料）。一是查阅档案、各类报纸杂志、历史活动记录、影音资料及与政府、居委会、各类社会组织举办过的活动的相关资料；二是政府相关部门的规章制度、法律法规等数据和资料。

（4）评估自身能力

社会心理服务工作者开展宣教活动必须量力而行，要照顾到社会心理服务工作者以及组织机构的实力。其中，对工作机构及机构工作人员的能力评估是重要环节。工作机构的能力主要是人、财、物的配置能力和合理的时间安排。工作人员的能力则是指人员所具有的专业知识、技能等。评估的内容包括机构及机构工作人员对外所面临的机会和挑战，对内存在的优势和不足。如果存在能力不足的情况，可以寻求外来协助或者改变原有的目标。

## 2）设定宣教目标和主题

经过前期调研，明确了工作对象的需求和工作环境的具体情况，要根据工作对象的需求，确定宣教活动主题、制定活动目标。宣教目标设定原则见表1-10。

表1-10 宣教目标设定原则

| 目标设定原则 | 具体内容 |
| --- | --- |
| 明确性 | 要清楚说明要达成的活动目标。活动目标分为总体目标和具体目标，要将总体目标细化、具体化 |
| 可衡量性 | 要遵循"能量化的量化，不能量化的质化"原则，用可衡量的描述语描写目标，杜绝在目标设置中使用概念模糊的词语 |
| 可接受性 | 目标是要能够被活动的目标群体、活动实施者所接受的。人力、物力和财力与工作对象的需求要匹配 |

## 3）设计宣教方案

设计宣教方案是根据前期调研结果、已经确定的活动主题及目标，设计出相应的宣教活动内容，具体包括寻找活动设计的路径、选择最优方案和宣教方案具体化3个部分。

### (1) 寻找活动设计的路径

寻找活动设计路径一般从以下3个方面入手。

①从现有知识、收集的资料中获得。比如,通过调研发现,社区老年人生活单调乏味,缺乏社会支持,需要关爱和问候,所以决定策划以"丰富社区老年人生活,扩大老年人交际圈,扩充社会支持"为目标的活动。在设计宣教活动方案时可选择谈话类的心理沙龙、老年人游园等活动形式,避免出现"心理情景剧"这类不符合老年群体实际的活动形式。

②从国内外已有的经典案例中寻找灵感。国外有很多活动策划是可以借鉴的,社会心理服务工作者可以分析、总结已有的社区活动方案,结合所服务的社区的实际,进行筛选,从中获得经验。

③从其他机构或跨界领域中获取新点子。社会心理服务工作是集合多种学科知识于一体的综合性学科,宣教活动设计最好集思广益,善于从其他机构或者其他领域中获取有效信息。

### (2) 选择最优方案

社会心理服务工作者或策划者要从若干个具有可行性的操作方案中,选择最优方案。最优方案需要具备两个特点。一是可行性,最优方案必须建立在实际操作的基础上,可行性是最优方案的基础与前提。二是适用性,宣教活动只有针对工作对象的需求,有效促进工作对象心理状态的改善,宣教方案设计才能有助于活动效果的最优化。

### (3) 宣教方案具体化

宣教方案具体化是宣教方案设计中最重要的一步,具体化主要是明确"6W2H"的内容,即工作目标(WHY)、工作者(WHO)、工作对象(WHOM)、工作模式(WHAT)、时间(WHEN)、地点(WHERE)、程序(HOW)和预算(HOW MUCH),具体内容见表1-11。

表1-11 宣教方案具体化

| 具体化的内容 | 解决的中心问题 |
| --- | --- |
| 工作目标(WHY) | 为什么要做这场活动,希望通过活动达到什么效果,还有其他活动也能达到这个效果吗 |
| 工作者(WHO) | 这场活动谁来协作,需要几个人配合,大家如何分工 |
| 工作对象(WHOM) | 工作对象有多少人,什么群体,来自哪里,男女比例怎么样,有没有特殊群体 |
| 工作模式(WHAT) | 选择哪种宣教途径 |
| 时间(WHEN) | 活动在哪一天,活动时间有多长,这个时间段对于工作对象是否便于参与 |
| 地点(WHERE) | 活动选在哪个场地,活动场地离工作对象的距离有多远,是否便于参与,活动场地该如何布置,桌椅该如何摆放 |
| 程序(HOW) | 活动节奏怎样,如何在整个流程中体现有趣、提升和改变,哪些细节需要特别注意 |
| 预算(HOW MUCH) | 各项活动所需费用,整个活动成本是多少,预算内容包括哪些 |

> **案例**

**某文化公司举办"心享阅读"系列读书分享会**

1. 目标（WHY）

（1）文化公司层面

对内提升对员工的心理层面的关注，形成爱学习、爱思考、爱分享的集体氛围，打造学习、共享平台。

对外打造文化品牌，提升影响力，建立学习型组织，增强集体凝聚力。

（2）个人层面

培养员工自尊自信、积极向上的健康心态（增长见识，提升自信；拥有一定的共情、自我觉察、自我剖析能力）。

增进友谊，碰撞出思想的火花，为每个参与者链接出更多可能。

2. 工作者（WHO）

策划人（策划每期主题和形式）、主持人（串联始终，控场控时）、摄影师（摄影、录像、录音）、宣传员（撰写文稿、接收投稿、展示传播）、后勤保障人员（负责场地布置、设备调试等）。

3. 工作对象（WHOM）

主要面向公司内部员工。

4. 模式（WHAT）

前期：每期读书会拟邀请3位积极分子分享，以青年为主。

中后期：邀请兄弟单位或外部学者专家分享交流，主动走出去，开展联学活动，交流经验。

5. 时间（WHEN）

频率：2—3个月举办一次。

时长：单次时长为75分钟左右，每位分享者分享时间不超过15分钟，最后互动交流20分钟左右。

时间：首期读书会安排在4月中下旬世界读书日（4月23日）前后举办，可选择某一工作日的13：15—14：30或15：45—17：00，不影响大家休息和下班。

6. 地点（WHERE）

前期以自有场地为主，根据每期活动报名人数预定会议室，中后期可以丰富活动形式，扩大场地选择范围。

7. 程序（HOW）

（1）活动开始前的准备工作

①调研，了解员工对读书会的期待与需求。

②邀请当期分享人员，明确分享主题、参考书目，确定分享时间和地点，提供必要

的演讲培训。

③发布通知，预订会议室，发放活动材料。

④调试设备，布置会场。

（2）活动进行中需要注意的事项

①把握时间，确保每人分享不超时。

②调动氛围，引领现场积极互动。

③及时摄影，积累影像素材。

④准备小礼品或奖品（以图书或知识类产品为主）。

（3）活动结束后需要跟进的任务

①撰写活动简报，多渠道发布，鼓励转发。

②面向分享人和与会人员发放、回收问卷，结合反馈意见，优化读书会的流程机制，提升活动参与体验。

③面向活动参与者征集读书笔记、读后感，择优公开展示。

8. 预算（HOW MUCH）

制定读书会活动的预算，申请经费，主要用于前期购置举办读书会所需的设备（宣传横幅、海报、演示工具等）和奖品（或小礼品），以及中后期邀请外部学者和专家的劳务费等。

## 2. 技能演练

根据"任务导入"的情境，为了解社区居民对社区心理健康服务的需求，以期促进社区心理健康服务体系建设，社区工作人员可采取哪些社会心理研究方式？运用哪种社会调查类型？在调研的选题、准备、调查、分析、总结5个阶段，分别应该做什么，怎么做？请进行模拟演练，并填写下表1-12。

表1-12 社会心理调研技能演练记录表

| 项目 | 维度 | 模拟演练过程记录 | 技能评估（评估区间为1—10分，10分为操作得好或内容填写得好，1分为操作差或内容填写得差） |
|---|---|---|---|
| 社会心理研究方式 | 调查研究 | | |
| | 实验研究 | | |
| | 实地研究 | | |
| | 文献研究 | | |
| 社会调查的主要类型 | 理论性调查研究 | | |
| | 应用性调查研究 | | |
| | 普遍调查 | | |

续表

| 项目 | 维度 | 模拟演练过程记录 | 技能评估<br>（评估区间为1—10分，10分为操作得好或内容填写得好，1分为操作差或内容填写得差） |
|---|---|---|---|
| 社会调查的主要类型 | 抽样调查 | | |
| | 典型调查 | | |
| | 重点调查 | | |
| | 个案调查 | | |
| | 探索性调查研究 | | |
| | 描述性调查研究 | | |
| | 解释性调查研究 | | |
| | 横剖式调查研究（横剖研究） | | |
| | 纵贯式调查研究（纵贯研究） | | |
| | 统计调查 | | |
| | 实地研究 | | |
| 社会调查程序 | 选题阶段 | | |
| | 准备阶段 | | |
| | 调查阶段 | | |
| | 分析阶段 | | |
| | 总结阶段 | | |

## 1) 问卷的设计

根据问卷设计案例，分析该问卷的优点和应改进的地方。要求用所学知识进行模拟演练，并对演练结果进行评估，填写下表1-13。

表1-13　问卷设计技能演练记录表

| 项目 | 模拟演练过程记录 | 技能评估<br>（评估区间为1—10分，10分为掌握良好，1分为掌握情况差） |
|---|---|---|
| 评析问卷设计案例 | 该问卷的优点：<br><br>该问卷应改进的地方：<br><br>指导老师的评价： | 技能评估分值_____分 |

## 2）宣教方案的制订

**案例**

智+国际青年社区的居民基本是20—35岁的年轻群体，他们学历高、薪金高，强调生活质量、个性、社交。大部分人工作时间长、压力大，容易出现焦虑、抑郁等状况。社会心理服务工作者打算于近期开展关爱青年人心理健康的社区宣教活动，促进社区青年人关注自身心理健康状况，提升他们的自我调适能力。运用宣教方案制定方法，进行前期调研和目标设定。

填写技能演练记录表（表1-14），为智+国际青年社区居民设计一场合适的心理健康宣教活动，完成一份活动策划书。

表1-14 宣教方案制订技能演练记录表

| 序号 | 项目 | 模拟演练过程记录 | 技能评估 ||||| 
|---|---|---|---|---|---|---|---|
| | | | 合理 | 比较合理 | 一般 | 不太合理 | 不合理 |
| 1 | 工作对象需求 | | □ | □ | □ | □ | □ |
| 2 | 宣教内容 | | □ | □ | □ | □ | □ |
| 3 | 收集相关资料 | | □ | □ | □ | □ | □ |
| 4 | 评估自身能力 | | □ | □ | □ | □ | □ |
| 5 | 设定宣教目标和主题 | | □ | □ | □ | □ | □ |
| 6 | 宣教方案具体化 | | □ | □ | □ | □ | □ |

## 三、任务总结

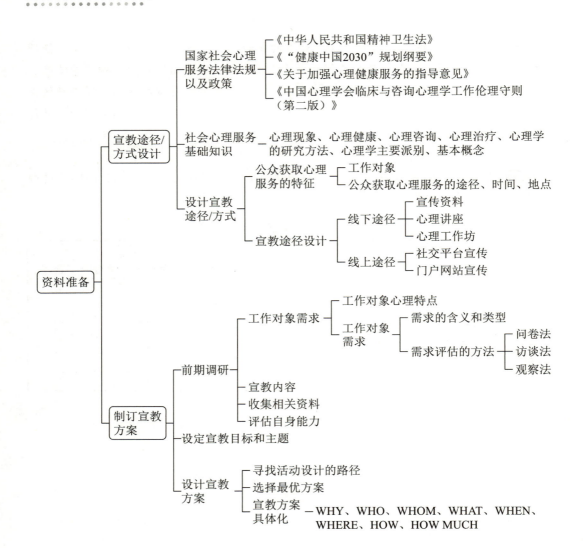

| 任务一　资料准备 |

# 习题

## 一、单项选择题

请从每题的四个选项中，选择一个你认为最符合题意的答案，在所选答案的字母上画√，或把字母填写在（　　）里。

1. 《中华人民共和国精神卫生法》于（　　）起施行。
   A. 2013年5月1日　　　　　　　　B. 2013年5月2日
   C. 2022年5月1日　　　　　　　　D. 2023年5月1日
2. 《"健康中国2030"规划纲要》的战略主题是（　　）。
   A. 全民健身、你我同行　　　　　　B. 共建共享、全民健康
   C. 健康相伴、幸福同行　　　　　　D. 共建共享、健康人生
3. 心理现象分为（　　）。
   A. 情感过程和意志过程
   B. 认知过程和意志过程
   C. 心理过程和个性心理
   D. 个性倾向性和个性心理特征
4. 世界卫生组织认为，心理健康是个体（　　）。
   A. 有能力实现自我价值的快乐幸福的状态
   B. 有能力应对生活中的压力
   C. 有能力为所在社区（社会）做贡献
   D. 上面都对

## 二、判断正误题

下列说法或描述，你认为正确的，请在（　　）中画√，认为错误的，在（　　）中画×。

1. 公众主要是通过获取心理服务的途径、地点和时间来获取心理服务的特征。（　　）
2. 心理沙龙适用于社会心理服务的所有工作对象。（　　）
3. 老年人心理服务的内容包括保持家庭氛围的和谐，处理好与老伴的关系、与子女的关系、与孙辈的关系。（　　）
4. 个体在团体辅导中学到的知识和技能，可以且容易运用到日常生活中，有助于积累成长经验。（　　）

## 三、语音表述题

×电子公司地处××市开发区，是某外资企业在中国的分公司，员工约14000人，男女员工比例接近，90后员工占全体员工80%—90%。

90后员工朝气蓬勃、好学进取，×电子公司非常注重激发员工的工作及学习热情，打造在工作中学习、在学习中工作的工学结合方式，很希望形成互学向上的企业文化。

×电子公司拟邀请某社会心理服务公司为员工开展心理素质提升的成长性宣教活动。

假如你是某社会心理服务公司的工作者，请说说：

问题一：在正式开展宣教活动之前，如果需要进行前期调研的话，你认为调研的内容有哪些？

问题二：通常宣教途径有哪几类途径，具体有哪些方法？

# 任务二　宣教实施

## 一、任务信息

### （一）任务导入

时间：上午9：00

地点：幸福阳光社区

人物：社会心理服务工作者（简称"工作者"）、社会心理服务工作对象（简称"工作对象"）

情境：根据省、市妇女联合会和中国心理卫生协会印发《关于开展心理健康服务进社区入家户活动实施方案》的要求，该社区要开展"心理健康服务进社区入家户活动"，帮助工作对象增强心理健康意识，掌握幸福的方法，提高主观幸福感。

### （二）任务要求

①能够开展科普宣讲前的组织工作，通过发送邀请通知、资料分发、张贴海报、统计和整理人员信息等，完成前期准备工作，为开展科普宣讲组织工作奠定基础。

②能够掌握心理健康和社会工作相关常识，以帮助群众获取专业知识。

③能够把控宣教过程，维持宣教活动有序、有效进行，确保宣教活动顺利开展。

④能够根据宣教现场受众的需求与反馈，进行现场互动与解答。

## 二、任务实施

本任务包括宣教活动准备和宣教活动实施两个部分。

## （一）宣教活动准备

宣教活动准备主要包括组织准备和知识准备。

### 1. 组织准备

组织准备包括发送邀请通知、分发资料、张贴海报、整理人员信息、确定活动场地5方面内容。

#### 1）发送邀请通知

宣教活动一般会邀请专家做心理健康的科普宣教。邀请专家具体流程如下。

①确定专家人选。拟邀请的专家必须是国内或国外在社会心理科普宣教方面有丰富理论和实践经验的学者。

②联系专家。与学校、专业心理咨询机构、医院等单位的专家通过电话、微信联系，确定宣讲意向、主题、拜访时间及计划宣讲时间等，同时将工作对象基本情况、单位基本信息、宣讲流程等发给专家，等待确认。

③拜访专家。与目标专家交流沟通最佳宣教方式，宣教的地点，张贴横幅、海报的具体时间、地点，线上宣讲信息发布时间等。

④提出申请。由本次活动的负责人提出申请，填写申请表，报主管部门领导审批，同意后方可邀请专家。

⑤向专家发送邀请函。如邀请同一市区内的专家，可派人将纸质邀请函送给专家；如不在同一市区，可通过邮箱或微信发送电子邀请函给专家，并电话联系，确认专家收到。邀请专家流程如图2-1。

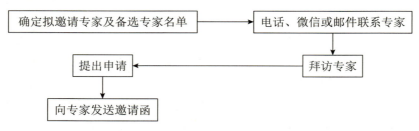

图2-1　邀请专家流程图

> **案例**

某社区要进行老年人心理健康宣教活动，需要邀请1名专家做科普宣讲，你作为社区心理服务工作者，应该如何邀请专家？

第一步：确定专家人选。市属医院康复科主任李某某及其团队共3人，常年从事老年人身心健康研究和临床实践，有丰富的理论和实践经验，能够有效指导本次宣教活动，因此确定其为本次宣讲活动的专家，同时将另外2名团队成员列为备选专家。

第二步：联系专家。电话联系李主任，简单介绍社区心理服务宣讲活动计划，询问其是否有时间来社区做老年人心理健康科普宣讲，征求其同意后，确定其为专家人选；若因故不能参加，依次联系另外2名备选专家，最后确定人选。

第三步：拜访专家。与专家沟通，确定宣教方式、地点、张贴横幅、海报的具体时间、地点，线上宣讲信息发布时间等内容。

第四步：提出申请。填写申请表，附专家简介，报社区分管领导审批，待领导同意后方可邀请。

第五步：审批通过后，制作电子邀请函或打印纸质邀请函，发送给李主任，或申请社区公车1辆，将邀请函送至李主任手中。

## 2）分发资料

包括播放宣传片和发放宣传册。

①宣传片时长约60秒

播放范围：将视频上传至宣传范围内的主流新闻媒体网站、公众号、网络社交群，供工作对象点击观看。

播放要求：至少在活动开始前一周滚动播放，每日应有固定的播放次数，尽量在工作对象闲暇时间播放。

②宣传册应为彩印手册

发放范围：宣教活动的实施单位、企业或区域。

发放对象：宣教活动的工作对象。

发放数量：按工作对象的数量发放，之后视需酌量供应。

### 案例

某社区要在社区内的中学进行青少年心理健康宣教活动，你作为社区心理服务工作者，应该如何发放宣教资料？

第一步：确定宣传片播放范围。联系社区内的所有中学（初中、高中、完中和中职学校），确定是否可以播放宣传片。

第二步：在宣教活动开始前一周，将宣传片上传至校内电子显示屏滚动播放，同时上传至学校官网、学校公众号、班级群、家长群，供工作对象点击观看。

第三步：校内电子屏播放安排在师生课余时间，每日播放不少于6次，上午上课前、中午放学后、下午放学后分别播放2次。

第四步：纸质手册由各班班主任分发给学生和家长。

### 3）张贴海报

张贴海报所需工具包括海报和固定胶。

①张贴位置：宣教范围内广告栏、宣传栏等显著位置；餐厅、公共活动场所的墙壁或广告位等显著位置。

②张贴数量：每个广告栏或宣传栏各1张；餐厅或公共活动场所可视面积大小张贴3张以上的海报。

③张贴要求：张贴在墙壁、宣传栏、广告栏的海报，其下沿距离地面160厘米，如有多张海报，每张海报水平无间隙排列。如图2-2所示。

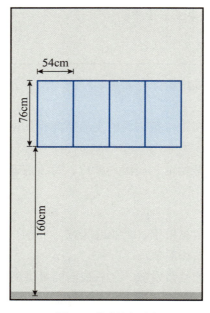

图2-2 海报展示图

> **案例**

某中学要在校内开展青春期学生心理健康宣教活动，你作为学校心理健康老师，应该如何张贴4张以上宣传海报？

第一步：确定张贴位置。校内宣传栏、教学楼楼梯口、食堂外墙显著位置。

第二步：确定张贴数量。统计校内宣传栏数量，每个宣传栏张贴海报1张，教学楼每层楼梯口张贴海报1张，食堂各出入口外墙张贴海报1张。

第三步：张贴海报时应注意，下沿距离地面160厘米，横排的每张海报之间应无间隙。

## 4）整理人员信息

整理参加宣教活动人员信息方式如下。

①通过电话、邮件报名方式统计。在海报中注明宣教活动报名电话或邮箱，工作对象打电话或发送电子邮件报名，即可登记在册。

②通过扫描二维码统计。工作对象可以扫描海报中二维码报名，社会服务工作者在微信后台统计报名信息。

③通过现场报名统计。工作对象在宣传过程中现场报名。

④让工作对象填写个人信息，信息登记表如表2-1，最后统计汇总。

表2-1　工作对象报名信息登记表样例

| 序号 | 姓名 | 性别 | 年龄 | 手机号 | 职业 | 参加活动目的 |
|------|------|------|------|--------|------|--------------|
|      |      |      |      |        |      |              |

**案例**

某大学要在校内开展大学生职业生涯规划宣教活动，你作为学校心理健康专职老师，如何统计参加人员信息？

第一步：确定报名方式。电话报名、微信扫二维码报名、现场报名。

第二步：合并统计3种报名方式参加人数。

## 5）确定活动场地

选择活动场地时应注意以下事项。

①室内场地：活动所在地的报告厅、室内活动场所；酒店会议厅、俱乐部等。

室内场地要考虑：A.容纳人数、使用面积，有的室内场地是可以将很多间打通的，这时就要注意单间面积是多少，多间打通后又是多少。B.是否提供动力电，是否收费。C.场地当天价格——半天价格、全天价格、规定时间分割段数等，场地多天价格，附加费——服务费、餐饮费（包括茶歇、茶点）。D.硬件提供，如投影仪、麦克风、音响、舞台拼接地块、主席台、桌椅等。

②室外场地：草坪、公园、广场等。

室外场地要考虑：A.场地基本情况，草坪是否平整，是否有塌陷问题；若草坪不平，应与相关部门协商施工问题。B.电力系统，若无法提供与活动用电量相当的电力，需邀电力车前往。C.是否有洗手间、洗手间距离活动现场远近等。

## 2. 知识准备

知识准备包括心理健康相关知识和社会心理服务相关知识准备。

### 1）心理健康相关知识

作为初级社会心理工作者，应了解心理健康的基本内涵以及生活中常见的心理困扰和调适方法。

#### （1）心理健康的标准

在本系列教材中适用的心理健康标准（standard of psychological health）是：有正常的智力水平，能够了解并接受自己，能与他人建立和谐的关系，善于调节与控制情绪，有良好的环境适应能力，完整的统一的人格，心理年龄和实际年龄相符。

#### （2）情绪调节的方法

转移注意力：有意识地转移自己的注意，或做别的事情来分散注意力，使情绪得到缓解和放松。

合理发泄法：比如，用某些哲理或某些名言鼓励、安慰自己，向他人倾诉、到不同地方旅游、在空旷地方大声呼喊等。

体育调控法：通过打球、跑步、瑜伽等体育锻炼方式，将消极情绪疏泄出来。

理智控制法：在陷入不良情绪时，调动自己理智的闸门，辩证看待问题，控制不良情绪，使情绪愉悦起来。

#### （3）压力调适

压力的积极意义：压力是双刃剑，没有压力就没有成长。

压力调适方法：积极自我暗示、倾诉、正确对待竞争、体育锻炼、分散压力。

### 2）社会心理服务相关知识

社会心理服务不仅仅包括维护心理健康，还包括培育自尊自信、理性平和、积极向上的社会心态。社会心理服务体系包括社会心理服务与疏导体系和社会心理健康干预体系。

社会心理服务与疏导体系包括：各级政府，妇联、残联、工会等人民团体，社工机构及志愿者。工作场所主要有社区和单位心灵加油站。社会心理健康干预体系包括：学校和单位心理健康教育中心（咨询室）心理工作者、专业心理咨询机构的心理咨询师和心理治疗师、综合医院心理科及心理专科医院的心理医生以及综合医院精神科及精神病专科医院。工作场所主要是心理咨询室和心理治疗室。

社会心理服务是从社会治理的视角开展工作，核心目的是解决社会宏观层面的心理建设问题，社会心理健康服务则是从心理干预的视角开展工作，核心目的是维护个体心理健康。社会心理服务用教育、引导、帮助、政策关爱及危机干预的策略开展工作。社会心理健康服务则以心理干预技术和药物为手段开展工作。

## （二）宣教活动实施

### 1. 知识学习

宣教活动实施主要包括线上和线下2种途径，选择哪种途径还是将2种途径结合，需要根据实际的宣传对象、宣传目的确定。比如宣传对象是社区年龄偏大的社区居民，可以考虑以线下为主，如果是年轻人偏多，可以考虑网络宣传如微信公众号、视频号等方式。

### 1）线上宣教实施

#### （1）社交平台宣传实施

①微信朋友圈

有数据显示早晨7—9点、中午12点、傍晚6点、晚上8—10点是刷朋友圈的高峰期，因此结合宣传的主题、内容、对象，选择合适的时段发朋友圈，会触达更多用户。

②微信公众号

微信公众平台有两种"宣传"账号：订阅号和服务号。如图2-3。

图2-3 微信公众平台

A. 订阅号功能

a. 每天（24小时内）可以发送1条群发消息。

b. 发给订阅用户（粉丝）的消息，将会显示在对方的"订阅号"文件夹中。点击两次才可以打开。

c. 在订阅用户（粉丝）的通讯录中，订阅号将被放入订阅号文件夹中。

B. 服务号功能

a. 1个月（自然月）内可发送4条群发消息。

b. 发给订阅用户（粉丝）的消息，会显示在对方的聊天列表中。

c. 会在订阅用户（粉丝）的通讯录中。通讯录中有一个公众号的文件夹，点开可以查看所有服务号。

d. 服务号可申请自定义菜单。

订阅号与服务号功能权限比较如图2-4。

| 功能权限 | 普通订阅号 | 微信认证订阅号 | 普通服务号 | 微信认证服务号 |
|---|---|---|---|---|
| 消息直接显示在好友对话列表中 | | | ✓ | ✓ |
| 消息显示在"订阅号"文件夹中 | ✓ | ✓ | | |
| 每天可以群发1条消息 | ✓ | ✓ | | |
| 每个月可以群发4条消息 | | | ✓ | ✓ |
| 无限制群发 | | | | |
| 保密消息禁止转发 | | | | |
| 关注时验证身份 | | | | |
| 基本的消息接收/运营接口 | ✓ | ✓ | ✓ | ✓ |
| 聊天界面底部，自定义菜单 | ✓ | ✓ | ✓ | ✓ |
| 定制应用 | | | | |
| 高级接口能力 | | 部分支持 | | ✓ |
| 微信支付-商户功能 | | 部分支持 | | ✓ |

图2-4 订阅号与服务号功能权限比较

C. 企业号功能

公众平台企业号是公众平台的一种账号类型，旨在帮助企业、政府机关、学校、医院、各种组织建立与员工、上下游合作伙伴及内部IT系统间的连接，能简化管理流程，提高信息沟通和协同效率，提升对员工的服务及管理能力。

在实际宣传中，可以将准备宣传的资料，通过微信公众号的形式传递到个人、朋友圈、社群中，鼓励关注者转发，扩大覆盖面。

③视频号

视频号不仅可以发视频，还可以发图文，最多可发9张图片。图片是左右滑动查看的，而不是像朋友圈和微博那样九宫格显示。

视频号运营步骤如下。

A. 垂直领域内容输出：视频发布的动态要与账号定位匹配，并且要以垂直领域作为核心输出点。保持长期的内容输出，吸引更多且更为精确的粉丝流量。

B. 内容：持续高质量的内容输出，保障输出的频率。

C. 匹配热点内容：内容质量要"高+"热门话题和实时热点。

D. 发布要点：视频和图片要足够吸睛，第一眼所提供的信息要能够吸引用户的眼球，不然用户会快速划过观看下一条。

### （2）门户网站宣传实施

很多新闻端拥有自己的公众号、小程序、APP，可以在注册账号后发布相关信息，或通过链接负责人，宣传推广活动。

### （3）搜索引擎宣传实施

可以通过优化关键词，如"心理健康""情绪管理"等，获取搜索渠道。

### （4）关键资源宣传实施

可以根据活动的主题、对象，寻找业内有影响力的人物，比如微博大V、行业大咖、专家教授等人士帮助背书、推广、宣传，达到扩大影响力的目标。

## 2）线下宣教实施

线下宣教实施内容一般分为活动实施和宣传方式。

### （1）活动实施

①人员准备，分工协作，保障宣传活动顺利进行

A.工作人员

a.对外联络员。宣传活动方案策划完成之后，及时向上级主管部门请示汇报，使宣讲项目成功立项。接着就要实施宣讲。对外联络员负责与演讲嘉宾沟通与联络，确认宣讲主题、时间、地点、交通等信息，保障演讲嘉宾能按计划抵达现场。除此之外，举办大型宣讲活动一般还会邀请上级领导、协作单位负责人等相关人员到场，因而联络员应在活动前一天逐一联系到场嘉宾，确认是否有活动冲突及嘉宾是否接受邀请，活动举办当天早晨更应与嘉宾保持联络。同时，应通过各种途径推广活动信息，让更多受众知晓，便于筛选和邀请适合的对象参与现场活动。

b.解说是宣讲的核心环节，解说人员负责现场主题讲解，要有自信和饱满的热情，须具备一定的专业素养，熟悉解说主题，在讲解和答疑时要把握精髓，深入浅出。解说时要用标准普通话、吐字清晰、声音圆润、语调平和、音量适度、语速适中、音色有感染力等。要逻辑清晰，重点突出，可因对象的不同适度调整宣讲内容等。但有些宣讲活动由主讲嘉宾讲授，解说人员仅担任主持人，协助宣讲活动的进行。

c.秩序维护人员和引导人员应提前到达现场，维护宣讲会开始前的现场秩序。听众进场后马上安排位置就座，提醒其将手机调整为静音或震动，尽量不在现场接打电话，

保证现场不发生争吵及与现场活动无关的行为。保证现场人员进出的井然有序，保证现场财物的安全，未经允许不得随意借用现场财物。宣讲开始后确保会场安静，出现困难第一时间解决。告诫到场人员不要跨越护栏，以免造成场面混乱和人员伤亡。秩序维持人员和引导人员应注意态度要和蔼，耐心询问，以理服人，心中始终装着宣讲活动本身，不纠缠一些小插曲，确保活动顺利进行。

d.安保人员密切配合场内工作人员协同工作，主要负责会场内外的秩序和安全，提醒参会人员遵守安全守则及其他规则，加强防火意识，及时发现火灾苗头，消除隐患于萌芽状态，防患于未然。加强对重点区域的治安防范，及时发现可疑的人和事。保证进出口通畅，及时引导车辆停靠，保障领导、嘉宾及听众的安全。在服务中礼貌待客，正确运用敬语，热情解答问题。处理矛盾时要得理让人，不争吵，不扩大矛盾，实在不能及时化解可以报告领导获取支持，以便妥善解决难题。

B.宣讲嘉宾

依据宣讲目标、活动规格、经费安排、距离远近、交通等因素确定演讲嘉宾是一人还是多人、本地嘉宾还是外地嘉宾等。参考宣讲受众的文化水平、工作性质、生活背景等因素搜寻可能的候选人，再结合备选对象的行业影响、专业知识、演讲风格，及时确定与本次宣讲活动匹配度高的演讲嘉宾。

除了主讲嘉宾，有时还要邀请一些助手和志愿者配合完成一定的工作任务，因而也应在活动开始前确认他们届时是否能到场、对工作任务是否清楚，对时间、地点、路线是否清楚等。

C.宣传对象

a.确定宣传对象范围。社会心理服务工作对象几乎涵盖所有人群，每个个体、家庭、单位、学校都是宣传对象。

b.整理宣传对象信息。宣传对象统计表如表2-2所示。

表2-2 宣传对象统计表

| 姓名 | 单位或职业 | 通知途径 | 是否确定参会 | 联系方式 | 备注 |
| --- | --- | --- | --- | --- | --- |
|  |  |  |  |  |  |
|  |  |  |  |  |  |
|  |  |  |  |  |  |

D.其他人员

为扩大本次宣讲活动的影响力，使后续活动顺利进行，取得更好效果，需要邀请上级主管部门领导和相关单位领导参会。需要邀请新闻工作者对本次活动进行宣传报道。活动开始前一段时间要保持与领导和重要嘉宾的联系，领导如有其他公务与本活动发生冲突，要及时处理。

②因地制宜，分层次、分规模、经常性开展宣传工作

活动过程中，能够介绍心理健康和社会工作相关常识，以帮助群众获取专业知识。

A.一对一，上门宣传

确定主题，匹配对象，走进机关、社区、学校、企业、家庭。扩大心理健康知识宣讲覆盖面，让心理健康知识走进群众心里，培育群众心理健康意识。如，为引导一个家庭更好地处理亲子关系问题，可以分别跟爸爸、妈妈和孩子就学习问题、生活问题宣传讨论。一般一次宣讲的信息比较有限，可多次上门，有宣讲、有补充、有回访、有支持，会让宣讲效果得到强化。

B.小规模，自主宣传

相似的群体和个体类似的问题，如亲子关系、自我发展、情绪调节、压力管理、人际交往等，可以以讲座、沙龙、团辅的方式进行宣讲。首先，确定主题，收集相关音频视频资料，制作PPT。其次，确定工作对象范围，从中邀请部分对象到现场交流。第三，确定宣讲的场所、时间。第四，现场宣讲。

C.较大规模，嘉宾专题讲座、沙龙、团辅等

对于常见问题、热点问题和重大问题，往往会邀请专业领域的专业人员、心理学教授等主讲，以专题讲座、沙龙和团体辅导等形式进行宣讲。团体辅导15人左右，多的可达几十人，着重参与和体验；沙龙一般几十人，偏重讲解与互动；讲座没有人数限制，可以在室内，也可以在室外，以讲授为主，会设置答疑环节。

现场答疑可以让宣讲活动得到延展，起到锦上添花的作用。主持人观察现场情况以便随机应变，当现场氛围沉闷、听众有些拘谨时可以鼓励引导，促使听众开放，敢于提问，敢于将自己的疑问和困惑表达出来。当现场氛围轻松和谐时，则把握好时机，引导提问从一个问题顺利更替到下一个问题。如果现场氛围极端活跃，则应注意观察听众举手的先后顺序、想要交流的强烈程度，将话筒递给合适的提问者。互动时间不宜太长，可以请示主讲嘉宾，也可以根据常规适时终止现场提问环节。碰到特别难缠的提问者时应巧妙化解。

如果没有演讲嘉宾，讲解人员就承担答疑的责任。答疑时首先耐心倾听，听懂提问者的疑问点，捕捉问题的关键点，不可眉毛胡子一把抓。其次，结合宣讲的主题和自己的经验，组织好内在逻辑，选择合适的语言加以表达。最后，碰到问题棘手、超出自己力所能及的问题时，坦诚表达自己的局限，可以回应对方问题的性质和自己对问题的理解，给出可能获取答案的途径，也可以留下提问者的联系方式等自己查阅资料后再给对方回应。

D.大规模、多嘉宾、多视角系列讲座

举办科学合理、多主题系列宣讲活动，会涉及多位主讲嘉宾和多部门领导参会，协调工作尤为重要。

a. 成立领导小组，系统设计宣讲实施方案。要照顾到多方需求，首先，可以设计主会场和分会场。其次，突出主题的实用性，一定围绕参会对象的需求选择宣讲主题，以指导工作对象生活应用和社会心理服务工作者工作实践为目标。再次，宣讲方式生动有趣，融入案例探讨和情境再现，切忌过于理论化、片面化。

b. 成立联络小组，负责联系、跟进宣讲嘉宾、特邀嘉宾和媒体报道，不仅能为宣讲提供品质保障，而且扩大宣传影响，为后续工作开展奠定基础。

c. 加强线上线下宣传，吸引广大受众关注活动信息，积极参与到活动中来。

d. 对主会场、分会场进行精心设计，根据主题、形式、参会人数等布置场地，检查配套设备的功能状态，确保场地可以使用。

e. 分工协作，确保宣讲活动顺利实施。活动当天，与主讲嘉宾和参会嘉宾保持沟通，及时引导他们到指定座位席就座，确保宣讲活动按计划进行。在到达会场的主要路线设置指示牌、安排引导员，帮助参会人员顺利抵达会场。维护现场秩序，确保会场安全。

f. 活动后期，落实媒体的宣传跟进及自媒体的宣传。

g. 处理其他善后工作。

③经费准备，合理预算，为宣讲活动保驾护航

要遵守财务制度，提前审批经费。预算表如表2-3所示。

表2-3　经费预算表

| 名称 | 细目 | 金额 | 备注 |
| --- | --- | --- | --- |
| 材料制作费 | | | |
| 场地租赁费 | | | |
| 其他材料费 | | | |
| 购买礼品费 | | | |
| 演讲嘉宾课酬 | | | |

（2）宣传方式

宣传方式包括报纸、杂志、海报、横幅广告、宣传栏、流动站、广播、电视、纪念品、宣讲班、热线、多家服务方联合等。利用居民聚集高峰时段进行现场宣传，居民经过时、散步时、聊天时等就能留意到相关信息。

①推文

推文是目前使用率最高的宣传形式，好的推文要深度打磨标题和内容。

A. 设计好的标题。"题好一半文"，好的标题应该在最短时间内抓住读者眼球，让人产生共鸣。比如关于自我探索，标题是叫《认识你自己》，还是叫《藏在你人格里的幸福密码》，更会让人有点开阅读的欲望呢？

B. 选择合适的内容。内容的设计以宣传活动的目的为导向，可以套用场景—冲突—疑问—答案这种公式化的写法。以"心理健康"宣传为例，可以设计工作、生活、学习等多个不同的场景，在不同场景下展示多种心理冲突，进而抛出问题——我该怎么办？在文章的末尾，给出解决方法，如开展一场讲座或者一次线下活动，自然而然引出活动信息。

②短视频

短视频是指在各种新媒体平台上播放的、适合在移动状态和短时休闲状态下观看的、高频推送的视频内容，几秒到几分钟不等。内容融合了技能分享、幽默搞怪、时尚潮流、社会热点、街头采访、公益教育、广告创意、商业定制等主题。宣传知识点采用碎片式、模块化的设计理念，可以单独成片，也可以成为系列栏目。

在进行心理服务的推广中，可以设计固定IP形象，IP形象可以是虚拟的，也可以是真人出镜。可以针对某一个活动或者专题，提供单一系列短视频。素材可以从新闻、真实事件、需求场景、电影等入手，时间可以控制在一分钟内，可将短视频发送至微信社群、朋友圈、视频号、抖音号、微博等渠道进行宣传推广。

③海报

海报（如图2-5）版面设计的六要素是主题、风格、构图、配色、背景、商品。

图2-5 海报设计示例

A.主题。就是让读者明白中心思想和主要内容是什么，目的是让工作对象一眼就能明白核心内容，主题一般放在整个海报页面的第一视觉中心点，主题文字要简洁、高效，单刀直入。

B.风格。就是指页面传递给人的某种感觉，如古典、可爱、小清新或简约时尚。

C.构图。在海报设计过程中版式的平衡感极为重要，要处理好不同物体之间的对比关系。如文字字体的大小对比、粗细对比，模特的远近对比。

D.配色。a.同类色：相同色相、不同明度和纯度的色彩调和，产生秩序的渐进，在明度、纯度的变化上，弥补同种色相的单调感。采用蓝色调和，给人清爽、洁净的感觉。b.邻近色：在色相环中，色相越靠近越调和。采用色环中相近的红、黄进行调和，使画面温暖。c.对比色：黄色与蓝色为对比色，画面辅以中间色——红色和紫色，形成对比色调和。d.渐变色：渐变色实际上是一种调和方法的运用，是颜色按照层次逐渐变化的现象。

E.背景。指的是衬托主体事物，如产品、文案、促销信息等的图像。

F.商品。商品的摆放位置、摆放角度、商品比例、商品画面占比、商品与其他元素融合、商品清晰度及商品抠图问题。

④实物载体

实物载体宣传是宣传广告的一种形式，能使推广更精确、及时、广泛地到达目标受众。如在社区宣传，可将心理健康相关信息印刷在三折页、购物袋、折扇上，以礼品派发的形式传递给居民；如果在企业服务，可以将心理学经典理论、研究结果印刷在鼠标垫、笔记本、笔等物品上发给员工，让员工在日常使用这些工具的时候加以关注。宣传页如图2-6。

图2-6 宣传页设计示例

## 案例

父亲节即将来临，如何在社区里宣传父亲对家庭教育的重要影响？

第一步：系列海报，线下线上可以同步推广。

第二步：主题推文，科普父亲在家庭中的角色、重要性，以及如何做好爸爸（给出方法），文章可以在社区微信群、社工朋友圈进行转发。

第三步：组织一系列活动，包括线上微课、线下团体辅导，以家庭为单位，以爸爸这个角色为设计核心，在社区里提前一周预热，发布活动海报，邀请家庭报名。

第四步：活动过程中留痕，包括图片、现场感受的反馈、现场互动，事后继续以推文的形式总结宣传。

## 2. 技能演练

按照演练项目进行技能演练，填写演练过程，对操作要点进行评估和打分，并填写技能演练记录表（表2-4）。

**案例**

某市妇联预计开展三八妇女节女性心理健康知识大讲堂，邀请了3位风格不同的嘉宾做3场专题讲座，请你配合此次活动，制作一幅宣传海报，尽可能吸引更多受众参与。

表2-4 海报制作技能演练记录表

| 序号 | 项目 | 模拟演练过程记录 | 是否符合操作要点 | 技能评估<br>（评估区间为1—5分<br>1分为非常不符合，<br>5分为非常符合） |
|---|---|---|---|---|
| 1 | 主题 | 收集信息情况：<br><br>确定了哪3个讲话题目：<br><br>操作过程： | 图片选择□<br>文字创意□<br>主题内容□ | |
| 2 | 风格 | 设计与呈现： | 内容齐全□<br>古典□<br>可爱□<br>简约□ | |
| 3 | 构图 | 版式的平衡感： | 大小对比□<br>粗细对比□<br>模特的远近对比□ | |
| 4 | 配色 | 配色设计： | 同类色□<br>邻近色□<br>对比色□<br>渐变色□ | |
| 5 | 背景 | 背景设计： | 整体设计□<br>衬托作用的信息□ | |
| 6 | 宣传对象参与途径 | 目标人群特征分析：<br>操作过程： | 时间□<br>地点□<br>联系方式□ | |
| 7 | 宣传效果 | 参与人数及类型：<br>操作过程： | 视觉吸引□<br>需求点挖掘□ | |

## 三、任务总结

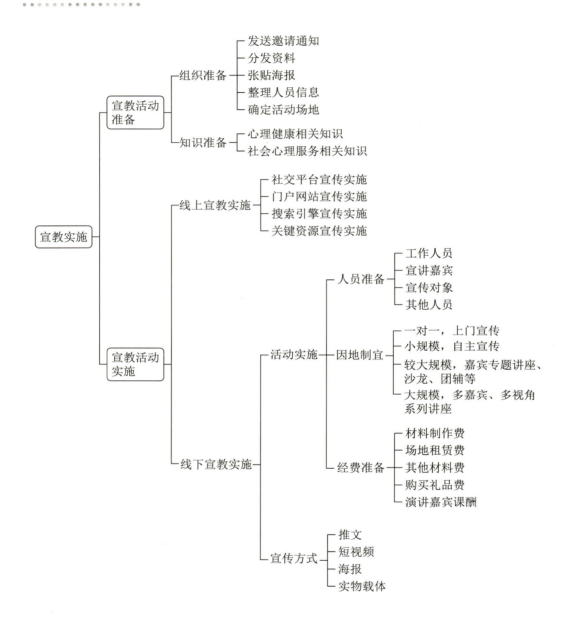

# 习题

## 一、单项选择题

请从每题的四个选项中，选择一个你认为最符合题意的答案，在所选答案的字母上画√，或把字母填写在（　　）里。

1. 社会心理服务科普宣教实施任务包括宣教活动准备和（　　）两个部分。
   A. 组织准备　　　　　　　　　　B. 知识准备
   C. 人员准备　　　　　　　　　　D. 宣教活动实施

2. 心理健康标准是：有正常的智力水平，还要（　　）。
   A. 能够了解并接受自己，与他人建立和谐的关系
   B. 善于调节与控制情绪，有良好的环境适应能力
   C. 有完整的统一的人格，心理年龄和实际年龄相符
   D. 上面全对

3. 社会心理服务不仅包括维护心理健康，还包括培育自尊自信、理性平和、积极向上的（　　）。
   A. 个人心态　　　　　　　　　　B. 社会心态
   C. 心理素质　　　　　　　　　　D. 情绪状态

4. 海报的主题主要是让读者明白（　　）。
   A. 中心思想和主要内容
   B. 自己的朋友圈
   C. 餐厅位置
   D. 海报数量

## 二、判断正误题

下列说法或描述，你认为正确的，请在（　　）中画√，认为错误的，在（　　）中画×。

1. 社会心理服务工作对象几乎涵盖了所有人群，每个个体、家庭、单位、社会组织机构都是宣传对象。（　　）

2. 在宣教实施中，张贴海报时海报下沿一般距离地面160厘米。（　　）

3. 对于常见问题、热点问题和重大问题，往往会邀请专业领域的专业人员、心理学教授等主讲，以专题讲座、沙龙和团体辅导等形式进行宣讲。（　　）

4. 宣教活动现场实施时，通常会有对外联络员、解说人员、秩序维护人员、引导人员、安保人员，大家彼此不需要分工协作。（　　）

### 三、语音表述题

某中学根据市教育局印发《关于加强中小学心理健康教育工作的通知》要求，拟在学校开展中小学生心理健康系列宣教活动。你作为该中学的心理健康专职老师，负责本次活动。活动中，将邀请市某大学心理健康教育专家来校开设专题讲座，落实心理健康教育科普宣教工作。

请回答以下问题：

问题一：您作为本次活动的负责老师，将如何邀请专家？

问题二：为确保宣讲活动科学合理，您将如何做好本次活动的协调工作？

# 任务三　效果评估

## 一、任务信息

### （一）任务导入

时间：10月份

地点：阳光社区

人物：社会心理服务工作者、社区居民

情境：阳光社区在10月10日已开展了"世界精神卫生日"关爱心理健康的社区宣教活动，普及了心理健康的知识。请评估本次活动的开展情况。

### （二）任务要求

①初步访谈。对科普宣教对象进行初步访谈，整理访谈记录，确认科教宣传效果的评估指标，完成评估记录表。

②实施评估。通过发放和回收调查问卷，收集数据，筛选有效信息，为分析做好数据准备。

③分析结果。使用数据统计工具，分析所收集的数据，得出初步评估结果。

④总结工作。总结科普宣教工作，根据科普宣教工作的目标和开展过程中出现的问题，提出改善建议和意见，完成评估报告。

## 二、任务实施

本任务包括宣教后期数据收集、宣教效果评估两部分。

## （一）宣教后期数据收集

### 1. 知识学习

#### 1）常用的数据收集方法

**（1）访谈法**

访谈法能够评估工作对象的服务需求，是一种常见的数据收集方法。

①访谈步骤

A. 明确访谈目的，访谈主要有如下几类目的，如表3-1所示。

表3-1 访谈目的

| 序号 | 类型 | 目标 | 适用工作范围 |
|---|---|---|---|
| 1 | 建立关系 | 使工作者、工作对象与社区之间相互了解，达成合作、联动共识 | 社区领袖拜访、地区商家资源交流 |
| 2 | 发现问题/需求 | 精准了解工作对象、服务区域所面临的具体需求和问题 | 在项目前期进行需求调研、在执行阶段深入了解问题 |
| 3 | 发现优势 | 工作对象的物质、经历、技能、社会支持等资源 | 发现工作对象潜在能力、发掘社区资源、建立区域资源网络 |
| 4 | 发现骨干 | 激发工作对象在社区具体工作中投入智力、体力等 | 志愿者建设、自组织孵化、潜在领袖发掘 |

B. 端正访谈态度，保持积极的求知状态，避免烦躁和无意义感。

C. 设计访谈提纲，确定访谈内容。

完整的访谈提纲主要包括表3-2中列举的内容。

表3-2 访谈提纲设计（示例）

| 序号 | 内容 | 具体实施 |
|---|---|---|
| 1 | 访谈主题 | 说明访谈目的 |
| 2 | 访谈介绍 | 确定访谈人员（工作者）、工作对象、形式等 |
| 3 | 提纲框架 | 设计开头语、对话语与结束语 |
| 4 | 正式访谈 | （1）观察访谈现场<br>（2）向工作对象说明访谈原因<br>（3）开始访谈并记录<br>（4）访谈的反思与评估 |
| 5 | 预计可能遇到的问题 | （1）工作对象拒答<br>（2）访谈过程中工作对象不耐烦<br>（3）访谈过程中被第三者打断<br>（4）工作对象敷衍回答<br>（5）工作者受干扰 |

续表

| 序号 | 内容 | 具体实施 |
|---|---|---|
| 6 | 拟解决的方法 | （1）选取适当的访问对象，考察选取容易接近的，明确告知其目的<br>（2）选取适当的访谈时机<br>（3）尽量站在工作对象的角度，节省时间<br>（4）一对多的访谈，可以形成交流小组形式<br>（5）对敷衍回答的工作对象，积极引导，或者尽早结束访谈，并将此次访谈作废 |
| 7 | 访谈注意事项 | （1）访谈前要做好充分准备<br>（2）访谈中要注意着装和仪表，态度和蔼、大方；要文明礼貌，措辞得体<br>（3）尊重工作对象，注意保护他们的信息安全和个人隐私<br>（4）认真对待，不走过场，真正通过访谈实现访谈目的 |
| 8 | 要携带的器材 | （1）记录表、笔及相关个人证件<br>（2）录音设备<br>（3）访谈提纲 |

D. 做好访谈准备。

E. 获得知情同意。

工作者要与工作对象签署知情同意书，保障访谈双方的权益。知情同意书须采用工作对象能够理解的文字和语言，使工作对象能够"充分理解"与"自主选择"，符合"完全告知"的原则，这是工作对象表示自愿进行访谈的证明。

完整的访谈知情同意书基本要素如表3-3所示。

表3-3 知情同意书基本要素

| 序号 | 要素 | 出发点 | 受访者的回应 |
|---|---|---|---|
| 1 | 工作者自我介绍 | 双方彼此了解，增进访谈关系 | |
| 2 | 访谈背景和研究目的 | 简要说明访谈要达到的最终目标 | |
| 3 | 访谈概况 | 告知工作对象本次访谈已通过批准、主要访谈内容、访谈时间等 | |
| 4 | 访谈过程的实施 | 包括深入访谈、问卷调查、可能录音和信息保密等 | |
| 5 | 参与访谈需要怎样做 | 告知工作对象在访谈时的程序与注意事项，如回答要真实等 | |
| 6 | 参加研究可能的受益之处 | 征得工作对象的自愿支持 | |
| 7 | 个人信息及访谈记录的保密原则 | 仅作为此次访谈或研究所用，放心回答 | |
| 8 | 保密例外 | 告知工作对象哪些状况属于保密外规定 | |
| 9 | 可以自愿选择参加或中途退出访谈 | 访谈完全取决于工作对象的意愿 | |
| 10 | 是否同意录音录像 | 需提前征得工作对象同意 | |

续表

| 序号 | 要素 | 出发点 | 受访者的回应 |
|---|---|---|---|
| 11 | 时间及频率 | 需提前确定，双方严格遵守 | |
| 12 | 药物相关 | 如工作对象接受心理服务期间已服药，需按医嘱继续用药 | |
| 13 | 签订知情同意书 | 仔细阅读知情同意书内容，在规定的位置签字 | |
| 14 | 联系人与电话 | 对访谈有疑问或认为受到非公正对待，可以随时与负责人联系 | |

知情同意的内涵是：工作对象可以自由选择是否开始访谈或继续访谈，有权了解访谈过程、访谈内容和工作者的专业资质。

a. 工作者应确保工作对象了解双方的权利、责任，明确介绍访谈设置，告知工作对象享有的保密权利、保密例外情况以及保密界限。工作者认真记录访谈过程中有关知情同意的讨论过程。

b. 工作者应知晓工作对象有权了解下列事项：工作者的资质、所获认证、工作经验以及专业工作理论取向；专业服务的作用；专业服务的目标；专业服务所采用的理论和技术；专业服务的过程和局限；专业服务可能带来的好处和风险；心理测量与评估的意义，以及测验和结果报告的用途。

c. 与被强制要求接受访谈的工作对象访谈时，工作者应当在访谈开始时与工作对象讨论保密原则的强制界限及相关依据。

d. 工作对象同时接受其他工作者访谈时，工作者可以根据访谈需要，在征得工作对象同意后联系其他工作者，以更好地开展访谈服务。

e. 只有在得到工作对象书面同意的情况下，工作者才能对访谈过程录音、录像或将内容用于教学演示等。

F. 进行正式访谈，恰当提问，捕捉信息，收集资料，适当回应。

G. 适时结束访谈。

H. 做好访谈记录，一般要录音或录像（需要征得被访谈者同意）。

访谈记录的方式有现场记录和事后记录两种，两者各有优缺点。

现场记录是在征得工作对象的同意之后，边访谈边记录。优点是可以从容记录，不清楚或记不全的地方可当场问，资料比较客观完整。缺点是为了完整记录，可能会忽视工作对象的表情、动作传达出来的信息。现场记录时可填写社会心理服务访谈观察记录表（表3-4），进行观察记录。

事后记录是在访谈结束后，根据对访谈过程的回忆，由访谈者对访谈内容进行追记记录，事后记录的优点是可以消除工作对象在访谈过程中可能存在的心理顾虑，但是可能会出现记忆偏差，失去一些信息，影响访谈记录的全面性和准确性。

### 表3-4 社会心理服务访谈观察记录表

| XX项目访谈观察 ||||
|---|---|---|---|
| 访谈日期： 年 月 日<br>时间：点 分—点 分 | 被观察者（工作对象）： | 工作者： | 记录者： |
| 访谈形式：一对一、一对多 ||||
| 观察记录（工作对象的言语与非言语行为）：<br><br><br> ||||
| 干预过程：<br><br><br> ||||
| 观察结果（观察对象是否分心、不受打扰）：<br><br><br> ||||
| 总结与反思：<br><br><br> ||||

**注意事项**：访谈前设计好访谈提纲/问题；访谈必须征得工作对象的知情同意后才可进行，以体现尊重工作对象的原则；涉及隐私敏感性问题，社会心理服务工作者应该保持对现场高度的警惕性，注意保密资料来源；访谈结束后向工作对象表示感谢，注意保护工作对象的信息安全和个人隐私。

②访谈原则

访谈的原则是要尊重工作对象的态度和表述，让工作对象充分表达。访谈遵循的基本原则如下。

A. 诚恳。让工作对象清晰了解访谈目的，避免使工作对象产生困惑。工作者尽量用诚恳、开放的态度，让工作对象感受到来自工作者的真诚，保证访谈工作顺利进行。

B. 热情。让工作对象感受到工作者的尊重和热情，引导工作对象开口表达、坦诚发声。

C. 中立。工作者在访谈中是问题的发出者和信息的收集者，应用中立的眼光看待相关问题，避免用自己的价值观作为标准，评判工作对象的观点、态度、行为。

D. 不承诺。工作者要避免做出缺乏实现可能性的承诺。

③访谈技巧

访谈技巧可以保障访谈收集到最有效的信息。

A. 问题可量化。尽量将问题具体化，避免问得太笼统和模糊。例如，想了解老人健康状况时，可将"健康状况"细化为"身体、心理、社交"或者"衣食住行"等具体问题。

B. 不评判。访谈收集的是信息，而非观点，更不是情绪。信息是客观的、无对错之分的。观点属于信息范畴，是对特定事物的看法和认识，在访谈时应将工作对象的观点作为客观的信息看待，不必过度讨论。

C. 感官联动。访谈表面上是动口，实际上是视觉、嗅觉、触觉等系统的联动工程。不仅要观察工作对象的面部表情，还要听工作对象的话外音，同时注意是否有特殊气味等。

D. 顺势提问。提问题要顺着上一个话题往下延伸，有系统、有逻辑的问题，能使获得的信息更深入、更完整（避免关键问题的遗漏），避免同时展开多个话题。

E. 鼓励表达。工作者要适当沉默，鼓励和引导工作对象系统阐述自身观点、情况等。

F. 适当限制。当工作对象已表述较长时间或者较大程度上偏离话题时，工作者可以直接告知工作对象因时间限制或工作安排限制，希望以某个话题作为结束或对某个话题补充阐述，即给予谈话合理限制。

### （2）问卷法

问卷法是研究者运用事先设计好的问卷，向被调查者了解情况或征询意见的调查方法。问卷法具体内容及调查问卷的结构和内容请参阅任务一表1-6。宣教活动效果评估问卷示例如下。

**[标题]科普宣教效果评估问卷**

[卷首语]非常感谢您参与本次心理服务宣教活动的效果评估，您的宝贵意见将有利于我们改进工作。

[指导语]请您在适合的数字选项上划√。

[结束语]感谢您的支持，愿您工作顺利、生活愉快！

[个人信息]1.姓名：　　　　　　　　　　2.联系方式：

[主体]

| 您对本次心理服务宣教活动的看法 | 很不满意 | 不满意 | 一般 | 满意 | 很满意 |
|---|---|---|---|---|---|
| 1.活动内容安排 | 1 | 2 | 3 | 4 | 5 |
| 2.活动组织形式 | 1 | 2 | 3 | 4 | 5 |
| 3.活动时间安排（合理性） | 1 | 2 | 3 | 4 | 5 |
| 4.活动的创新性 | 1 | 2 | 3 | 4 | 5 |
| 5.活动宣传效果 | 1 | 2 | 3 | 4 | 5 |
| 6.…… | 1 | 2 | 3 | 4 | 5 |
| 7.…… | 1 | 2 | 3 | 4 | 5 |
| 8.…… | 1 | 2 | 3 | 4 | 5 |
| 9.活动总体满意度 | 1 | 2 | 3 | 4 | 5 |
| 您对本次活动的意见和建议 | | | | | |

**注意事项**：设法在短期内与工作对象建立相互信赖的关系；回答方式越简单越好，避免出现难以回答的问题；敏感性的问题，最好迂回设问；如希望提高调查资料可靠性，可以使用不记名问卷。问卷初稿形成后，最好请有经验的社会心理服务工作者审阅或共同讨论修改；在小范围内进行模拟调查，发现问题，及时改进；设计问卷时必须考虑用什么方法统计和分析；为了能引起被调查者的重视和兴趣，卷首语的语气要谦虚、诚恳、平易近人，文字要简明、通俗、有可读性。

## 2）数据收集工具

### （1）Excel表格

Excel是集表格处理、图形显示和数据库功能于一体的计算机应用软件，拥有强大的数据计算和处理功能，能完成数据筛选、排序、查询、分类、汇总等统计工作。用Excel制作的表格如图3-1。

| | A | B | C | D | E | F | G |
|---|---|---|---|---|---|---|---|
| 1 | 问卷编号 | 活动内容安排 | 活动组织形式 | 活动时间安排 | 活动的创新性 | 活动宣传效果 | 活动总体满意度 |
| 2 | 1 | 5 | 4 | 4 | 5 | 4 | 5 |
| 3 | 2 | 4 | 5 | 3 | 4 | 4 | 4 |
| 4 | 3 | 5 | 4 | 5 | 4 | 5 | 5 |
| 5 | 4 | 5 | 4 | 2 | 5 | 4 | 4 |
| 6 | 5 | 4 | 5 | 4 | 5 | 4 | 5 |
| 7 | 6 | 5 | 5 | 5 | 3 | 5 | 4 |
| 8 | 7 | 2 | 3 | 5 | 5 | 4 | 5 |
| 9 | 8 | 4 | 4 | 4 | 2 | 3 | 5 |
| 10 | 9 | 5 | 4 | 5 | 4 | 4 | 5 |
| 11 | 10 | 5 | 3 | 3 | 5 | 5 | 4 |
| 12 | 11 | 4 | 3 | 5 | 3 | 3 | 3 |

图3-1 Excel表格

### （2）问卷星

问卷星是在线问卷调查平台，具有问卷设计、数据采集、调查结果分析等功能。典型应用包括：客户满意度调查、市场调查、员工满意度调查、学术调研、社会调查、信息采集、讨论投票、公益调查等。

### （3）腾讯在线收集表

腾讯在线收集表设置问题，将其分享给QQ、微信好友，或发送到群里，快速收集填写者信息，汇总收集结果到在线表格，进行整理分析。收集表可以用于个人资料收集，活动、培训报名收集等，支持9种问题类型：问答、单选题、多选题、下拉列表、日期、时间、位置、体温、图片，满足多种信息的收集需要。

### （4）SPSS

SPSS（Statistical Product and Service Solutions）作为统计软件，输入和管理数据的

方式与Excel表格相似，数据导入方式多，能快速读取数据。它包括一些基本的统计过程，能满足非统计人员的需求。SPSS操作页面如图3-2。

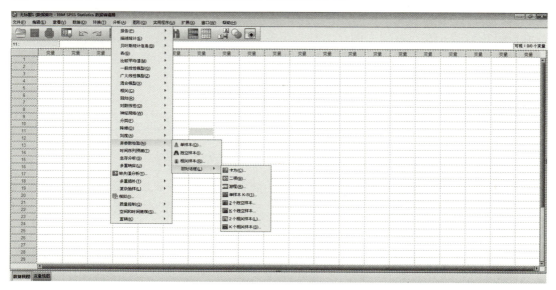

图3-2　SPSS操作页面

（5）总结

Excel主要用于处理数据、统计分析与计算、数据库管理、绘制图表、检查与删除宏病毒，且能实现资源共享。Excel既可以处理文字信息，如做数据透视表，也能整理数据信息，如进行方差、回归分析等，在没有网络的情况下亦可进行。但其在数据共享、数据质量、数据权限、审批流程管理等问题上存在局限性，主要是针对办公方面的软件。

问卷星和腾讯在线收集表为线上问卷，具有高效率、高质量、低成本的优势。可以在短时间内通过分享收集到大量问卷，并可实时查看最新答卷并进行统计分析。整体流程需要在具备互联网的情况下进行。

SPSS为专业统计工具，数据统计和分析功能更为齐全。SPSS支持丰富的数据源，具有强大的数据访问、管理能力以及编程能力，使用者即便不熟悉统计方法的算法，根据统计分析原理，也可获得所需要的分析结果，同时也支持二次开发。其还具有完整的数据输入、编辑、统计分析、报表、图形制作等功能，具有一整套数据分析流程以及各种数据统计分析方法，如数据的探索性分析、偏相关、方差分析、非参数检验、多元回归、Logistic回归等。SPSS还能够读取和输出多种格式的文件，可将图形和表格文件直接转换为Word、Excel、PPT、TXT、HTML、PDF等格式的文件保存。对于初学者也同样适用。但SPSS需要下载相关软件才可操作。

## 2. 技能演练

**案例**

阳光社区将于10月10日开展"世界精神卫生日"关爱心理健康的社区宣教活动。请使用腾讯在线收集表设计一份关于活动的调查问卷。

①打开电脑浏览器,进入腾讯文档官网,先使用QQ、微信或企业微信进行注册,然后登录腾讯文档,如图3-3。

图3-3 注册并登录腾讯文档

②点击左侧的"新建",选择"在线收集表",如图3-4。

图3-4 新建在线收集表

③创建一份空白在线收集表或使用在线收集表模板，如图3-5。

图3-5　创建在线收集表

④添加问题，制作信息收集表，完成后点击"发布"，如图3-6。

图3-6　添加问题—制作—发布

⑤选择表格编辑的权限、分享的方式,如图3-7。

图3-7  选择编辑权限、分享方式

⑥收到收集表的人,打开腾讯文档小程序即可填写,完成后点击"提交",如图3-8。

图3-8  填写—提交

⑦填写的结果会自动更新和同步到Excel收集结果表中,如图3-9。

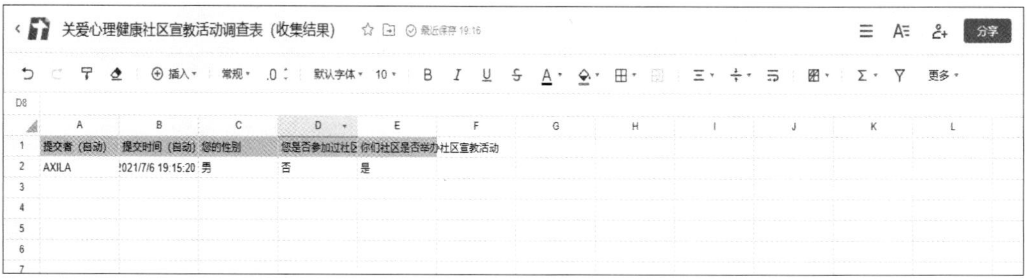

图3-9  自动更新与同步

⑧收集结束后，数据自动汇总。点击"文档操作"—"导出为"—"本地表格"，即可下载到电脑上，如图3-10。

图3-10　数据汇总

## （二）宣教效果评估

### 1. 知识学习

宣教效果评估是对宣教内容、服务质量和效果、工作对象反应、活动组织和执行等的评价，以此检验或证明社会服务政策和计划的有效性，为未来项目改进提供理论依据。宣教效果评估意为，社会心理服务工作者根据获得的科普宣教后的数据进行统计分析，如求各项平均值，来判断工作对象是否理解和接受了宣教内容、是否发生了改变，宣教是否达到预期效果和预期目标，工作对象对宣教活动是否满意等。均值越接近最大值5（很满意），则满意程度越高，详见图3-11。

| 问卷编号 | 活动内容安排 | 活动组织形式 | 活动时间安排 | 活动的创新性 | 活动宣传效果 | 活动总体满意度 |
| --- | --- | --- | --- | --- | --- | --- |
| 1 | 5 | 4 | 4 | 5 | 4 | 5 |
| 2 | 4 | 5 | 3 | 4 | 4 | 4 |
| 3 | 5 | 4 | 5 | 4 | 5 | 3 |
| 4 | 4 | 4 | 2 | 5 | 5 | 4 |
| 5 | 3 | 5 | 4 | 5 | 5 | 5 |
| 6 | 5 | 5 | 5 | 3 | 5 | 4 |
| 7 | 2 | 3 | 5 | 5 | 4 | 5 |
| 8 | 4 | 4 | 4 | 2 | 3 | 5 |
| 9 | 5 | 4 | 5 | 4 | 4 | 5 |
| 10 | 5 | 5 | 3 | 5 | 5 | 4 |
| 11 | 4 | 5 | 5 | 3 | 3 | 3 |
| 平均值 | 4.18 | 4.36 | 4.09 | 4.09 | 4.30 | 4.27 |

图3-11　宣教效果评估满意度统计表

宣教工作总结主要是根据宣教工作的目标和开展过程中出现的问题，提出宣教建议和改善意见，完成全面而有针对性的评估报告。

评估报告（见表3-5）的基本要素包括标题、正文（引言、评估对象、评估指标、评估方法及工具、评估结果与分析、结论与建议等)和附录等部分,但也会依据评估目的、评估对象及使用方法不同而有所差别。

表3-5 评估报告

| 要素 | 内容 |
| --- | --- |
| 标题 | |
| 一、引言 | |
| 二、评估对象 | |
| 三、评估指标 | |
| 四、评估方法及工具 | |
| 五、评估结果与分析 | |
| 六、结论与建议 | |
| 附录 | |

## 2. 技能演练

**案例**

阳光社区10月10日将开展"世界精神卫生日"关爱心理健康的社区科普宣教活动,为该活动制作效果评估问卷(可参考"科普宣教效果评估问卷"案例),并撰写一份评估报告(可参考表3-5)。

### "世界精神卫生日"关爱心理健康的社区宣教活动评估报告

针对阳光社区居民开展的"世界精神卫生日"关爱心理健康的社区宣教活动,旨在提高居民对精神卫生的知晓率,探索出一套适合阳光社区居民的心理健康宣教模式。

一、引言

为了提升"世界精神卫生日"在阳光社区的推广度和熟知度,10月10日阳光社区开展"世界精神卫生日"关爱心理健康的社区宣教活动。

二、评估对象

阳光社区全体居民。

参与问卷调查的对象满足以下条件:

①年龄15岁以上;②自愿参与调查;③无严重躯体疾病和精神障碍。

三、评估指标

1. 宣教取得的成绩;

2. 工作对象满意程度;

3. 工作对象知识知晓率变化。

### 四、评估方法及工具

1. 采用《精神卫生与心理保健知识问卷》。问卷条目来源于卫生部《精神卫生宣传教育：核心信息和知识要点》。

2. 内容包括心理健康常识；精神障碍病因、病程及预后；如何识别抑郁情绪；如何识别焦虑情绪；如何远离抑郁症—保护与危险因素；如何远离焦虑症—保护与危险因素等；精神卫生纪念日等基本知识。

3. 形式包括3种。一是社区宣传栏，应用于社区门口、过道、室外等人流较大的地方。二是宣传手册，根据社区居民的人数印制宣教手册。三是专题讲座，讲座均由知名心理学家主讲，听讲座的居民人数每次平均在120人左右。

### 五、评估结果与分析

1. 取得的成绩

活动的影响面广。因为活动是面对阳光社区的所有居民，所以影响范围较大，达到了一定的活动效果。通过各种宣教途径对阳光社区居民普及心理健康知识，居民对精神卫生与心理保健知识的知晓程度提升了。

2. 活动不足

（1）宣传不到位。仅通过社区宣传栏、宣传手册、专题讲座进行宣教，接受面受到一定限制，应该在微信公众号或者社区广播中心等定时定点宣传，做到全方位覆盖，无遗漏。

（2）活动效果不足。在活动过程之中，出现了一些偏差，宣讲人员参差不齐，执行效率低下，社区居民积极度不高，使活动效果大打折扣。

（3）调查不充分。发放问卷回收率低，无效问卷较多。

3. 问题原因

（1）策划工作不全面。事先没有做社区居民的调研，结果社区居民的配合度和积极度不高。

（2）组织工作不完善。问卷发放工作人员过少，导致无法及时有效地给社区居民解答，问卷回收率低，出现无效问卷。

### 六、结论与建议

1. 活动方案策划要周全详尽。必须在活动开展前半个月确定方案，以便有充足时间调整修改。要提前准备好宣教活动物资，如问卷、宣传手册等，在社区居民经常聚集的地方进行宣传，将宣传工作做到位。

2. 加强组织工作。努力协调好工作人员，保证工作顺利开展。

3. 增强社区居民配合度。为了使调查活动达到较高的回收率，在以后的调查中，应奖励积极参与的居民。

# 三、任务总结

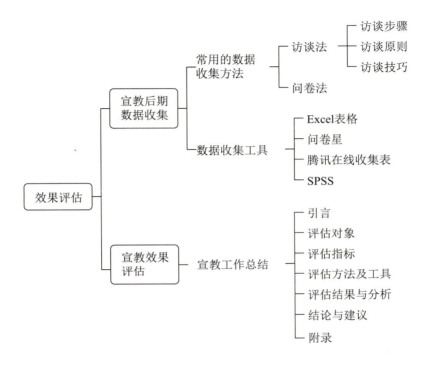

# 习题

## 一、单项选择题

请从每题的四个选项中,选择一个你认为最符合题意的答案,在所选答案的字母上画√,或把字母填写在( )里。

1. 在自然条件下,根据特定的研究目的、研究提纲或观察提纲,借助感官(如眼睛)和辅助设备(如单向玻璃),了解工作对象日常生活及特定场景中状况的研究方法,称为( )。

  A. 调查法        B. 观察法
  C. 实验法        D. 心理测量

2. 收集宣教数据时通常会用到访谈法,下面哪项不属于访谈应遵循的基本原则( )。

  A. 诚恳         B. 热情
  C. 中立         D. 不说话

3. 适当限制是指当工作对象已表述较长时间或者较大程度上偏离话题时,工作者可以直接告知工作对象因时间限制或工作安排限制,希望以某个话题作为结束或对某个话题补充阐述,即给予谈话( )。

  A. 过度讨论       B. 特殊气味
  C. 适当沉默       D. 合理限制

4. 评估报告的基本要素包括( )。

  A. 标题
  B. 正文(引言、评估对象、评估指标、评估方法及工具、评估结果与分析、结论与建议等)
  C. 附录
  D. 以上都对

## 二、判断正误题

下列说法或描述,你认为正确的,请在( )中画√,认为错误的,在( )中画×。

1. 知情同意的内涵是:工作对象可以自由选择是否开始访谈或继续访谈,但无权了解访谈过程、访谈内容和工作者的专业资质。       ( )

2. 只有在得到工作对象书面同意的情况下,工作者才能对访谈过程录音、录像或将内容用于教学演示等。              ( )

3. 在进行访谈时，为了获取准确和完整的资料，可以无条件地对访谈过程进行录音或录像。（　　）

4. 访谈可以随时进行，不是必须征得工作对象的知情同意后才可进行。（　　）

### 三、语音表述题

某社区居委会为了提升社区居民精神卫生知识的知晓率，在10月10日"世界精神卫生日"要举办关爱心理健康的宣教活动。为了探索适合社区居民的心理健康宣教模式，社区委托心理咨询服务中心对此次宣教活动进行效果评估。

问题一：宣教效果评估有哪些数据收集方法？常用的数据收集工具有哪些？

问题二：如果需要撰写宣教效果评估报告的话，需要包括哪几个基本要素？

领域二

# 问题识别

## 一、领域性质

问题识别是《社会心理服务职业技能》初级分册的第二个领域。通过学习本领域内容，社会心理服务工作者能够掌握、判断社会心理服务工作对象心理问题的类别与严重程度，在一定工作范围和工作情境中识别心理问题。此外，能够在高级别社会心理服务工作者的指导下明确异常心理的区分标准，精准识别心理问题的类型，进行异常心理问题的区分处理，进行适当的紧急处理和转介。

## 二、领域目标

①能够运用心理学知识，识别心理健康的水平及心理问题的表现。
②能够运用心理学知识，识别家庭以及社区一般冲突。
③能够掌握初步的社会心理调研方法，判断个体以及群体心理特点。

## 三、领域内容

本领域包括心理问题识别与评估、家庭/社区一般冲突识别和社会心理调研3个任务。

心理问题识别与评估包括心理健康的主要特征、心理问题识别方法、心理健康评估的流程。家庭/社区一般冲突识别包括家庭/社区一般冲突信息收集和识别、问题解决。社会心理调研包括社会心理调研方法，分析调研数据、制作统计图表，撰写社会心理调研报告。

# 任务四  心理问题识别与评估

## 一、任务信息

### （一）任务导入

时间：工作日，中午10：30

地点：某社区居委会社会心理服务站

人物：李明（社区居民，男，35岁，未婚）、李大山（李明父亲，社区居民，男，1956年8月生人，丧偶、退休）、小王（社区心理服务工作者）

情境：李明非常着急地来到社区居委会社会心理服务站寻求帮助。李明描述他今早9点开始给父亲打手机，但一直没人接听，从单位回家查看时，发现父亲不在家。之后，邻居告诉李明，父亲坐在小区花园里。找到父亲后，李明很担心，因为李明觉察到父亲最近精神状态好像不对劲：记忆力严重下降，有时候都不认识家，跟父亲说话时感觉他没在听，恍恍惚惚的，而且变得暴躁，动不动发脾气。

### （二）任务要求

①能够在高级别社会心理服务工作者指导下，初步识别心理问题的类别。

②能够在高级别社会心理服务工作者指导下，对工作对象进行一般心理健康评估，分析工作对象的心理状况，记录评估过程并填写心理健康评估表。

③能够在高级别社会心理服务工作者指导下，明确常见心理问题的表现特征，如焦虑、抑郁、痴呆等，准确识别心理问题人群。

## 二、任务实施

本任务包括心理问题识别与评估、心理健康评估的流程两部分。

## （一）心理问题识别与评估

## 1. 知识学习

### 1）心理健康的主要特征

个体的心理健康具有连续性、多维性、动态性的特征。

#### （1）连续性

心理健康与不健康之间没有明确的分界线，不是一个非此即彼的状态，而是连续变化的。如果把个体的心理健康看作是白色区域而心理不健康看作是黑色区域，在白色区域与黑色区域之间存在一个较大的缓冲——灰色区域，实际生活中，大多数人的心理状态都散落在灰色区域内。见图4-1。

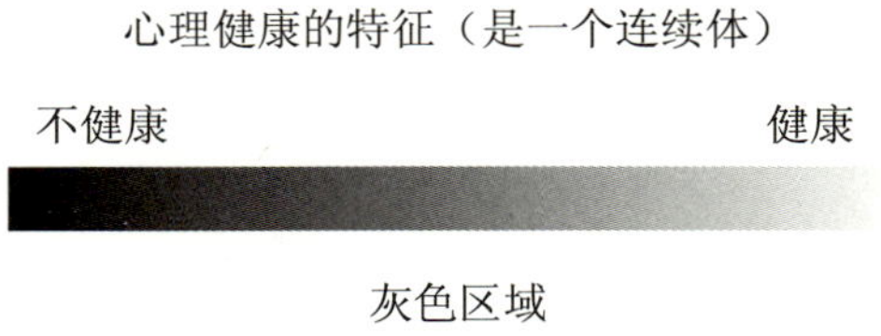

心理健康的特征（是一个连续体）

不健康　　　　　　　　健康

灰色区域

图4-1　心理健康的连续图谱

#### （2）多维性

个体的心理特质是多维的，一个维度出现问题，其他的维度可能是正常或者更为卓越。比如，一个人情绪低落，但他反思能力提升，可以写出很好的哲学专著。

#### （3）动态性

个体心理健康水平是随着时间而动态变化的。个体目前的内部状态和外部环境处于平衡和适宜的状态，心理健康状况处于良好的、平稳的状态。当个体内部或者外部出现扰动因素，平衡被打破，就有可能出现心理问题。比如，一个心理健康状况良好的人，亲人意外离世，可能进入抑郁状态。

### 2）心理问题识别方法

#### （1）识别标准

在进行正常与异常心理判断时，可以根据以下标准。
①以个体的经验为标准：个体自我感觉不良，研究者对异常心理现象的主观判断。
②社会常模和社会适应标准：个体行为是否符合大多数人认可的行为准则（如法律、道德），以及是否能良好地适应社会生活。
③医学模式常用的标准：根据致病因素和症状的存在与否进行判断。如：中国精神

疾病分类方案与判断标准（CCMD）、美国精神障碍判断与统计手册（DSM）、疾病和有关健康问题的国际统计分类（ICD）。

④统计学标准：在某个区域内的人群中，具有正常心理特征的人数多为常态分布，位居中间部分的大多数人为正常，居两端者为异常，统计学标准以个体的心理特质是否偏离平均值为依据。通常情况下，心理测验即可测查出个体的心理水平。但有时候某种心理特质在一端并不是不正常，如智力。

单一的标准是不准确的，结合不同标准才能较好反应个体的心理健康状态。

### （2）区分心理正常、异常的三原则

①主观世界与客观世界是否统一。如果个体无"自知力"或"自知力不完整"，意味着个体心理活动或行为，在形式和内容上与客观环境不协调，不能保持一致，"自我认知"与"自我现实"的统一性丧失。在判断心理正常或异常时，还要考虑个体有无"现实检验能力"，所谓"现实检验能力"是指要以客观现实来检验自己的感知和观念，必须以认知与客观现实一致性为前提。

②心理活动是否内在协调。主要看认知、情绪情感、意志行为是否是完整的统一体，各种心理过程是否协调一致，是否能准确、有效地反映客观世界。例如强迫症表现出的就是认知与行为的不协调性。

③人格是否相对稳定。在没有明显外部原因的情况下，一个人的人格相对稳定性出现问题，其心理活动可能是出现了异常。例如，一个谨慎的人突然做事冲动，或者一个平时非常积极上进的人突然变得十分颓废，他的精神活动可能偏离了正常轨道。

### （3）心理健康水平的类别

整体来说，心理健康水平从心理健康状态到心理疾病状态可按顺序分为以下几个类别：健康、一般心理问题、严重心理问题、可疑神经症、神经症、人格障碍及重性精神病问题，见图4-2。其中一般心理问题、严重心理问题及可疑神经症通常称为心理正常。

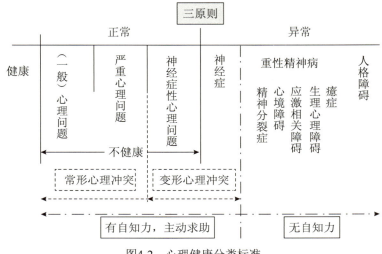

图4-2 心理健康分类标准

神经症、人格障碍及重性精神病统称为心理异常。

①一般心理问题。一般心理问题是指心理冲突是近期发生的,而且冲突的内容尚未泛化,工作对象问题的反应强度不太强烈,常能找到相应原因,工作对象思维符合逻辑,人格无明显异常。一般心理问题主要有以下表现,见表4-1。

表4-1 一般心理问题表现

| 类型 | 内容 |
| --- | --- |
| 冲突类型 | 常形冲突(由于现实生活、工作压力、处事失误等因素而产生内心冲突,冲突是常形的,体验到不良情绪,如厌烦、后悔、悔丧、自责等) |
| 持续时间 | 不良情绪不间断地持续一个月,或间断地持续两个月仍不能自行化解 |
| 社会功能 | 不良情绪在理智控制下,能保持行为不失常态,基本维持正常生活、学习、社会交往,但效率下降 |
| 情绪泛化 | 未泛化(自始至终,不良情绪的激发因素仅仅局限于最初事件;即使是与最初事件有联系的其他事件,也不引起此类不良情绪) |

**案例**

张某某,男,35岁,大专毕业,化妆品分销商。

张某某自述,家中有夫妻二人和一个9岁的男孩,家庭幸福美满,夫妻感情很好。夫妻二人从事化妆品行业十余年,从厂家直购直销,有较高的利润。但近期其他品牌的化妆品在本地疯狂促销,拼命压低价格。两个月来他们的产品严重滞销,经济损失巨大,张某某心里很不是滋味。他因此感到怨恨、气愤,经常向家人和周围的朋友发脾气,但事后也感到后悔。这一个月来不仅心烦意乱而且睡眠也不好,总感觉被其他品牌商品逼得快破产了。

张某某听了周围朋友的建议,在妻子陪伴下来寻求咨询师的帮助。

**参考答案**:张某某出现的情绪问题是有现实原因的,如"产品严重滞销""经济损失巨大",但时间仅1个月,事后感到后悔,行为在可控范围之内,主观认识与客观现实一致,有求助愿望,希望得到帮助解决问题。因此,张某某的问题可以判断为一般心理问题。

②严重心理问题。严重心理问题是由相对强烈的现实因素激发,初始情绪反应强烈、持续时间较长、内容充分泛化,是心理不健康状态。严重心理问题的主要表现见表4-2。

表4-2 严重心理问题表现

| 类型 | 内容 |
| --- | --- |
| 冲突类型 | 常形冲突。(由于现实生活、工作压力、处事失误等因素而产生内心冲突,冲突是常形的,并因此而体验到不良情绪,如厌烦、后悔、悔丧、自责等)<br>引发的原因是较为强烈的、对个体威胁较大的现实刺激。(原因不同,个体体验的痛苦情绪也不同,如悔恨、冤屈、失落、恼怒、悲哀等) |

续表

| 类型 | 内容 |
|---|---|
| 持续时间 | 从产生痛苦情绪开始,痛苦情绪间断或不间断地持续两个月以上,半年以下 |
| 社会功能 | 遭受的刺激强度越大,反应越强烈。多数情况下,会短暂地失去理性控制;对生活、工作和社会交往有一定程度的影响 |
| 情绪泛化 | 已泛化(痛苦情绪不但能被最初的刺激引起,而且与最初刺激相类似、相关联的刺激,也可以引起此类痛苦,即反应对象被泛化) |

**案例**

周某,女,17岁,某中学艺术专业高三年级学生。

周某自述从小喜欢绘画,励志考取专业美术院校,但轻视文化课学习。父母认为文化课也很重要,不能放弃,所以,经常责备周某。为此周某经常和父母发生冲突,心情经常烦躁不安,难以安心作画。

高三第一学期结束时,周某发现她的文化课成绩较差,绘画水平也没有提高甚至有下滑的现象,因此经常感觉考取理想的美术院校的愿望要落空,很是焦急,入睡困难。周某马上要参加高考了,但对考取理想大学的绘画专业不抱任何希望,同时对生活中的其他事情,也打不起精神。上课注意力不集中,记忆力差。为此,在母亲陪伴下来寻求心理帮助。

**参考答案**:周某重视绘画,轻视文化课,产生心理冲突,父母对周某的指责及她自己的懊恼,都是具有现实意义的心理冲突。周某的不良情绪除表现在最初的学习上之外,已经表现在生活的其他方面如入睡困难、上课注意力不集中和记忆力差,这些方面说明她的心理冲突泛化了,而且持续了半个多学期,对生活中其他事也打不起兴趣,社会功能受到影响。综上,周某的问题可以判断为严重心理问题。

③可疑神经症。可疑神经症又被称为神经症性心理问题,是一种心理不健康状态。有时把有严重心理问题但没有严重的人格缺点者(如均衡性较差的人格)列入这一类。可疑神经症的心理问题主要表现见表4-3。

表4-3 可疑神经症的心理问题表现

| 类型 | 内容 |
|---|---|
| 冲突类型 | 变形冲突(因非现实、非道德性因素引发内心冲突,即引发原因只涉及生活中不太重要事情且不带有明显道德色彩) |
| 持续时间 | 痛苦情绪体验持续时间为2个月,未超过3个月 |
| 社会功能 | 精神痛苦较难解决,社会功能受损,工作生活有一定程度影响,但严重程度未达到神经症判断标准 |
| 情绪泛化 | 已泛化(痛苦情绪不但能被最初的刺激引起,而且与最初刺激相类似;相关联的刺激也可以引起此类痛苦,即心理冲突内容泛化) |

## 2. 技能演练

**案例**

李某，男，25岁，公司职员。近3个月来，工作压力显著增加，李某经常感到焦虑不安，晚上难以入睡，即使入睡也容易惊醒，白天精力不足，情绪低落，影响工作效率和人际关系。

根据心理健康水平的类别及区分心理正常、异常的三原则，进行技能演练，填写心理健康水平识别技能演练记录表（表4-4）。

表4-4　心理健康水平识别技能演练记录表

| 序号 | 心理健康水平 | 识别依据 |
|---|---|---|
| 1 | 正常与异常 ☐ | |
| 2 | 一般心理问题 ☐ | |
| 3 | 严重心理问题 ☐ | |
| 4 | 可疑神经症 ☐ | |

## （二）心理健康评估的流程

### 1. 知识学习

心理健康评估流程主要有收集资料、识别心理问题、填写健康心理评估表3个步骤。

#### 1）收集资料

通过问卷，请工作对象自评或者工作对象关系人他评，收集工作对象资料，包括病史、身体健康状况、近期工作和家庭状况等，步骤如下。

①首次与工作对象接触，通过简单询问，了解工作对象基本情况，初步判断工作对象所需的社会心理服务范围，做好工作对象的知情同意。

②引导工作对象填写社会心理服务对象登记表，见表4-5。

表4-5　社会心理服务对象登记表

| 下面需要填写的内容为您的一般资料，望如实填写。登记表内容严格保密 ||||
|---|---|---|---|
| | | | 编号： |
| 姓名： | 性别： | 出生年月： | 民族： |
| 职业： | 学历： | 婚姻状况： | 电话： |

| 任务四 心理问题识别与评估 |

续表

| 通讯地址 | |
|---|---|
| 医疗及心理服务史 | |
| 来访原因（详细内容） | |
| 期待达到的效果 | |
| 预约负责人 | | 登记日期 | |

本任务开篇的案例中工作对象李明的爸爸李大山，被寻回后，到社会心理服务站求助，社会心理服务工作者填写了社会心理服务对象登记表，如表4-6所示。

表4-6 社会心理服务对象登记表（示例）

| 下面需要填写的内容为您的一般资料，望如实填写。登记表内容严格保密 编号：20240915 ||||||
|---|---|---|---|---|---|
| 姓名：李大山 || 性别：男 | 出生年月：1956年8月 || 民族：汉 |
| 职业：退休 || 学历：初中 | 婚姻状况：丧偶 || 电话：135×××××××× |
| 通讯地址：湖南省长沙市雨花区香樟路××号8栋楼 |||||||
| 医疗及心理服务史 有心脑血管疾病和退化性的关节炎，长期服药，没有心理治疗史 |||||||
| 来访原因（详细内容） 从2022年9月退休以来，记忆力下降，持续1年左右。最近记忆力严重下降，多次迷路，经常精神恍惚，变得暴躁，易发脾气 |||||||
| 期待达到的效果 记忆力能有所提升，能控制住自己，少发脾气 |||||||
| 预约负责人 | 张霞 | 登记日期 | 2024年9月15日 | 登记时间 | 14：00—14：50 |

③社会心理服务工作者需要根据社会心理服务对象登记表，提前熟悉工作对象的基本情况。在接待工作对象过程中，可继续收集、整理工作对象心理健康资料（见表4-7），分析评估工作对象，识别心理问题的类别，处理异常心理问题。

表4-7 心理健康资料收集表

| 层次 | 维度 | 主要内容 |
|---|---|---|
| 微观：一般资料 | 人口学资料 | 姓名、性别、出生年月、籍贯、民族、住址、教育程度、职务、职称 |
| | 生活、经济状况 | 居住条件、日常活动、生活方式、收入来源、支出状况、近期有无重大改变 |
| | 工作学习情况 | 对工作（或学习）的兴趣、态度、满意程度 工作（或学习）考勤状况如何 是否改变过职业，改变职业的理由是什么 |

续表

| 层次 | 维度 | 主要内容 |
| --- | --- | --- |
| 微观：一般资料 | 社会交往（人群、频率） | 社交网络、社交兴趣和社交活动的主要内容是什么 |
| | | 与自己交往最多，交往最密切的人有几个 |
| | | 能给予工作对象帮助的人有几个<br>曾经帮助过工作对象的人有几个 |
| | | 社会交往中在道德和法律方面的责任感<br>社会接触是否良好 |
| | 休闲娱乐 | 最令工作对象感到愉快的活动有哪些<br>有什么兴趣爱好<br>如何描述愉快情绪体验，描述是否恰当 |
| | 自我描述 | 描述自己优缺点的言词<br>表情语调是否夸张 |
| | 内在世界的重要特点（是非观念、处事态度） | 想象力、创造性如何 |
| | | 在生活享乐、社会责任、追求精神生活质量方面的价值取向 |
| | | 已经付诸行动的理想 |
| | | 对未来的看法：希望明年、未来5—10年发生什么事情，认为未来事件发生的理由和判断依据<br>对现实状况能否捕捉住关键和重点 |
| 微观：个人成长史资料 | 婴幼儿期 | 围产期、出生时情况，包括母亲的身体状况、服药情况、是否顺产 |
| | 童年期 | 走路、说话的开始时间，身体状况，是否患过严重疾病 |
| | | 有无重大事件发生<br>现在对当时情景的回忆是否完整 |
| | | 家庭生活、父母情感是否和谐 |
| | | 家庭教养方式、学校教育情况，有无退缩或攻击行为 |
| | 少年期 | 家庭教育、学校教育、社会教育中有无挫折发生 |
| | | 少年期最值得骄傲的事和深感羞耻的事是什么 |
| | | 有无严重的躯体疾病<br>性萌动时的个人体验如何，如何对待这种体验 |
| | | 与成人关系中有无不愉快事件发生 |
| | | 主要的兴趣是什么<br>有无时间做游戏，与同伴关系如何 |
| | 青年期 | 最崇拜的人是谁，最喜欢读的书籍有哪些 |
| | | 爱情、学业、就业是否遭遇挫折 |
| | | 有无最要好的朋友<br>朋友的职业、道德行为、法律意识如何 |
| | 个人成长的重大转化（时间、事件、解决方式），现在对这些转化的评价 | |

续表

| 层次 | 维度 | 主要内容 |
| --- | --- | --- |
| 微观：精神、心理、身体状况 | 精神、心理状况 | 感知觉、注意品质、记忆、思维如何 |
| | | 情绪情感表现如何 |
| | | 意志行为（自控能力、言行一致性）如何 |
| | | 人格完整性、相对稳定性如何 |
| | 身体状况 | 有无躯体异常感觉，近期体检报告如何，自理能力、既往病史如何、有无残疾、有无慢性病 |
| 中观：婚姻家庭 | 家庭结构 | 同住成员、关系密切成员是谁 |
| | 家庭重大事件 | 婚姻、家庭有无重大事件发生（包括家庭重组、家庭演变）<br>事件原因中有无道德文化因素 |
| | 家庭关系及维度 | 成员的相互看法、分工、冲突解决方式<br>自己在家庭中的作用<br>性生活心理相容度是否满意 |
| | 家庭文化 | 家风家规有什么特点 |
| 中观：所在团体 | 组织架构 | 人员管理<br>财务管理 |
| | 发展历程 | 初创期<br>发展期<br>稳定期<br>变革期 |
| | 制度规划 | 操作性<br>弹性<br>适应性 |
| 宏观：环境 | 文化风俗 | 群体文化、社区文化 |
| | 制度变迁 | 历史变迁 |
| | 政策法规 | 政策法规 |
| | 社会支持 | 正式支持、非正式支持<br>社区关系、社区资源<br>所在社区、所在居委会 |

个体在处理生活事件时会受情绪干扰，心里想的和实际做的并非一致，情绪体验在强烈程度上可能存在夸张的成分，实际行动可能没那么强烈。因此，区分工作对象的情绪（或想法）与行为，是决定服务措施的重要环节。

对资料的分析能够区别工作对象问题的真、假、轻、重，是后续判断工作对象心理问题的性质、进行心理干预的重要步骤。表4-7也可用于家庭/社区一般冲突的收集和识别。

马隆和沃德于1976年总结出社会适应量表观察提纲，可作为社会心理服务工作者观察服务对象心理状态和行为特点的工作提纲。本书选出6项，以供参考，见表4-8。

表4-8 观察个体心理状态和行为特点的提纲

| 项目 | 内容 |
|---|---|
| 外表和行为 | 工作对象是如何表现自己的？<br>给人的一般印象如何？<br>外表是否整齐、清洁？<br>衣着是否符合工作对象的背景和现状？<br>有没有特别的装饰？<br>有无明显的身体缺陷？<br>工作对象在过去的会谈中表现如何？<br>有无离奇的表情和动作？<br>有无重复性"神经质"的动作？<br>姿势怎样？<br>是否避免与人对视？<br>活动缓慢还是不停地动？<br>是否机敏？<br>是否顺从？<br>态度是否友好？ |
| 交谈过程中的语言特点 | 语流如何？是缓慢还是快速？<br>会谈是直爽还是小心谨慎？是否犹豫？<br>有无言语缺陷？<br>有无咬文嚼字？<br>健谈还是不健谈？<br>有无松弛的联想？<br>对哪些话题避而不谈？<br>是否有海阔天空的闲聊？<br>是否有自造的词汇？<br>姿势、手势、表情与语言表达是否协调？<br>说话内容与声调所表达的是否一致？<br>对交谈的兴趣如何？ |
| 思维内容 | 有无不断抱怨和纠缠不放的题目？<br>有无思想不集中现象？<br>有无幻想、错觉、恐惧、执着和冲动表现？ |
| 认知过程及功能 | 工作对象的各种感觉有无缺陷和损伤？<br>工作对象能否集中注意于手中的工作？<br>时间、人物、空间定向力如何？能否意识到自己所在的地方？年、月、日的知觉如何？<br>能否说出自己的名字、年龄等？<br>近期和远期记忆如何？<br>会谈内容能否反映出工作对象的职业和受教育程度？<br>运算能力如何？<br>阅读、书写如何？ |
| 情绪 | 在会谈期间，工作对象的一般心境如何？<br>情绪的表现是哪一种，痛苦、冷漠、鼓舞、气愤、易怒、焦虑、变幻无常？<br>工作对象对心理咨询师有无献媚、冷淡、友好、反感等表现？<br>情绪表现与会谈内容是否一致？<br>工作对象的自我报告是否与社会心理服务工作者的印象一致？ |

续表

| 项目 | 内容 |
|---|---|
| 灵感与判断 | 工作对象对自己来咨询、辅导，或就诊的目的是否判断准确？<br>工作对象对自己的判断是否符合实际情况？<br>工作对象对自己的精神状况有何想法？<br>工作对象是否能观察到、意识到自己的行为或情感有问题？<br>工作对象对问题的原因是否有客观的认识？<br>在对问题原因的分析上有无道德和文化因素的作用？<br>工作对象对于自己的工作有无准确判断？<br>工作对象如何理解生活中出现的问题？<br>处理问题是一时冲动、独立进行、非常负责，还是相反？<br>对讲述自己的事情是否有兴趣？<br>对改变自己的现状是否有要求？ |

## 2）识别心理问题

社会心理服务工作者在和工作对象沟通结束后，根据搜集的资料，依据区分心理正常、异常的三原则，识别工作对象的心理健康水平，识别时可参考表4-9、4-10、4-11。

表4-9 心理正常与异常参考评定表

| 项目 | 内容 | 评估 |
|---|---|---|
| 自知力是否完整 | 能认识到自己患了病，知道哪些症状是病态，并要求治疗 | 完整□ 不完整□ |
| 主观世界与客观世界是否统一 | 心理活动与客观环境的协调一致性 | 统一□ 不统一□ |
| 心理活动是否内在协调 | 心理活动与情感和行为的协调一致性 | 协调□ 不协调□ |
| 人格是否相对稳定 | 人格的相对稳定性 | 稳定□ 不稳定□ |
| 评定结果 | 正常心理□ 异常心理□ | |

表4-10 一般/严重心理问题参考评定表

| 水平分类 | 产生原因 | 持续时间（参考原则） | 社会功能可控与否 | 社会功能影响程度（参考原则） | 情绪泛化（主要原则） |
|---|---|---|---|---|---|
| 一般心理问题 | 现实因素□ | 2个月内□ | 可控□ | 基本维持正常生活、学习、社会交往□ | 未泛化□ |
| 严重心理问题 | 强烈的现实因素（刺激）□ | 2个月以上，半年以内□ | 短暂失去理性控制□ | 对正常生活、工作和社会交往有一定影响□ | 已经泛化（类似、相关的刺激也能引起症状反应）□ |
| 结论 | 一般心理问题□<br>严重心理问题□ | | | | |

表4-11 可疑神经症的心理问题参考评定表

| 冲突类型： 常形□ 变形□ （如是常形冲突，可以排除可疑神经症） | | | |
|---|---|---|---|
| 评定项目（分值） | 1分 | 2分 | 3分 |
| 持续时间 | <3个月 □ | 3~12个月 □ | >12个月 □ |
| 精神痛苦程度 | 轻度：可自己主动设法摆脱 □ | 中度：靠别人或改变环境摆脱 □ | 重度：较难解决，几乎完全无法摆脱 □ |
| 社会功能 | 照常工作学习/交往，轻微妨碍 □ | 工作学习交往效率显著下降，有一定影响 □ | 受损，完全不能工作学习/回避社交□ |
| 总分 | | | |
| 结论 | 总分<3，不够判断为神经症 □<br>3≤总分<6，神经症性心理问题□<br>总分≥6，神经症判断成立 □ | | |
| 对精神痛苦和社会功能的评定，至少要考虑近三个月的情况 | | | |

### 3）填写心理健康评估表

社会心理服务工作者在收集资料，进行心理健康问题识别后应该填写心理健康评估表（表4-12），为工作对象填写心理健康评估结果、心理健康维护的建议或做出紧急处理/转介的意见。

表4-12 心理健康评估表

| 姓名 | | 性别 | | | 婚姻状况 | | | |
|---|---|---|---|---|---|---|---|---|
| 民族 | | 出生年月 | | | 籍贯 | | | |
| 联系方式 | | 电话： 微信： QQ： | | | | | | |
| 主动咨询 | | A. 是<br>B. 否（怎么来的：_____） | | | | | | |
| 医疗史（既往病史） | | | | | | | | |
| 家庭情况1 | 住址 | 家庭： 省 市/县 | | | 紧急联系人及电话： | | | |
| | | 寄住： 省 市/县 | | | | | | |
| | 是否独生 | A. 是，工作对象是独生子 B. 否，工作对象非独生子 | | | | | | |
| | 父母婚姻状况 | A. 良好 B. 一般 C. 离婚 D. 再婚 | | | | | | |
| 家庭情况2 | 称谓 | 姓名 | 出生年月 | 学历 | 职业 | 籍贯 | 民族 | 个性特点 | 联系方式 |
| | 父亲 | | | | | | | | |
| | 母亲 | | | | | | | | |
| | 其他人 | | | | | | | | |
| 接受心理服务史（咨询经历） | □无<br>□有<br>时间： 地点：<br>曾咨询问题： | | | | | | | |

续表

| | | |
|---|---|---|
| 咨询问题 | 来访原因（困惑或难以摆脱的问题）：<br>1. 当前问题或症状的程度及表现；<br>2. 发生时间及起因 | 个人描述（详细描述）：<br><br>家长/陪同者描述： |
| | 问题归类 | ☐ 一般心理问题<br>☐ 严重心理问题<br>☐ 可疑神经症<br>☐ 异常心理<br>☐ 其他 _____ |

以下内容可以请工作对象填写，以帮助社会心理服务工作者更深入了解工作对象，评估心理健康水平

| | | |
|---|---|---|
| 家庭影响 | 家庭关系的哪些方面和成长经历影响到了现在困惑的你（以前、现在）<br>• 与亲人关系<br>• 亲人陪伴时间<br>• 亲人期望<br>• 亲人沟通/互动<br>• 对亲人的印象 | 个人描述：<br><br>家长/陪同者描述： |
| 其他影响 | 除了家庭关系外哪些方面和成长经历影响到了现在困惑的你（驻地、学校、同伴；以前、现在）<br>• 与他人关系<br>• 他人陪伴时间<br>• 他人期待<br>• 他人沟通/互动<br>• 对朋友的印象<br>• 周围环境 | 个人描述：<br><br>家长/陪同者描述： |
| 近期影响 | 近三个月是否发生了对你有重大意义的事件<br>• 积极<br>• 消极 | 个人描述：<br><br>家长/陪同者描述： |
| 咨询目的 | 你期待从咨询中得到什么样的帮助 | 个人描述：<br><br>家长/陪同者描述： |
| 咨询历史 | 以前有没有做过咨询，得到什么结果 | 个人描述：<br><br>家长/陪同者描述： |

续表

| 期待的效果 | 个人描述：<br><br>家长/陪同者描述： |
|---|---|
| 结论与建议 | |
| 社会心理服务工作者（签名） | 时间：　年　月　日 |

以上对工作对象进行心理健康评估的流程如图4-3所示。

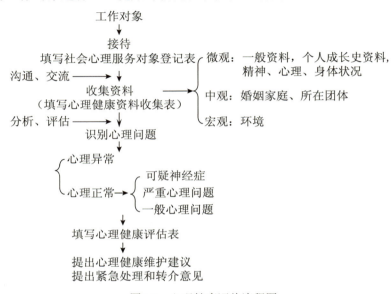

图4-3　心理健康评估流程图

## 案例

马某，男，汉族，29岁，未婚，北京某公司职员。

马某自述：两个月前，开始烦躁不安、焦虑和紧张，晚上经常翻来覆去难以入眠，即使睡着了，也整夜做梦，非常容易被惊醒，早晨醒来感觉头痛、疲劳、全身酸痛，整天精神萎靡。工作中常常感到心慌意乱，注意力难以集中，虽然能够控制情绪，但总觉得心里不踏实，工作效率没有以前高，内心感觉烦恼、痛苦。曾到医院检查，并未发现躯体方面的疾病，服用了一些安定类的药物，但是情况未见改善。

马某是家中独子，自幼身体健康，家庭关系和谐，经济条件较为优越。从小父母十分宠爱马某，但家教严厉。马某性格比较内向，不善言谈，人际关系较为简单，做事追求完美，从小学到大学，学习成绩一直名列前茅。

工作后，马某因认真、勤奋，业绩突出，颇受领导赏识。但两个月前，在与客户签订一份合同时，马某擅自决定了合同的某些内容，被领导追责，而后感到后悔、自责，变得十分敏感。从此以后，马某在与客户洽谈业务时，常感到紧张。但工作、生活其他方面未受到太多影响。

第一步，由马某完成表4-5（社会心理服务对象登记表），了解其一般信息。

第二步，马某虽因躯体症状有求医行为，但未发现躯体疾病，根据区分心理正常和异常的三原则，即主客观世界统一，精神活动协调一致，人格相对稳定，可知马某的自知力完整，生活中没有出现幻觉、妄想等精神病性症状，可以排除精神病性问题。

第三步，根据马某提供的信息，可以得知马某的心理问题与其工作失误有关，由现实刺激引发，与其处境相符，可以排除可疑神经症的心理问题。完成表4-11（可疑神经症的心理问题参考评定表），可判定马某问题不属于神经症或可疑神经症的心理问题（需要专业人士的指导或判定）。

第四步，马某心理问题的特点是：由现实刺激引发，持续时间两个多月，有一定程度的痛苦，社会功能轻度受损，负性情绪的反应对象已经泛化，具体表现为：不仅对前次签合同的失误感到自责和后悔，而且现在只要与客户见面洽谈业务时就出现紧张的现象。完成表4-10（一般/严重心理问题参考评定表），可以判定工作对象属于严重心理问题。

第五步，完成表4-12（心理健康评估表）。

## 2. 技能演练

根据"任务导入"中工作对象李大山的信息，进行技能演练，填写技能演练记录表（表4-13），对演练结果进行评估。

表4-13　技能演练记录表

| 序号 | 项目 | 模拟演练过程记录 | 技能评估 | |
|---|---|---|---|---|
| 1 | 引导服务对象填写"社会心理服务对象登记表" | 第一次接触<br>介绍填写要求 | 完成□<br>全面□ | 未完成□<br>有遗漏□ |
| 2 | 填写"心理正常与异常参考评定表" | 是否按照要求评定<br>项目填写是否符合完整 | 完成□<br>标准□ | 未完成□<br>有偏差□ |
| 3 | 填写"可疑神经症的心理问题参考评定表" | 是否按照要求评定<br>项目填写是否符合完整 | 完成□<br>标准□ | 未完成□<br>有偏差□ |
| 4 | 填写"一般/严重心理问题参考评定表" | 是否按照要求评定<br>项目填写是否符合完整 | 完成□<br>标准□ | 未完成□<br>有偏差□ |
| 5 | 填写"心理健康评估表" | 是否按照要求评定<br>项目填写是否符合完整 | 完成□<br>全面□ | 未完成□<br>有遗漏□ |

需要向李大山儿子李明了解情况，识别李大山的心理健康状况。

首先，引导工作对象李明完成表4-6（社会心理服务对象登记表）。

其次，依照表4-8（观察个体心理状态和行为特点的提纲）的6个方面提问，倾听并记录李明讲述的信息，在"内容"一栏中记录下来。如果没有对应内容，则不记录。具体填写见表4-14。

表4-14　观察个体（李大山）心理状态和行为特点的提纲

| 项目 | 内容 |
|---|---|
| 外表和行为 | 工作对象是如何表现自己的？<br>给人的一般印象如何？<br>　　有主见，脾气倔。<br>外表是否整齐、清洁？<br>　　母亲去世前，父亲的着装是母亲打理，一向穿戴整洁。两年前母亲过世，父亲也不太自己料理起居，大部分时候需要儿媳妇为他准备衣服、铺床、准备餐食碗筷、洗脸洗澡的热水等。<br>衣着是否符合工作对象的背景和现状？<br>有没有特别的装饰？<br>有无明显的身体缺陷？<br>工作对象在过去的会谈中表现如何？<br>有无离奇的表情和动作？<br>有无重复性"神经质"的动作？<br>姿势怎样？<br>是否避免与人对视？<br>活动缓慢还是不停地动？<br>　　有风湿病，腿脚不灵便，走路慢。<br>是否机敏？<br>是否顺从？<br>　　有主见，不太听子女的意见，比如头发长了带他去剪头发，但他就是不去，会发火，过了几天他又不知道去哪儿理了发，我们问他为什么自己去，他也不说。感觉他在生气，但不清楚原因。<br>态度是否友好？<br>　　大部分时候是安静的、友好的。 |
| 交谈过程中的语言特点 | 语流如何？是缓慢还是快速？<br>　　话比较少，语速正常，有点含混。<br>会谈是直爽还是小心谨慎？是否犹豫？<br>有无言语缺陷？<br>有无咬文嚼字？<br>　　没有。<br>健谈还是不健谈？<br>　　不健谈，所以会比较担心他，因为他遇到事情自己憋着不求助，有时候不知道他在想什么。这方面也希望社区心理服务人员能帮忙了解一下，父亲是不是有心事。<br>有无松弛的联想？<br>　　不知道。<br>对哪些话题避而不谈？<br>　　不太提及母亲的事情。<br>是否有海阔天空的闲聊？<br>是否有自造的词汇？<br>笑、皱眉、姿势、手势、表情与语言表达是否协调？<br>说话内容与声调所表达的是否一致？<br>对交谈的兴趣如何？ |

## 任务四 心理问题识别与评估

续表

| 项目 | 内容 |
|---|---|
| 思维内容 | 有无不断抱怨和纠缠不放的题目？<br>有无思想不集中现象？<br>　　他在聊新闻或者读报纸时思想比较集中。如果跟他聊天，他的眼神是懵懵的，要讲三四遍他才回过神儿听清楚。这样大概有大半年了，导致儿媳妇也不太愿意跟他说话。<br>有无幻想、错觉、恐惧、执着和冲动表现？<br>　　一年前某天晚上，听到父亲一个人在房间里发脾气，很大声地说话，不知道在说什么，像是找不到什么东西而烦躁，又像是吵架，儿子和儿媳劝他也停不下来，行为像小朋友一样。 |
| 认知过程及功能 | 工作对象的各种感觉有无缺陷和损伤？<br>工作对象能否集中注意于手中完成的工作？<br>时间、人物、空间定向力如何？能否意识到自己所在的地方？年、月、日的知觉如何？能否说出自己的名字、年龄等？<br>　　时间不确定。<br>　　人物，说起以前的一些同事朋友，偶尔会表现得记不清了，邻居也记不住，对家里人的印象是熟悉的。<br>　　空间不确定。这次走失找不到人，看起来似乎是迷路了，但是他说是自己走累了歇一下。似乎记忆力、空间定位能力差了，儿子担心他的记忆力会越来越差，因为这个倾向很明显。<br>近期和远期记忆如何？<br>　　半年前开始，有出现从外面回家帽子和手套找不见的情况。回忆近期发生的事情，时常是想不起来，卡住了，但是一些很久远的事情，比如儿子小时候的事情，记得很清楚。<br>会谈内容能否反映出工作对象的职业和受教育程度？<br>运算能力如何？ |
| 认知过程及功能 | 　　可以进行简单的加减乘除，但是他买菜好像会算错钱。没觉得是大事，就没管。<br>阅读、书写如何？<br>　　经常看报，一起吃饭的时候会聊新闻，新闻的内容他都记不住，所以要拿着报纸念。 |
| 情绪 | 在会谈期间，工作对象的一般心境如何？<br>情绪的表现是哪一种，痛苦、冷漠、鼓舞、气愤、易怒、焦虑、变幻无常？<br>　　性格发生变化，变得暴躁、易怒。<br>工作对象对心理咨询师有无献媚、冷淡，友好、反感等表现？<br>情绪表现与会谈内容是否一致？<br>工作对象的自我报告是否与社会心理服务工作者的印象一致？ |
| 灵感与判断 | 工作对象对自己来咨询、辅导或就诊的目的是否判断准确？<br>工作对象对自己的判断是否符合实际情况？<br>工作对象对自己的精神状况有何想法？<br>工作对象是否能观察到、意识到自己的行为或情感有问题？<br>　　很多时候问父亲做了什么、看了什么、吃了什么，他都回答不上来或者干脆不回答。猜想应该是意识不到这些问题。<br>工作对象对问题的原因是否有客观的认识？<br>在对问题原因的分析上有无道德和文化因素的作用？ |

续表

| 项目 | 内容 |
|---|---|
| 灵感与判断 | 工作对象对于自己的工作有无准确判断？<br>工作对象如何理解生活中出现的问题？<br>　　父亲经常说自己累了，不去想也不去管发生了什么，每天只是看看新闻、买买菜、散散步，也没有什么问题。<br>处理问题是一时冲动、独立进行、非常负责还是相反？<br>对讲述自己的事情是否有兴趣？<br>对改变自己的现状是否有要求？ |

最后，从李大山的心理状态和行为特点上看，李大山对自己遗失物品、走丢找不到路的状况都不太能够清晰地自知和描述；记不住近物，报纸要读着才能复述出来，记忆力明显衰退；沟通时精神恍惚，注意力不集中，对"丢东西、剪头发"的原因不清楚，有注意力障碍；感觉身体劳累，体力衰退；情绪上变化暴躁、易怒；对着不存在的人说话，说明有时意识模糊，有可疑神经症的心理问题表现，社会心理服务工作者需要做出及时妥善的处理。

第一，告知本人，联系亲属，或直接报警。如果判断李大山目前没有处于极度痛苦或伤人、自伤的冲动状态，无须报警。但李大山有自行走失的行为倾向和意识倾向，需要在社区心理服务站进行记录和报备，提示可能再次发生类似状况。

第二，建议就医。社会心理服务工作者可以建议李大山在亲属陪同下，到该社区附近的精神专科医院或者综合医院的精神科进行就诊。

第三，激活社会支持。社会心理服务者可以发掘李大山个性中的心理韧性强、不怕困难、勇敢面对的特点。儿子李明应多理解照顾父亲，梳理解决父亲问题的办法，关爱父亲，协助父亲应对目前困境。

# 任务四 心理问题识别与评估

## 三、任务总结

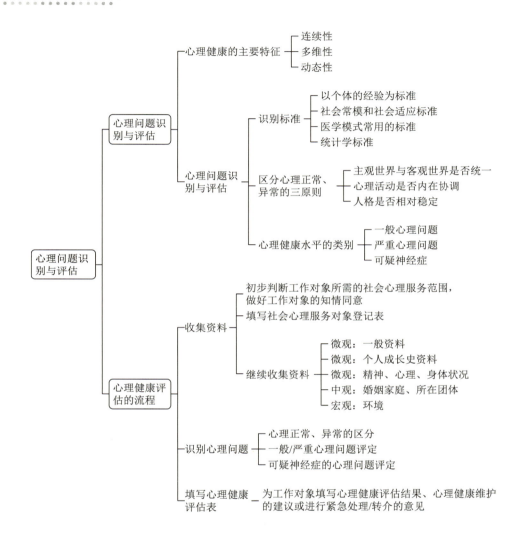

# 习题

## 一、单项选择题

请从每题的四个选项中，选择一个你认为最符合题意的答案，在所选答案的字母上画√，或把字母填写在（　　）里。

1. 正常心理活动通常具备哪三大功能？（　　）
   A. 感知、思维、情绪
   B. 记忆、想象、意志
   C. 适应环境、控制行为、保持健康
   D. 认知功能、情绪功能、意志功能

2. 个体的心理健康具有（　　）特征。
   A. 连续性　　　　　　　　　　　　　B. 多维性
   C. 动态性　　　　　　　　　　　　　D. 以上都是

3. 以下哪项不是区分心理正常、异常的原则？（　　）
   A. 主观世界与客观世界是否统一　　　B. 心理活动是否内在协调
   C. 家庭遗传病史　　　　　　　　　　D. 人格是否相对稳定

4. 以下哪种心理问题，其冲突的内容尚未泛化？（　　）
   A. 一般心理问题　　　　　　　　　　B. 神经症性心理问题
   C. 严重心理问题　　　　　　　　　　D. 可疑神经症

## 二、判断正误题

下列说法或描述，你认为正确的，请在（　　）中画√，认为错误的，在（　　）中画×。

1. 自知力是否完整是区分心理正常、异常的原则之一。（　　）
2. 一般心理问题是指在近期发生的，冲突的内容尚未泛化，反应强度不太强烈的问题，常能找到相应原因，思维合乎逻辑，人格也无明显异常。（　　）
3. 进行心理健康评估时，不需要收集资料，可能直接识别心理问题。（　　）
4. 个体在处理生活事件时会受情绪干扰，心里想的和实际做的总是一样的，因此，不要区别工作对象问题的真、假、轻、重，直接进行心理干预就行了。（　　）

## 三、语音表述题

××社区心理咨询中心，周三下午15:00，一名工作对象来访。

工作对象29岁，本科毕业，个体商户。半年前工作对象看到周围人炒股，获利颇丰，于是借款50万元炒股。不曾想股市暴跌，体验到了股票的可怕与无情，想抛掉股票

| 任务四　心理问题识别与评估 |

但又不甘心失败，每天看着股票下跌，无心照顾生意，走路吃饭都想着股票。自从炒股后，似乎变了一个人，连自己都怀疑心理有些不正常了，情绪总是被股票的跌涨左右。后悔炒股，却欲罢不能。近半年来吃不好，睡不香，经常做噩梦，注意力无法集中。想起大盘心理就发慌，担心股票继续下跌，担心自己身无分文，为还钱发愁，恨自己无能，非常痛苦，情绪低落。

工作对象家境一般，父母离异，随母亲长大，对母亲十分孝顺。从小做事循规蹈矩，不冒险。

根据描述的情境，请回答以下问题：

问题一：简述心理正常与心理异常的判别标准。

问题二：工作对象心理是否正常？请根据工作对象的具体情况，填写表4-9。

表4-9　心理正常与异常参考评定表

| 项目 | 内容 | 评估 | |
| --- | --- | --- | --- |
| 自知力是否完整 | 能认识到自己患了病，知道哪些症状是病态，并要求治疗 | 完整☐ | 不完整☐ |
| 主观世界与客观世界是否统一 | 心理活动与客观环境的协调一致性 | 统一☐ | 不统一☐ |
| 心理活动是否内在协调 | 心理活动与情感和行为的协调一致性 | 协调☐ | 不协调☐ |
| 人格是否相对稳定 | 人格的相对稳定性 | 稳定☐ | 不稳定☐ |
| 评定结果 | 正常心理☐　　　异常心理☐ | | |

# 任务五　家庭/社区一般冲突识别

## 一、任务信息

### （一）任务导入

时间：6月5日，星期二
地点：幸福社区
人物：社会心理服务工作者、社区居民王先生
情境：王先生来幸福社区社会心理服务工作站求助。王先生是外地进京务工人员，在幸福社区租房居住。王先生在本地学校读初二的儿子，已经两周没到学校上课了，原因是儿子迷恋上了电脑游戏，总是难以完成作业，为此王先生与爱人发生了激烈冲突。

### （二）任务要求

①能够初步掌握常见的家庭/社区冲突问题，通过收集家庭/社区人口心理、家庭状况、居民生活习惯等信息，明确家庭/社区的常见冲突类型。

②能够运用填表法、观察法、谈话法等方式，识别家庭/社区冲突问题级别。

③能够收集重点家庭、人群情况及社区心理现状数据，通过问卷调查、定期走访、电话、微信、邮件、回访、问卷星等方式，汇总所收集数据，精准掌握重点家庭/社区的心理现状，并及时更新信息管理系统。

④能够运用心理学的一些技术和方法，缓解家庭/社区的矛盾冲突，初步解决问题。

## 二、任务实施

本任务包括家庭/社区一般冲突信息收集和识别、问题解决两部分。

# （一）家庭/社区一般冲突信息收集和识别

## 1. 知识学习

家庭/社区冲突类型分为家庭冲突和社区冲突。家庭冲突是指家庭成员之间因关系不协调而产生的矛盾和纠葛，主要包括夫妻婚姻冲突，成员间的关系冲突，强势地位的成员对其他成员进行身体或精神伤害而形成的家庭暴力冲突，家庭成员教育观念与教育模式冲突，单亲、离异、特困等特殊家庭冲突等类型。

社区冲突是指发生在社区地域内，社区居民或其他社区主体因社区内的公共事务或问题引发的对社区整体或局部的抵触、对立、排斥等矛盾现象，或激烈的、显性化的对抗性冲突。社区冲突本质上是拥有不同利益和目标的个体和群体之间的抗争。社会心理服务工作者除了直接针对社区居民开展心理健康服务之外，还应对社区物质、文化、管理、制度等环境方面进行建设。

家庭/社区一般冲突信息收集和识别包括收集工作对象信息、收集社区信息明确家庭/社区冲突类型、识别冲突级别4部分。

### 1）收集工作对象信息

收集工作对象信息是一般冲突信息收集和识别的第一步。

通常从微观、中观、宏观3个层次来收集信息[同任务四表4-7（心理健康资料收集表）]。

### 案例

暖阳小区居民陈叔，男，49岁，身高170厘米，体重72.5千克。江苏人，在本地购房居住，说话带有江苏口音，语速快，情绪易激惹。与妻子共同居住，育有一女，工作较为忙碌，家庭成员关系密切。

陈叔左下肢截肢至今已三个月。妻子主要照顾陈叔，女儿也会关心父亲。

陈叔与妻女发生激烈冲突后想自杀，妻子对陈叔的情况深感无奈，在照顾问题上感到吃力，面对陈叔发脾气、埋怨等行为，开始出现情绪困扰，也有易激动的情况，会因小事发脾气，情绪波动明显。

妻子向社区社会心理服务工作者请求心理援助。社会心理服务工作者需要收集的信息见表5-1。

表5-1 人口学资料收集示例

| 姓名 | 陈×× | 出生年月 | 1975年4月 | 籍贯 | 江苏 |
|---|---|---|---|---|---|
| 性别 | 男 | 社区 | 幸福社区 | 民族 | 汉 |
| 教育程度 | 高中 | 婚姻状况 | 已婚 | 身体状况 | 左下肢截肢 |

续表

| 居住条件 | ☑商品房　□自建房　□租房　□其他：____ | | | | | |
|---|---|---|---|---|---|---|
| 职业/单位 | 工人/××市电器公司 | | | | | |
| 家庭成员姓名 | 性别 | 与服务对象关系 | 出生年月 | 职业 | 是否紧急联系人 | 是否同住 |
| ×× | 女 | 夫妻 | 1976年3月 | 保洁 | 是 | 是 |
| 陈×× | 女 | 父女 | 2002年8月 | 某公司职员 |  | 是 |
| 时间（年） | 重大生活事件（个人成长的重要转化） | | | | | |
| 1993 | 高考失利，外出深圳打工 | | | | | |
| 1998 | 来到北京打工，认识妻子 | | | | | |
| 2000 | 与妻子结婚 | | | | | |
| 2002 | 女儿出生 | | | | | |
| 2004 | 贷款购买了暖阳小区的房子 | | | | | |
| 所在居委会 | 幸福居委会 | | 所在小区 | | 暖阳小区 | |
| 联系电话 | 137×××××××× | | | | | |
| 联系地址 | 暖阳小区18栋A座1201 | | | | | |

## 2）收集社区信息

社区是人们居住在某一地方结成多种社会关系和社会群体从事多样社会活动所构成的社会区域生活共同体。撰写社区服务分析报告，需要从3个层次收集资料，便于社会心理服务工作者探索社区问题与冲突，为解决社区问题指明方向。社区信息收集表见表5-2。

表5-2　社区信息收集表

| 层次 | 主题 | 名称 | 主要内容 |
|---|---|---|---|
| 微观：社区基本资料 | 社区基本信息 | 社区名称 | |
| | | 地理位置 | （包括行政区域位置等） |
| | | 房屋类型 | |
| | | 自然环境 | |
| | 居民人口特征 | 人口特征 | |
| | | 年龄特征 | |
| | | 家庭人数 | |
| | | 就业状况 | |
| | | 收入水平 | |
| | | 教育程度 | |
| | | 心理健康水平 | |
| | 公共资源与环境 | 居住设施 | |
| | | 便民设施 | |
| | | 娱乐设施 | |
| | | 交通设施 | |

| 任务五 家庭/社区一般冲突识别 |

续表

| 层次 | 主题 | 名称 | 主要内容 |
|---|---|---|---|
| 微观：社区基本资料 | 居民生活方式 | 生产方式 | |
| | | 消费方式 | |
| | | 娱乐方式 | |
| | | 休闲方式 | |
| 中观：社区关系 | 社区组织权力 | 社区组织 | （包括教育机构、医疗单位、社区组织、商业场所的数量、分布等） |
| | | 社区结构 | （包括社区的重要组织及其负责人和社区居民的阶层结构） |
| | 社区服务权利 | 服务单位 | （服务单位数目及类别） |
| | | 服务范围 | |
| | | 服务内容 | |
| | | 人手编制 | |
| | 社区人际关系 | 居民社会网络状况 | |
| | | 互动频度 | |
| | | 互动深度 | |
| | | 互动方式 | |
| | 社区居民意识 | 社区归属感 | |
| | | 社区参与度 | |
| | | 社区凝聚力 | |
| 宏观：文化、资源、政策 | 社区发展背景 | 社区历史 | （包括社区的由来、社区的发展历程、社区历史上出现过的重大事件和重要人物等） |
| | | 社区变迁 | （居民来源及流动情况） |
| | 社区风俗文化 | 文化标志 | （包括社区文化、社区的文化传统及文化标志，典籍、古迹、文物等） |
| | | 风俗习惯 | （包括社区民俗、传统节日等） |
| | 社区现有资源 | 人力资源 | |
| | | 物力资源 | |
| | | 财力资源 | |
| | | 组织资源 | |
| | | 文化资源 | |
| | 社区政策制度 | 社会保障政策法规 | |
| | | 社区政策 | |
| | | 社区制度 | |

## 案例

### 社区分析报告

#### 一、社区基本情况分析

截至2024年4月，据幸福社区所在街道户籍科统计，本社区常住人口共计3万，约6000户，每户约5人。户籍人口1万，非户籍人口2万，是典型的外来人口聚集社区。社区人口年龄较年轻，60岁以上约3000人，占总人口数的10%。育龄妇女约6000人，占总人口数的20%。社区家庭的整体经济收入情况较好，经济困难家庭少，低保、低收入家庭100户，占总户数的1.7%。

社区的家庭结构主要以核心家庭、主干家庭、联合家庭等为主，家庭支持系统相对完善。

#### 二、社区关系情况分析

幸福社区成立于2001年，位于C城东南部。辖内总面积6平方千米，共设有4个居委会。在教育方面，辖区内有公立中小学各1所，民办中小学2所，公立幼儿园1所，私立幼儿园3所。社区卫生服务站有1个，医疗资源紧张。辖区内有一个大型文化广场，免费面向社区居民。广场内有一个中小型儿童游乐场，大部分游乐项目免费。

与相邻社区关系良好，每年与其他社区至少合作举办一场娱乐活动。也会与妇联、共青团、残联定期合作开展社区宣传教育活动。与社会公益组织或团体互动较少。

#### 三、社区资源优势分析

交通便利。社区辖区内设有多个公交车总站、地铁站，居民出行方便。

生活便利。社区辖区内有2个农贸市场和2家大型超市，居民购物便利。

居民普遍较年轻。受教育水平较高，容易沟通协调。

经济收入水平良好。辖区内低保低收入家庭约占1.7%，居民总体收入水平良好。

#### 四、社区问题困难分析

高空抛物问题。整体卫生环境良好，但由于高层住宅楼聚集，高空抛物时有发生，影响安全。

宠物大小便问题。养猫、狗的居民较多，户外宠物粪便没有及时清理，影响卫生。

缺少室内或有遮挡的娱乐场地。有一个大型文化广场，但天气恶劣时，居民娱乐休闲不便。另外，广场上缺乏供居民休息的椅凳。

社区居民之间交流少，邻里关系比较冷淡。外来人口或流动人口居多，邻居相互不认识，缺少邻里文化。

### 3）明确家庭/社区冲突类型

家庭/社区冲突分为家庭冲突和社区冲突。

#### （1）家庭中的婚姻冲突

婚姻是男女个人结合成为夫妻的行为，是家庭形成的标志和基础。婚姻中的冲突问题主要是夫妻双方因性格特征、家庭背景、教育经历、价值理念、生活习惯等方面的差异无法调和而产生的。婚姻在不同阶段表现形式有各自特点。

杜瓦尔以家庭中子女的年龄为依据，将家庭生命周期划分为八个阶段，八个阶段相互连结，家庭的中心任务以及夫妻双方的角色相继发生变化。这八个阶段如表5-3所示。

表5-3 家庭生命周期八阶段任务

| 阶段 | 任务 |
| --- | --- |
| 新婚期 | 从结婚到第一个子女出生之前。中心任务是逐步适应将配偶作为主要的情感支持来源，发展相互满足的婚姻生活，适应彼此的亲戚网络，建立对孕育子女的共同期望 |
| 育儿期 | 从第一个子女出生到该子女2.5岁。此时进入家庭第二阶段，中心任务是适应子女的诞生和成长，胜任父母亲角色，调整和维持配偶关系 |
| 学龄前期 | 第一个子女2.5—6岁。中心任务是适应学龄前儿童的需求和兴趣，促进儿童成长，应对身为父母所带来的能量消耗 |
| 学龄期 | 第一个子女6—13岁。中心任务是建设性地融入有学龄儿童的家庭群体中，与校方合作鼓励子女学业成就 |
| 青少年期 | 第一个子女13—20岁。中心任务是维持与青少年子女之间的良好关系，尊重并倾听他们，适当提出建议。同时还要发展自身的兴趣和工作 |
| 成年期 | 从青少年期到最后一个子女离开家庭。中心任务是作为有力的基地，协助支持成年子女实现人生独立 |
| 空巢期 | 从成年期到退休之前。该阶段的中心任务是夫妻间重新建立紧密联系，并维持隔代间的亲情纽带 |
| 老年期 | 退休到死亡。中心任务是应对健康的恶化，及配偶或其他同辈人的亡故问题 |

夫妻关系不是固定不变的，双方在家庭演变的各个阶段均面临各类问题和困难，需要双方持续调适，如果在此期间存在适应困难，就可能引发心理困扰。

> **案例**

社区居民琼姐，女，45岁，与丈夫同为本地户籍。结婚多年，育有一儿一女，儿子18岁即将离家读大学，女儿8岁，读小学三年级。夫妻二人经常发生冲突，甚至动手，琼姐向社区社会心理服务工作者求助，希望能够摆脱家庭中的吵闹争执，说自己是为了孩子才没有离婚，等孩子都读大学了一定要离婚。琼姐的家庭处于家庭生命周期哪一阶段？该阶段的中心任务是什么？

**参考答案**：家庭生命周期以第一个子女所处年龄阶段划分，因此琼姐的家庭处于青少年期（第一个子女13—20岁）。中心任务是维持与青少年子女之间的良好关系，尊重并倾听他们，适当提出建议，同时还要发展自身的兴趣和工作。

### （2）家庭中的关系冲突

家庭中的关系冲突是指家庭成员中除夫妻外，其他家庭成员的关系不协调。

①夫妻与双方父母间的冲突。指婆媳冲突、翁婿冲突，其中以婆媳冲突尤为常见。这种冲突是由于两代人对对方角色理解的偏差，对利益、权力的争夺，以及夫妻间、两代人之间的不良互动所造成的。此种关系既不具备亲子关系的稳定性，也不具备婚姻关系的亲密性，如果处理不好，将很大程度影响家庭和谐。

②夫妻与子女间的冲突。是青少年在成长中的正常现象，这种冲突一般是由于亲子间因成长背景和知识阅历的差异而导致的认知、情感、行为、态度等的不相容，当差异过大就会产生心理或外显行为的对抗状态。行为表现包括冷漠、分歧、误解、行为约束、盘问、批评、争吵、甚至是身体冲突等。亲子冲突的强度和频度随孩子年龄的增长呈倒U型曲线，主要形式为言语冲突和情绪冲突。发生冲突时子女多采用回避策略，冲突最多、最激烈的是学业、日常生活安排和家务三个方面。

③夫妻与兄弟姐妹或其他亲人的关系冲突。既包括原生家庭成员之间的矛盾，也包括无血缘关系家庭成员与原生家庭同辈间的冲突。冲突的发生不仅对夫妻关系产生影响，导致夫妻一方与原生家庭的关系紧张，也会引起卷入冲突各方的情绪困扰与行为疏离，严重者甚至导致关系破裂。

**案例**

62岁的社区居民张阿姨来向社会心理服务工作者求助。张阿姨的一儿一女都已成家，却都不愿意赡养她，拒绝支付她每月的医药费和日常生活费。张阿姨患有多种老年慢性病，与老伴常年不和，夫妻二人吵架是家常便饭，在年轻时常常动手。如今年老生病需要照顾，老伴不管不问，儿女也和她关系疏远，女儿与儿媳之间因为照顾张阿姨的问题互相指责，渐渐都不出现在父母家里。张阿姨觉得孤独、痛苦，不知问题出在哪里。张阿姨的家庭中有哪些类型的冲突？这些冲突会带来什么后果？

**参考答案：** 张阿姨与丈夫的沟通不畅属于婚姻冲突，期间伴有身体和精神双方面的家庭暴力，张阿姨的女儿与儿媳的冲突则属于平辈子女兄弟姐妹间的关系冲突。

### （3）家庭暴力

是发生在由婚姻或亲密关系、血缘和法律而联系在一起的家庭成员之间的暴力，指家庭关系中发生的任何暴力行为。《中华人民共和国反家庭暴力法》将家庭暴力界定为：家庭成员之间以殴打、捆绑、残害、限制人身自由以及经常性谩骂、恐吓等方式实施的身体、精神等侵害行为。家庭暴力不仅对陷入暴力中的家庭成员身心造成巨大伤害，也会对目睹家庭暴力的家庭成员造成心理创伤，严重破坏家庭和谐。

①家庭暴力按照表现形式，可区分为以下几类。

A. 身体暴力，是指家庭中某位成员对其他成员非法使用暴力或武器，从而对对方造成人身伤害或残害的任何行为，包括推搡、抓夺、摇晃、撕咬、捆绑、踢人、鞭打、灼烧等，以及使用刀具或其他武器造成的任何形式的身体伤害，轻度或严重的攻击行为、剥夺他人自由以及过失杀人。

B. 情感暴力，又称心理暴力，是指某位家庭成员对其他家庭成员通过非身体攻击的手段进行心理和情感上的攻击，通常以诋毁、嘲弄、威胁、恐吓、歧视、排斥、忽视等形式表现。情感暴力具有较强的隐蔽性，难以进行识别和裁定。

C. 性暴力，是指由某位家庭成员对其他家庭成员强行施加的性行为、性行为企图或其他直接针对受害人性特征的强迫行为，包括强奸、性奴役、强迫怀孕、强迫绝育或其他与之相当的行为。行为人与受害人有可能是伴侣关系，也可能是其他家庭关系。家庭性暴力往往通过对受害者一方采取武力、武力威胁以及胁迫从而实现发生性行为的目的，比如胁迫、恐吓、拘禁、心理压迫，或是利用受害者一方无行为能力的特点和强制性的环境，剥夺受害方（在性行为上）的同意权。

D. 经济控制，是指在家庭关系中占据经济支配话语权的一方对劣势方实施经济压制和管控，通过对夫妻共有财产和家庭财务状况的种种限制，摧毁劣势一方的自我价值感，严重伤害其自尊心、自信心，使受害人在精神上遭受打击，以达到控制受害人的目的。经济暴力的表现包括不给配偶钱花、经济制约等。

②家庭暴力按照受害者类型，可区分为以下几类。

A. 亲密伴侣暴力，是指发生在结婚伴侣中一方针对另一方进行的精神、肢体或性强迫行为，这些行为包括殴打、击打等肢体伤害行为，胁迫、嘲讽、蔑视等精神虐待行为，强迫的性行为和其他形式的性胁迫，以及对伴侣实施隔离、监视等各种管制行为。

B. 儿童暴力，是指在家庭关系中对18岁以下人群的一切形式的暴力行为，施暴者可能是儿童的父母或其他监护人，以及存在任何家庭关系的其他家庭成员。它通常包括父母或其他监护人对儿童的忽视或虐待，童婚、早婚或强迫婚姻中对儿童的暴力行为。

C. 老年人暴力，是指在家庭关系中对老年人实施的一次或多次不恰当的、给老年人带来伤害或造成不幸的行为。它包括对老年人的身体暴力、精神和心理暴力（例如忽视与漠视）、性暴力。家庭成员对老年人施行经济和物质虐待也是一种针对老年人的暴力行为。

## 案例

社区居民王女士，与万先生于2007年8月登记结婚，2008年8月生育一个孩子，王女士父母与王女士一家三口共同居住至今。2019年5月12日，万先生殴打王女士头部、右眼眶等位置，致王女士头部流血、右眼下眶淤青、左手肘部擦伤，经医院诊断为右侧上颌窦黏液囊肿。王女士找到社会心理服务工作者，说万先生已不是第一次打她了，并且时常责骂自己生病的父母在经济上拖累了小家,拒绝为老人看病买药。王女士提出离婚,万先生就拿菜刀威逼,并声称如果离婚就杀了王女士全家。王女士的情况属于家庭暴力中的哪种类型?

**参考答案**:王女士遭受的家庭暴力属于身体暴力、经济控制、亲密伴侣暴力。

### (4)家庭教育问题

家庭教育包括父母对子女的教育以及家庭成员间的互相教育,其中最重要的是父母对子女的教育。家庭教育也会引发较多的家庭冲突,如家庭教育期望的冲突、保护的冲突、爱的冲突、交往的冲突等。

①期望的冲突:是指对于子女教育的期望值过高,对孩子评价标准单一,往往以未成年子女的学习成绩,成年子女的就业、收入水平或社会地位作为评价要素,使孩子身心疲惫,心理压力巨大。家庭中未成年子女因不堪重负离家出走、辍学,甚至自残自伤,或滑向违法边缘等问题时有发生,成年子女则会采取对父母冷漠、与父母争执等方式应对。

②保护的冲突:是指父母或其他监护人对家庭成员中未成年人进行保护的范围过宽或程度过严,一定程度上妨碍了子女的独立成长和社会适应,即在学业和生活等各方面事事包办,过度保护,或过度放手,不管不问,从而限制了子女成长中的个人学习、社会学习能力的增强,导致孩子更容易受到伤害。

③爱的冲突:是指在爱的给予和接受中以孩子为中心而忽视其他人的感受,孩子被剥夺了经受挫折、面对困难、学习关爱别人的权利,也缺乏同情心和换位思考的能力。爱的能力不足,社会适应困难。

④交往的冲突:是指父母在子女教育中对子女缺乏信任,干涉子女与他人的交往和沟通,限制孩子的成长空间,使孩子变得孤独、冷漠、不自信、不合群,引起子女情绪低落、精神紧张、信心减弱,造成子女极大反感。

### 案例

学校班主任向社会心理服务工作者转介一名"问题学生"。学生外号叫"大头",非常聪明,高一入校成绩是班级前三名。但是高一过后,成了班级的倒数第一名。抽烟、喝酒、泡网吧成了家常便饭。班主任几乎每周都接到他母亲的电话,每次他母亲都会痛哭一场。社会心理服务工作者与"大头"多次接触了解到,在过往十几年中,父母几乎从来不听孩子的想法,全部以命令的方式管教他,并限制他与同学的交往,要求他课余时间全部在家学习或者上辅导班,成绩如果不是前三名就会体罚殴打。在他一次发挥失常跌出前三名后,醉酒的父亲竟然殴打了他,并用剪刀剪破了他的嘴唇,导致孩子高中时充满了报复心理,与同学关系紧张,经常与同学争执甚至动手打架。

"大头"的家庭教育出现了何种冲突?造成了什么影响?

**参考答案：** 父母对"大头"存在期望冲突，对"大头"成绩要求严苛，对成绩稍有不满便施以暴力，对孩子有身体暴力和情感暴力，属于儿童暴力，使孩子身心疲惫，缺乏安全感，背负着巨大的心理压力，导致与父母关系冷漠，成绩快速倒退，流连于娱乐场所。

### （5）离婚、再婚、单亲、残障等特殊家庭问题

心理冲突往往是离婚的原因和前奏，而离婚则是心理冲突激化的行为表现结果。离婚双方的再婚困扰及单亲家庭养育问题也较为常见，如如何克服心理障碍再次迈入婚姻关系、如何适应再婚后的关系、重组家庭中如何建立继父母与继子女的关系，单亲家庭中如何独立抚养子女等。

特殊家庭问题还包括困境、残障等家庭冲突问题。困境家庭指因病、因灾及家庭成员就业就学等原因在一定时间内基本生活困难的家庭。残障家庭是指家中最起码有一个持有有效残疾证的残疾人或者是有精神障碍未办理残疾证的病人，还有双残及多残家庭，即家中有至少两个或两个以上残疾人，常见于聋哑夫妻的三口之家或有家族遗传病史的家庭。

特殊家庭的冲突问题与前述内容交叉重合，不展开论述。

### （6）社区冲突

①按社区冲突主体划分，可分为个体与个体冲突、个体/群体与组织冲突、组织与组织冲突。如表5-4所示。

表5-4　按冲突主体划分的社区冲突类型

| 冲突类型 | 举例 |
| --- | --- |
| 个体与个体的冲突 | 邻里冲突、租户与房东间的冲突、业主与商户间的冲突 |
| 个体/群体与组织的冲突 | 业主与社区居委会的冲突、业主与物业公司的冲突 |
| 组织与组织的冲突 | 社区居委会、业主委员会、物业公司、社区社会组织、社区自发组织驻社区单位等之间的冲突 |

A. 个体与个体冲突，表现为当某个个体的利益、地位等诉求的表达和满足受到其他个体妨碍，而造成成员间排斥、争执甚至攻击的语言及行为，如邻里冲突等。

**案例**

社区李大爷与爱人住在二楼，喜欢清静，个人素质比较高。李大爷楼下的房主经常换，每次新房主来了就会重新装修。这次又是新搬住户装修，为躲避装修噪音，李大爷和爱人出门躲了半个月。但是在这期间，装修的震动导致李大爷家水管漏水了，李大爷不在家也不知道，水渗到楼下，楼下无法正常施工。李大爷回来后，楼下装修的住户要

求他维修。李大爷觉得不是自己的责任，不愿维修。李大爷感到非常气愤，找到社会心理服务工作者寻求支持。

**参考答案**：李大爷与新搬住户的冲突就是个体与个体冲突。邻里之间最易因生活琐事心生嫌隙，如果不调解，小问题日积月累最后形成大矛盾，一旦发展为公开的争吵，有可能形成恶性冲突，恶化邻里关系。

B. 个体/群体与组织冲突，表现为个体/群体与组织之间，由于利益上的矛盾或思想认识程度的不一致而造成彼此的对立状态，包括居民与居民自治组织之间的冲突、居民与房地产开发公司、物业公司的冲突等。

### 案例

某小区业主与物业公司之间存在严重的纠纷。业主认为物业公司的服务质量与高昂的物业管理费不匹配，存在服务质量不高、对居民需求回应不及时的现象，为此拒交物业管理费。而物业公司认为部分业主连续几年没有缴纳物业费用，无法支付相应成本，不能继续为业主提供相关服务。双方矛盾升级，导致小区内生活垃圾到处堆放，垃圾桶旁脏乱不堪，小区道路乱停乱放现象严重，居民生活秩序受到影响，心情烦躁不已。

C. 组织与组织冲突，表现为社区内两个组织或多个组织间，因利益上的对立或立场的不同而导致彼此抵触、争执或攻击的矛盾状态，包括社区居委会与业主委员会、物业公司与业主委员会、其他社区组织间的冲突等。

### 案例

A社区是一个新建商品房小区，小区内建设有居民楼18幢，入住居民共3047户。在城市主干道进出小区出入口有一条8米宽的道路，是居民日常进出的主要通道。道路一侧有一个新建商场即将开业，在规划中将道路的一半归属于商场，即8米宽的路有4米要划出。开发商在商场开业前，从道路中间围了一段80多米的铁栅栏，将道路围走了一半，使上下班高峰期道路拥堵，给居民的出行带来极大不便。因商场开业装修需要，路面每天都有货车来来回回，给居民带来了安全隐患和出行困扰。而社区新设立不久，条件不完善，尚未组建基层党委和居委会，只有筹备处，未能解决居民维权问题。一些业主开始在楼门处张贴维权通知，呼吁业主自主维权，自发形成了维权组织，还有数千位业主自发组织了维权活动。

②按社区冲突属性划分，可将社区冲突分为6个类型。如表5-5所示。

表5-5　按冲突性质划分的社区冲突类型

| 冲突类型 | 举例 |
|---|---|
| 社区利益冲突 | 邻里纠纷、租客与房东间的冲突、业主与商户间的冲突 |
| 社区权力冲突 | 社区居委会、业主委员会与物业等企业间的冲突 |
| 社区权利冲突 | 社区选举权方面的冲突 |
| 社区文化冲突 | 城乡民风民俗、多民族融合方面的冲突 |
| 社区结构冲突 | 社区空间冲突 |
| 社区变迁冲突 | 农民进城、农民上楼造成的冲突 |

A. 社区利益冲突。社区公共利益问题，主要表现为对社区内公共资源分配问题持有异议、对维护小区内公共资源的意见有分歧、对公共利益的共享方式有不同意见等。

**案例**

社区居民李大爷爱狗如命，退休后在家里养了一条大狗，陪伴他晚年生活。一到晚上他就把狗拴在大门口，从楼道经过的邻居又惊又怕，更要命的是，炎热的夏季李大爷还把房门敞开，房间内飘出的味道引来邻居不满，邻居多次交涉指出老李不应该这样养狗，但李大爷因为自己已经办理了养狗证，认为这样是合理合法的，对此毫不在意，由此引起了邻里关系的紧张。

参考答案：在本案例中，呈现出的养狗的人和不养狗的人对养狗看法的不一致，产生了利益争执，其本质是居民对如何共享社区公共资源持不同意见而出现利益冲突。

B. 社区权力冲突。社区权力冲突一般表现为两个方面：一是对社区领导权力的争夺，如社区居委会、业主委员会、物业公司之间公权力的冲突；二是社区公权力与公民权力间的冲突，如社区居委会、业主委员会、物业公司等与业主或社区居民之间的冲突。其本质是不同权力主体因为某种利益分配存在分歧，或涉及权力主体的切身利益的制度不均衡，导致双方对公共权力产生争执。

C. 社区权利冲突，表现为正当权利主体之间，应得权利与供给之间、实际权利行使和法定权利之间，因模糊权利边界等而引发的排斥或对立状态。如因社区居委会、业主委员会、社区代表选举不规范、社区居民参与社区公共事务与决策结构不规范而引发的冲突，以及同一社区中农民工阶层与市民阶层之间、社区居民与各级管理者之间的冲突等。如因垃圾焚烧发电厂项目、核设施项目等建设而引发的群体性邻避冲突事件。

D. 社区文化冲突，表现为由于价值观念、宗教信仰、生活习俗等方面不同而在空间文化、异质文化和公共文化等层面上，社区中人与人、人与群体或群体与群体之间因各自利益差别、对立而产生的复杂矛盾心理状态或社会互动行为。如多民族聚居社区内的民族文化冲突、社区农民工与原居民之间的城乡文化冲突以及社区不同群体之间的文化认同冲突等。

E. 社区结构冲突，包括社区管理体制上的冲突、治理结构上的冲突、治理体系上的冲突、空间冲突等。其中空间冲突主要出现在由个人活动的常规化而逐步形成的公共领域，其本质是人际关系冲突，这种冲突具有网络性、社会资本的异质性和公民参与过程的双向性等特征。如近年来很多小区愈演愈烈的"停车位之战"与"广场舞之争"等。

F. 社区变迁冲突。"村改居"是代表性较强的社区变迁冲突，表现为城市中务工农民数量迅速增加，城市流动人口在数量方面激增，在社会融入方面存在极强的不适应等问题。

## 4）识别冲突级别

### （1）家庭冲突级别

家庭冲突一般从冲突的强度、烈度两个维度判定级别。

冲突的强度是指家庭冲突的影响程度，是冲突中家庭成员各方的能量消耗以及卷入冲突的程度。具体是指该家庭成员方在某个冲突中是否完全投入，以及冲突涉及的家庭规模的大小。

冲突的烈度是指家庭成员卷入冲突的各方用以追求自身利益所采取的手段，具体指从沟通协商到诉诸暴力等手段。

依据家庭冲突的两个维度，一般将家庭冲突划分为四个级别。

①轻微冲突。统计时间内（一般以月度为单位）家庭成员间发生冲突的强度不大，烈度不高，虽然偶然会有意见的分歧但采用的方式相对温和，以家庭成员间非恶意的言语争执、争论等形式为主，家庭成员中冲突当事人思维理性，态度平和，无暴力行为，危害程度较低。

②一般冲突。家庭成员间发生的冲突强度较大，烈度不高，成员间频繁发生意见的争执或家庭成员关系不和，以及在贫困、残疾、单亲等困境家庭中面临的冲突，冲突方式剧烈程度不高，但会对家庭成员造成精神、物质等方面的伤害。

③严重冲突。家庭成员间冲突的强度不大但冲突方式激烈，如以恶意侮辱、肢体冲突、经济剥夺等方式造成人身伤害或现实危险，且当事人态度恶劣没有悔改之意的，以及情节较轻，但多次发生家庭暴力等疑难、复杂的家庭冲突。

④重大冲突。家庭成员间的冲突已经呈白热化状态，频率高，烈度强，对家庭成员的身心造成重创，如特别严重的高危家庭暴力，或本人及其亲属面临人身安全威胁的，严重者可能会引发"民转刑"案件，导致社会公共安全事件，并可能会波及家庭以外的其他人等。

### （2）社区冲突级别

社区冲突也使用强度和烈度两个维度来判定级别。

强度，即冲突频率。主要指在特定周期内（通常以月或年为单位）在某社区发生的社区矛盾、纠纷或冲突的数量。烈度，以社区破坏程度为标志，指社区冲突对整个社区造成的破坏程度,主要取决于解决冲突所采取的方法或手段,如对话、和解、谈判、调解、信访、上访、仲裁、诉讼等。结合强度、烈度两个维度,可以将社区冲突划分为四个级别。

①低度冲突。统计时间内(一般以月度为单位)冲突发生频率较低,冲突的方式比较温和,如对话、和解等,冲突烈度较小,冲突程度较低。

②中度冲突。中度冲突是在统计时间内(一般以月度为单位)冲突发生频率较高,但烈度不高。该等级的冲突虽然未加剧冲突的严重性,但却会导致社区内的积怨性冲突,如日常生活中的琐事或纠纷长期潜伏。当此类冲突不断积聚,突破临界点时,将带来较为严重的社区冲突,给冲突的化解或解决工作带来难度。

③高度冲突。尽管在统计时间内(一般以月度为单位)冲突发生频率较低,但冲突的方式比较激烈,如信访、上访等,冲突烈度较大,冲突程度较高。

④严重冲突。在统计时间内(一般以月度为单位)社区内冲突频率较高且冲突形式激烈,该类型的社区冲突程度最高。

## 2. 技能演练

### 案例

阿梅,35岁,未婚,中专学历,肢体三级残障,幸福社区康园工疗站的学员。阿梅因家庭、社区多重问题的困扰而抑郁焦虑,目前闭门不出,妈妈向社会心理服务工作者求助。

阿梅与父母、兄长共同居住于本社区。父母年事已高,没有固定收入,哥哥是智力二级残疾,没有劳动能力。阿梅在工疗站每月1500元的补贴是家庭主要经济来源,家庭经济状况比较紧张。

阿梅原来在工厂工作,有恋爱对象并准备结婚。但在28岁时遭遇车祸,腿部受伤,经医院评定为肢体三级残疾,恋爱对象与其分手。阿梅很受打击,出现自杀自残行为,时常觉得自己没有用,没有人会爱自己,不被他人需要,拖累家人也被家人拖累。近年来她的情绪一直很低落,与旧同事和同学朋友都断绝了往来,曾经因为情绪问题在市医院精神科住院治疗一年半,经过治疗后有所好转,经残联评估进入康园工疗站工作。

阿梅自尊心较强,性格内向,但渴望结交朋友,只是不擅长与人建立关系,且敏感,尤其在意他人对自己的评价。在某次工作中,工疗站的站长指出她某些事情做得不太好,她便认为站长在指责自己,此后躲在家里不肯出门。

阿梅在家庭中与父母关系也日益恶化。另外,阿梅家居住在旧楼梯房中,没有电梯,出行不便,近年政府在推行旧楼加装电梯补贴政策,但由于低楼层的住户表示反对,电梯迟迟未能加装。阿梅因此对邻居颇有怨气。

假设你是幸福社区的社会心理服务工作者,请结合阿梅的问题,设计信息收集与问题识别计划书,明确冲突类型,确定冲突级别,填写技能演练记录表(表5-6)。

表5-6  冲突识别技能演练记录表

| 序号 | 项目 | 模拟演练过程记录 | 技能评估 |
| --- | --- | --- | --- |
| 1 | 信息收集 | 信息收集顺序： | 收集顺序：<br>合理□ 不合理□ |
| | | 信息收集层次： | 收集层次：<br>个人□<br>家庭□<br>社区□ |
| | | 信息收集内容： | 收集内容：<br>基本信息、人口学资料□<br>家庭信息□<br>重要事件□<br>社区基本信息□<br>社区关系□<br>社区资源□<br>社区问题□ |
| 2 | 明确冲突类型 | 冲突类型： | 冲突类型：<br>家庭冲突□<br>社区冲突□<br>婚姻冲突□<br>关系冲突□<br>家庭暴力□<br>教育问题□<br>特殊家庭□<br>社区主体冲突□<br>社区性质冲突□ |
| | | 冲突内容： | 冲突内容：<br>内容界定准确□<br>冲突主体清晰□<br>冲突后果明确□<br>冲突报告完整□ |
| 3 | 识别冲突级别 | 冲突烈度： | 冲突烈度：<br>温和□<br>争执频繁□<br>对抗□<br>恶意□<br>暴力□<br>高危□ |
| | | 冲突强度： | 冲突强度：<br>双方冲突□<br>隔代卷入□<br>家族卷入□<br>全体成员影响□ |

续表

| 序号 | 项目 | 模拟演练过程记录 | 技能评估 |
|---|---|---|---|
| 3 | 识别冲突级别 | 冲突级别： | 冲突级别：<br>轻微冲突□<br>一般冲突□<br>严重冲突□<br>重大冲突□<br>低度冲突□<br>中度冲突□<br>高度冲突□<br>严重冲突□ |

演练评估建议：

评估人：　　　　　　　评估日期：　年　月　日

## （二）家庭/社区一般冲突问题解决

### 1. 知识学习

家庭/社区一般冲突问题解决包括冲突解决的步骤和解决的具体方式等内容。

#### 1）家庭冲突解决的步骤

在家庭中发生冲突问题时，一般解决步骤如下。

（1）明确关键冲突

在多个冲突同时涌现时，需要弄清楚关键冲突是什么，找出核心问题。

（2）分析冲突原因

①目标因素。家庭成员有不同的价值观和不同的目标追求，是导致冲突最深层的原因。家庭成员因不同的成长背景、教育经历、个人阅历等因素，在目标上存在差异较为常见，因此容易产生冲突。

②资源因素。家庭成员为实现自身目标需要运用多种资源，包括资金、设备、人手、原材料、能源、空间场地等。资源的有限性往往引发对资源的争夺，因此争夺资源就成为各种冲突的根源。

③责权因素。责权因素是造成冲突的典型主观因素。问题可能出在：A.责权界限不明确。B.权力分配不均衡。C.责权逆转。当家庭成员间对于责权利的理解出现偏差，或责权利贯彻落实不一致时，冲突或破裂就成为可能。

④信息沟通因素。沟通信息的渠道不畅通或信息失真造成误导，是冲突的直接原因。家庭成员中各方对同一事件的理解和期望不同，就会导致信息不对称的冲突。当成员一方或多方叙述不清，或沟通内容、沟通方式容易让人误解和产生歧义时，也会引发冲突。

⑤结构因素。家庭规模越大，成员越多，家庭中的关系就越复杂。家庭成员之间的沟通方式，以及由不同的沟通方式而形成的家庭模式，也会影响到家庭中的冲突。

### （3）找出可能解决冲突的策略

冲突的解决策略一般有以下5种。

①回避策略。冲突一方采取不合作的方式，绕开或放过问题，这种策略的使用理由往往是分歧点较小，不值得面对或分歧过大而无法解决，试图化解冲突的举动可能会导致关系破裂或引发更严重的后果。

②迁就策略。冲突的一方以宽容的态度应对冲突问题，甚至为了合作不惜牺牲个人目标。冲突方选择迁就策略往往是认为不必为了一件事情而去冒险破坏关系或造成双方失和。

③竞争策略。冲突双方各自站在自己的立场上思考问题，各不相让，以正面冲突或其他的形式形成对抗，为争输赢而不顾冲突带来的后果，一定要分出个胜负。

④妥协策略。冲突中的各方彼此让步，明确知道没有十全十美的解决方案，但是为了解决问题，或达成更重要的目标，愿意放弃某些坚持的内容，共同分享利益，退而求其次，彼此妥协。这种策略中没有明显的赢家和输家。

⑤合作策略。在冲突中双方相互支持、互相尊重、合作解决问题，寻求互惠互利的双赢方案，彼此重视对方合理、重要的需求。

### （4）确定一种双方都能接受的最佳方式

在面临家庭冲突时，要对引发冲突的情境进行反思自省，寻求适合冲突情境的最佳解决方案。如倾听家庭冲突中另外一方的意见并以无威胁的方式分享自己的想法和情绪，聚焦于冲突的关切点，对事不对人，做出最佳选择。

### （5）检验最终选择的解决冲突的方式是否有效

以始为终，验证当前情境下的策略是否有效化解了家庭冲突，解决了哪个场景下的哪种需求。如是否提高了家庭成员的沟通交流频率，降低了家庭成员的争执频率，增进了家庭成员的连接度，增强了家庭成员间的相互支持等。

## 2）社区冲突解决的步骤

当社区冲突发生时，一般解决步骤如下。

### （1）明确冲突利益相关方

社区冲突一般涉及两个或多个利益相关者，利益者之间因为不同的目标而产生了对抗。社会心理服务工作者通过与冲突相关方沟通协商，了解冲突事件，明确社区冲突利益相关方，通过对话、沟通找到冲突相关方。

### （2）分析冲突关切点

发生社区冲突的原因复杂且多样，分析他们为什么会发生冲突，要明确冲突发生的根本原因。一般来说，冲突发生的时候，冲突各方会表现出强烈的情绪和截然分明的态度。社会心理服务工作者要透过冲突相关方的情绪、行动来分析冲突点，找到背后的真实需求。

**案例**

邻居A在楼下散步，多次踩到邻居B家狗的粪便，A找到B吵得不可开交。从行动上看，A的行为是阻止遛狗，B的行为是需要遛狗，而事实上，社会心理服务工作者看到其背后的真实需求是A对享有干净卫生社区环境的需要和B对遛狗自由的需要。

### （3）制定共同目标

社会心理服务工作者明确冲突背后的真实需求后，接下来基于需求建立冲突各方的对话和共识，确定共同行动的目标。目标共识是冲突解决的出发点，也是开展对话的基础，目标是化解冲突的方向，各方在充分协商的情况下确立化解冲突的共同方向，这个共同的目标非常重要，如果双方无法形成共识或者不能建立起共同目标，那么冲突就无法缓解。

### （4）制定行动方案

社区冲突的处理方式有4种类型，分别是冲突解决、冲突消除、冲突管理和冲突转型。在处理社区冲突时，社会心理服务工作者可选择一种或多种方式并行。

①冲突解决。冲突解决是通过一定的调解让冲突方双停止了"当下"的冲突，这种冲突处理方式关注冲突行为的本身，对缓解紧张氛围有一定效果，但未触及冲突产生的原因，冲突本身并未得到消除。

邻居A在楼下散步，多次踩到邻居B家狗的粪便，A找到B吵得不可开交，之后居委社工从中劝解调和，并劝说B外出遛狗要及时处理狗粪便，在居委会的调解下，A和B停止了争吵。

②冲突消除。冲突消除是指寻找引发冲突的根源，从产生冲突的根源入手，消除了根源，以后再也不会出现类似冲突。

上述案例，居委社工发现这不是个案，小区内普遍存在宠物狗粪造成了邻里不和谐的现象。于是筹资建了狗厕所，配备狗便袋，每次主人在狗拉完后，用狗便袋将排泄物兜起扔进狗厕所，这样因狗粪而引发冲突的根源就消除了。

③冲突管理。冲突管理是指自冲突产生起，社会心理服务工作者就介入并贯穿全过

程，通过干预手段改变冲突的水平和形式，直到冲突消除为止。

邻居A和B因为狗粪问题产生了冲突，居委会的调解、建狗厕所等都是干预手段，目的是平衡各方利益，不让冲突激化，这个过程就是冲突管理。

④冲突转型。冲突转型是通过干预行动逐渐改变双方的认知和行为，用积极正向的方法推进问题向好的方向发展。

### （5）执行行动方案

社区冲突能不能解决，取决于社区冲突各方能不能开展行动，是否能达成各方的期待。在行动时需要冲突各方协同参与，整合资源，相互监督并为行动的结果负责，如果发现实际情况和原本的计划有偏差，可以及时修订并征得冲突各方共识，改进行动方案。

## 3）家庭冲突一般解决方式

### （1）家庭会议

社会心理服务工作者可倡导在社区家庭中形成定期召开家庭会议的习惯。注重培养家庭成员计划与决策能力，化解家庭矛盾。

家庭会议形成的冲突解决方案应该在全体同意的基础上做出。如果全家人无法就议程上的某项内容达成一致，则应该在下次会上再次讨论，并预留一段时间的缓冲期和提出新想法的时间。

家庭会议还可以讨论未来的家庭活动，制定未来的计划，充分尊重每个家庭成员的意见，避免或减少家庭冲突。

### （2）家庭游戏

科恩博士倡导以游戏来解决家庭中存在的各种冲突。家庭游戏尤其适用于不愿表达或不能表达自己的孩子，使他们以游戏的方式向家长展示最真实的自我。受挫的孩子也可以通过游戏感受到家庭成员的关爱，从而重建自信和自尊，改善自我概念和行为。

社会心理服务工作者可以带领家庭中的成员通过游戏促进彼此沟通，使他们成为负责任、有生产力、乐于合作、独立、有复原力、有内在资源、有所贡献且快乐的人，使家庭成员增进对人际互动的理解，对家庭关系的重视，对家庭冲突问题的探究和解决能力。

### （3）积极语言沟通

积极语言是引导自己或他人关注生活中美好的东西和使人生美好的有利条件，是能发现人的优势，激励人的潜能，促进积极人际关系，让生活更幸福、让组织更和谐的一种语言模式。马歇尔·卢森堡博士积极倡导非暴力沟通方式，期望减少人与人之间因为语言而带来的痛苦。非暴力沟通包含四要素：①将观察到的事实客观讲出。②借助表达自己感受的方式，把双方的内心链接起来。③清楚表达自己的需要。④说明具体的请求。简言之，就是八字方针——事实，感受，需要，请求。通过四个要素的结合，帮助家庭成员扭转负面的思维趋势，用温和的方式化解家庭中的冲突，以创建轻松和谐的家庭关系。

采用积极语言模式沟通，依照"非暴力原则"交流和倾听，使人们心意相通，和谐相处，既诚实、清晰地表达自己，又尊重且倾听他人。

社会心理服务工作者可以指导家庭成员在日常生活中学习积极语言，以非暴力沟通的方式开展家庭对话，以更多的同理心和妥协、包容、接纳使冲突中的家庭成员情绪趋于稳定，行为避免过激，内心冲突逐渐消失，活在当下。

（4）爱的五种语言

盖瑞·查普曼提出的爱的五种语言是目前婚姻辅导和个人成长领域倡导的重要做法。"爱的五种语言"，分别是"肯定的言辞""精心的时刻""交换礼物""服务的行动""身体的接触"。

①肯定的言辞。家庭成员应尽可能地对对方的付出表示认可和赞美，不要把对方的行动当作理所当然。

②精心的时刻。是指双方共享的美妙时刻和美妙回忆。在一段特定的时间里，放下手机，把全部注意力都给予家庭成员中的另一方，用心沟通享受交流，维系好双方的关系和情绪，且保持情绪的共鸣。

③交换礼物。重要节日的仪式化行动以及礼物是家庭关系的黏合剂。礼物可以是具化的物品，也可以是一次周末出行等活动。

④服务的行动。做其他家庭成员想让你做的事，通过生活中的服务使TA高兴。这种服务的行动往往是家庭生活中的小事，但会让对方觉得爱意满满。

⑤身体的接触。拥抱、亲吻、性行为等身体的接触等均在此列。

## 4）社区冲突一般解决方式

### （1）焦点小组访谈法

焦点小组访谈法，又称小组座谈法，一般由一名经过训练的主持人组织，多是采用小型座谈会的形式，把一些事先选定的人召集起来讨论一个特定的主题，能够为特定的主题提供大量的深入信息，价值在于可以从自由进行的小组讨论中得到一些意想不到的发现。

焦点小组的规模应控制在10人左右，不宜过大，且应将座谈的主题、注意事项、具体时间和地点等内容提前告知被访问者。在座谈过程中，主持人运用语言技巧，抛砖引玉，掌控话题方向，激励成员积极发言，"不批评"是重要原则。在焦点小组中，群体互动是焦点小组的关键，切忌个人访谈。所有组员都应平等参与讨论。社会心理服务工作者要控制"话痨"少说话、引导安静组员多说话。可以用点名、接龙的方式让组员说话，恰当防止"话痨"组员抢占访谈主导权。

### （2）召开社区议事会

社区议事会是一项公共的咨议活动，通常以公开会议的方式进行，邀请目标地域或社区的居民参与，并由与会者提出与需求相关的意见。社区会议最大的优点在于其符合民主的决策过程，并且为居民提供社会参与和发声的途径，同时也能够澄清相关需求，是社会心理服务工作者缓解或解决社区冲突的有效方法之一。社区议事会通过征集社区居民意见，汇集居民智慧，加强社区居民沟通，来识别居民需要解决的社区冲突类型，探讨解决方法。

组织召开社区议事会时，可以运用罗伯特议事规则协助议事会的组织与管理，提高社区议事效率。罗伯特议事规则12条基本原则如下。

①动议中心原则：动议是开会议事的基本单元。"动议者，行动的提议也。"会议讨论的内容是一系列明确的动议，它们必须是具体、明确、可操作的行动建议。先动议后讨论，无动议不讨论。

②主持中立原则：会议主持人的基本职责是按照规则来判断并执行程序，尽量不发表自己的意见或对发言人表示个人倾向。（如果主持人要发言，必须先授权他人临时担任主持人，直到当前动议投票结束。）

③机会均等原则：发言者发言前必须先向主持人示意，获得许可后方可发言。要按照举手的先后顺序发言，但主持人需要特别留意对当前动议尚未发过言者，他们的发言机会应优先于已发言者。同时，主持人应注意在发言时保持意见相反双方的机会平等，尽量让双方轮流得到发言机会。

④立场明确原则：发言者需要在发言之初先行阐明是赞成还是反对当前待决动议，也就是先表明立场，然后说明理由。

⑤发言完整原则：允许别人发言完整而不轻易打断。

⑥面对主持原则：发言者应在发言时面向主持人，其他与会人员不得直接与之辩论。

⑦限时限次原则：每位发言者都要受到时间限制（比如限定时间在2分钟以内），每个人针对同一动议的发言次数也有限制（例如约定次数不多于2次）。

⑧一事一件原则：发言必须围绕当前的主题，不能偏离未解决的问题。新的动议只能在原有动议处理完毕后才能提出或讨论。（主持人负责拉回主题，制止跑题行为。）

⑨遵守裁判原则：主持人有权及时制止违反议事规则的行为，且行为者也需要即刻服从主持人的裁判。

⑩文明表达原则：发言不得采用人身攻击，质疑他人动机、习惯或喜好等方式，辩论以事实为依据，仅限于当前待决问题。

⑪充分辩论原则：表决须在充分讨论后方可进行。

⑫多数裁决原则：（在多数通过的情况下）动议的通过需要"赞成方"的票数绝对高于"反对方"的票数（平局无效）。弃权票不计入有效票中。

#### （3）知情者调查

知情者调查是对社会心理问题的严重性和重要程度进行评估。当社会心理服务工作者经过问卷调查初步筛选出工作人群后，就需要走进工作人群生活的环境，进一步了解某个问题，因为一定环境中比较了解整体情况的人就是知情者。例如，如社会心理服务工作者想要了解低保贫困人群的心理需求，常见的知情者就是某社区管理民政事务工作的人员，这些知情者对问题的特点和居民的需求、矛盾和冲突有较为深入的了解。通过这些知情者提供的信息，即可收集、整理和归纳影响工作对象需求的主要因素，以解决冲突。

#### （4）斡旋技术

斡旋是冲突处理的一个过程，也是处理冲突的技巧之一，指有争端的情况下由（双方或多方都能接受的）中立的第三方进行调解，调解人帮助争执者找到共识点并解决问题。斡旋存在于调解阶段，适用于未触犯法律阶段。斡旋者即社会心理服务工作者本身一定是中立的，不能够介入到任何一方的利益。

### 2. 技能演练

根据"任务导入"中的信息，作为幸福社区的社会心理服务工作者，需要结合王先生的家庭冲突类型和冲突级别，设计一份冲突解决服务方案，帮助王先生缓解冲突，填写表5-7。

表5-7　冲突解决技能演练记录表

| 序号 | 项目 | 模拟演练过程记录 | 技能评估 |
|---|---|---|---|
| 1 | 明确冲突 | 关键冲突：<br>核心问题： | 关键冲突：<br>　家庭□　社区□<br>核心问题：<br>　个人□<br>　家庭□<br>　社区□ |
| 2 | 分析冲突原因 | 目标因素：<br><br>资源因素： | 目标因素：<br>　价值观□<br>　追求□<br>资源因素：<br>　资金□<br>　设备□<br>　人手□<br>　原材料□<br>　能源□<br>　空间场地□ |

续表

| 序号 | 项目 | 模拟演练过程记录 | 技能评估 |
|---|---|---|---|
| 2 | 分析冲突原因 | 责权因素： | 责权因素：<br>责权不明□<br>权力不均□<br>责权逆转□ |
| | | 信息沟通因素： | 信息沟通因素：<br>信息失真、误解□<br>信息不对称□<br>叙述不清□ |
| | | 结构因素： | 结构因素：<br>家庭规模□<br>家庭模式□ |
| 3 | 找出可能的解决方式 | 采取的策略： | 解决方式：<br>回避策略□<br>迁就策略□<br>竞争策略□<br>妥协策略□<br>合作策略□ |
| 4 | 确定一种双方都能接受的最佳方式 | 方式选择： | 最佳方式：<br>反思□<br>对事不对人□ |
| 5 | 检验最终选择的解决方式是否有效 | 检验解决方式是否有效： | 检验策略是否有效：<br>情境适用（解决了哪种需求）□<br>提高沟通交流频率□<br>降低家庭争执频率□<br>增进家庭成员的连接度□<br>增强家庭成员间的相互支持□ |

演练评估建议：

评估人： 评估日期： 年 月 日

## 三、任务总结

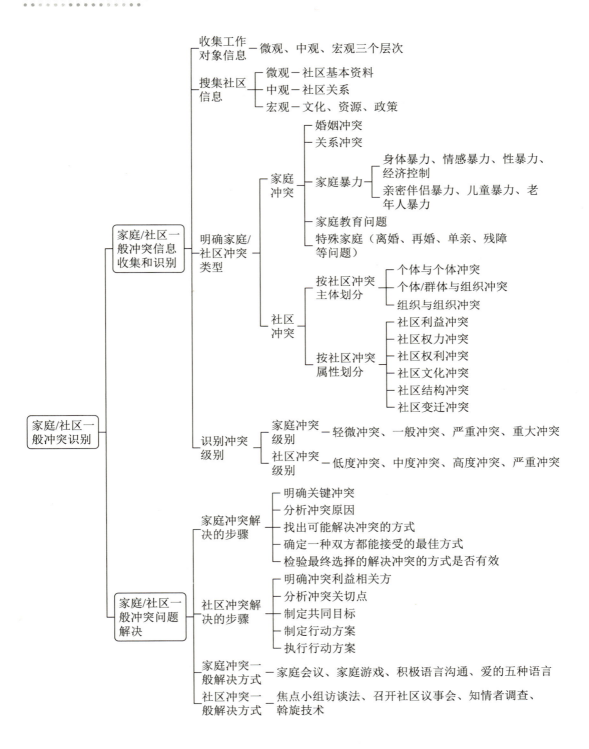

# 习题

## 一、单项选择题

请从每题的四个选项中,选择一个你认为最符合题意的答案,在所选答案的字母上画√,或把字母填写在（　　）里。

1. 社区冲突的本质是（　　）。
   A. 拥有不同利益和目标的个体和群体之间的抗争
   B. 夫妻婚姻冲突
   C. 撰写社区服务分析报告
   D. 家庭成员教育观念冲突
2. 下列哪项不属于家庭冲突类型？（　　）
   A. 婚姻冲突　　　　　　　　B. 家庭教育问题
   C. 社区文化冲突　　　　　　D. 家庭关系冲突
3. 家庭冲突和社区冲突都可以从冲突的（　　）两个维度判定级别。
   A. 热度、影响力　　　　　　B. 高度、吸引力
   C. 难度、区分度　　　　　　D. 强度、烈度
4. 下列哪项不是解决家庭冲突的方式？（　　）
   A. 家庭游戏　　　　　　　　B. 非暴力沟通
   C. 大声争辩　　　　　　　　D. 爱的五种语言

## 二、判断正误题

下列说法或描述,你认为正确的,请在（　　）中画√,认为错误的,在（　　）中画×。

1. 家庭生命周期理论中,学龄期为第一个子女13岁—20岁,家庭中心任务是维持与子女之间的良好关系,尊重并倾听他们,适当提出建议。（　　）
2. 家庭暴力按照其表现形式,可区分为身体暴力、情感暴力、性暴力和经济控制。（　　）
3. 情感暴力：又称心理暴力,是指某位家庭成员对其他家庭成员通过非身体攻击的手段进行心理和情感上的攻击,通常以诋毁、嘲弄、威胁、恐吓、歧视、排斥、忽视等形式表现。（　　）
4. 家庭教育只是指父母对子女的教育。（　　）

## 三、语音表述题

居民周先生35岁时父亲就去世了。

周先生婚前婚后，母亲都一直和周先生住。

周先生和爱人生了小孩后，爱人经常说，要给婆婆租个房子，让婆婆出去住，周先生一直不同意。

小孩子上了小学后，爱人以孩子晚上学习要安静为由，几乎每天都要和周先生争执，让周先生租房，尽快把婆婆安排到外面单住。

周先生不同意，结果，爱人和周先生不断发生争吵。

周先生希望社区居委会能帮助协调矛盾。

请回答以下问题：

问题一：对于家庭冲突问题，一般的解决方式有哪几种？

问题二：您如果是社会心理服务工作者，会建议周先生采取哪种解决方式？

# 任务六　社会心理调研

## 一、任务信息

### （一）任务导入

时间：工作日

地点：社区心理健康服务中心/社区服务中心

人物：心理专干/社区工作人员小A、小B，部分社区居民

情境：为了了解某社区居民的社区心理健康服务需求，促进社区心理健康服务体系建设，本社区随机抽取150名居民，进行问卷调查，内容包括居民社区心理健康服务需求及满意度、出现心理健康问题时求助意愿及求助方式。

### （二）任务要求

①能够在指导下运用问卷法、访谈法，开展社会心理调研，完成调研表。

②能够在指导下检测调查问卷实施过程，通过抽查、跟踪、回访等方法，确保调查过程真实有效。

③能够通过指导，筛选、统计、分析与整理数据，形成初步调研报告。

④能够在指导下撰写社会心理调研报告，并提出有建设性的意见和建议。

## 二、任务实施

本任务包括社会心理调研方法，筛查、统计、分析调研数据，撰写社会心理调研报告。

## 任务六 社会心理调研

## （一）社会心理调研方法

### 1. 知识学习

#### 1）社会心理研究方式

社会心理研究方式包含调查研究、实验研究、实地研究和文献研究，如表6-1所示。

表6-1 社会心理研究方式

| 研究方式 | 含义 |
| --- | --- |
| 调查研究 | 为达到一定目的，有意识地通过对社会现象的考察、了解和分析，来了解社会真实情况的一种自觉认识活动 |
| 实验研究 | 经过精心的设计，在高度控制的条件下，研究者通过操作某些因素，来研究变量之间因果关系的方法 |
| 实地研究 | 深入研究对象的生活背景中，以参与观察和无结构访谈的方式收集资料，并通过对这些资料的定性分析来理解和解释社会现象的社会研究方式 |
| 文献研究 | 通过收集和分析现存的以文字、数字、符号、绘画等信息形式出现的文献资料，来探讨和分析各种社会行为、社会关系及其他社会现象的研究方式 |

社会心理服务工作者在开展调查研究时，需要结合工作对象及调研条件，选择一种适合的方式，也可在同一时间段或围绕同一工作对象选用多种方式。

#### 2）社会调查的主要类型

社会调查从不同维度分为5种主要类型，见表6-2。

表6-2 社会调查的主要类型

| 分类维度 | 类型 |
| --- | --- |
| 根据调查任务的性质分类 | 理论性调查研究和应用性调查研究 |
| 根据调查对象的范围分类 | 普遍调查、抽样调查、典型调查、重点调查、个案调查 |
| 根据调查的作用和目的分类 | 探索性调查研究、描述性调查研究、解释性调查研究 |
| 根据调查的时间性分类 | 横剖式调查研究（横剖研究）、纵贯式调查研究（纵贯研究） |
| 根据调查的基本方式方法分类 | 统计调查、实地研究 |

①理论性调查研究是通过对社会现实问题的调查来发展和丰富社会理论。主要功能是揭示社会实践和科研领域中的理论问题。

②应用性调查研究是侧重回应现实社会中出现的具体问题。如农民工问题、劳动纠纷、儿童问题、青少年教育问题、社区问题等。

③普遍调查是规模较大的对所有调查对象实施的调查。常用于行政统计工作中，如

人口普查。具有数据精准，结论概括性强，耗费人力、物力、时间较多等特点。

④抽样调查也称部分调查，是指按随机原则从调查对象的总体中，选择个人或单位进行调查，由样本情况从点到面地来推论总体情况。抽样调查与问卷法通常一起使用。总体中，部分个体所组成的集合称为样本（Sample）集合。抽样调查有两层含义：一是抽样（抽取部分个体），有随机抽样、分层抽样、整群抽样、重点抽样、典型抽样、就便抽样、志愿抽样等抽样方法；二是调查（调查那些反映在个体上的、研究主体特征的数据）。调查样本个体（抽样所得到的个体）所得到的数据，称为样本数据。

⑤典型调查是从调查对象的总体中选取一个或几个有代表性的单位进行全面、深入的调查，目的是通过深入"解剖麻雀"，以少量典型来概括或反映全局，是一个由特殊到一般的过程。典型调查具有节省时间、人力及金钱的特点，但得出的结论并不一定能适用于总体或全局。

⑥重点调查是从调查对象的总体中主观选取少数单位进行调查，目的是通过这几个少数单位来反映总体的状况。调查对象要在总体占有重要地位或在总体的数量总值中占有较大比重，具有节省时间、人力的特点，并且结果可反映全局情况。但是只适合少数调查总体，适用的范围较小，且调查缺乏深度。

⑦个案调查是指从调查总体中选取一个或几个调查对象进行深入调查。详细描述一个调查问题的整个过程。

⑧探索性调查研究是采用"走马观花"的查阅资料的方式对社会现象进行初步考察，目的在于发现问题和提出问题，为进一步调查研究提供指导。

⑨描述性调查研究是指系统地了解某一社会问题或社会现象的状况及发展过程，通过对现状准确、全面的描述，解答社会现象"是什么"的问题。描述性调查研究要注意描述的准确性和概括性。描述性调查研究一般是从观察入手，而不是从理论或假设入手。

⑩解释性调查研究解答"为什么"的问题，能说明社会现象发生的原因，预测事物的发展后果，探讨社会现象之间的因果联系。解释性研究首先要提出假设，提出假设的方法有多因一果、一因多果、因果模型。

⑪横剖式调查研究（横剖研究）是指在某一时间点对社会现象作"横断面"式的调查，在短时期内了解这一时期各个地区或部门的状况。人口普查和民意测验多属于横剖研究。

⑫纵贯式调查研究（纵贯研究）是指在较长时期的不同时点收集资料，对社会现象作纵向研究。

⑬统计调查是定量调查的一种类型，是从许多单位中收集多个单位的可对比的信息，利用这种可对比的资料，进行汇总统计，对调查内容作深入的定量分析。统计调查可以通过直接问卷、电话访问或邮寄问卷的方式开展。统计调查的优点是能够快速广泛掌握情况、客观解释社会现象，结论的总结性较强，但也存在着资料宽泛、不详实、有效性较低的缺点。

⑭实地研究是进入调查现场，采用观察、访问、座谈等方法收集少数单位的资料进

行深入分析。

社会调查还有其他类型，本节不作具体分析，见表6-3。

表6-3 社会调查的其他类型

| 分类维度 | 类　型 |
|---|---|
| 根据调查的层次分类 | 宏观调查研究、微观调查研究 |
| 根据调查的区域分类 | 农村调查、城市调查、地区调查、全国性调查等 |
| 根据调查题目的范围分类 | 综合性调查、专题性调查 |
| 根据调查的领域分类 | 家庭调查、人口调查、企业调查、市场调查、犯罪调查、劳动问题调查、教育问题调查、民族问题调查、社会福利调查、社区调查等 |
| 根据资料分析方法分类 | 定性研究、定量研究 |

### 3）社会调查程序

社会调查具有较为固定的程序，分为选题阶段、准备阶段、调查阶段、分析阶段和总结阶段5个阶段。社会调查的5个阶段是相互联系、相互交错在一起的，共同构成社会调查研究的完整过程，是由一些相互连接的阶段构成的循环圈，见图6-1。

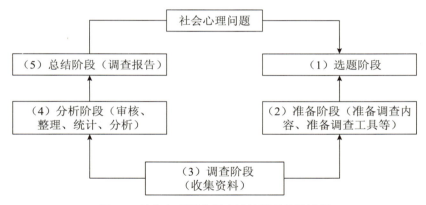

图6-1 社会心理调查程序链的循环认识过程

#### （1）选题阶段

选题是社会调查活动开启的第一个阶段，题目一旦确定，调查活动的目标和方向也就随之确定，因此从某种程度上来说选题决定着整个调查的成败。

①课题提出与确定的意义

所谓课题，是特定领域中经过提炼和选择的所要说明和解决的问题。进行社会调查，首先要解决调查什么的问题，要知道向谁搜集资料，围绕什么问题收集资料。

②课题选择的原则

A. 必要性原则。是指选择课题时应考虑课题的社会需要程度，对社会需要应做全面的理解，使课题既有实际工作的需要，也有理论研究的需要。

B. 可行性原则。是指是否具备完成一项社会调查课题并使之取得最佳成果和预期目标所需要的现实条件。开展社会调查既需要调研人员的能力、知识、经验、素质等主观条件，也需要资源、时间及相关部门支持等客观条件。

C. 创新性原则。主要是指调查要有创意，选择前人研究较少的课题。

D. 优化性原则。课题选择应综合考虑必要、可行、创新三条原则，应当有所为有所不为，有所先为有所后为，有所急为有所缓为，尽量选择价值可能大、研究可能代价小、具有新意的课题。

③课题选定的过程

课题的选定应在明确社会调查目的的基础上，明确课题的具体要求。课题确定的过程包含3个步骤，见表6-4。

表6-4 课题选定的过程

| 阶段 | | 要点 |
|---|---|---|
| A.初步研究 | 查找文献 | • 查阅已经做过的同类课题的调查文献<br>• 查阅与所选课题有关的论著、政策性文献<br>• 查阅调查对象所涉及领域的文献<br>• 查阅与课题有关的临近学科的文献 |
| | 咨询访问 | 咨询对象包括：<br>• 涉及调查课题的人员<br>• 做过该课题研究的人员<br>• 相关方面的专家、教授 |
| | 实地考察 | 通常是以少数人、少数团体或社区为例，在较小范围内做比较深入的研究 |
| B.科学论证 | | 主要围绕两个方面进行：<br>• 一是论证调查课题的意义性和开展的迫切程度<br>• 二是论证完成调查的各项资源是否充足 |
| C.课题确定 | | 随着调查的深入，对调查问题和研究目标有了更清晰的认识，逐步明确调查对象、调查方式与内容，形成调查思路 |

案例

大学毕业生作为承载社会、家长以及自身高期望值的群体，自我定位比较高，成才期望强，社会对其要求也较高，使大学生承受较大心理压力，结合近年来网络媒体对大学生心理问题案例的关注和曝光，学校社会工作者小A计划开展调查。查找相关文献后，与学校的行政人员、教师以及部分学生进行访谈并论证，拟针对开展服务的学校进行以大学生心理问题需求为题的调查。

分析：案例中的选题程序恰当严谨，进行了文献查找和相关关键人物访谈，并对选题进行了论证。该问题的严重性体现了选题的必要性，选择社会心理服务工作者日常服务的学校进行调查，也符合可行性原则。

### (2) 准备阶段

准备阶段是整个调研的起始阶段，主要任务是：准备调查内容、确定调查对象、准备调查工具。

① 准备调查内容

调查内容是指调查对象的属性和特征，一般分为：状态、意向性和行为。调查内容的分类见表6-5。

表6-5 调查内容分类表

| 属性和特征分类 | 含义 | 内容 |
| --- | --- | --- |
| 状态 | 指调查对象反映出的基本特征 | 包括性别、年龄、学历程度、家庭婚姻等，包括群体组织和社区的状态，包括位置、组织结构、人员构成等 |
| 意向性 | 指调查对象的内在属性 | 当调查对象为个人时常需考察个人的取向，如思想、心理、态度、观念、兴趣爱好等。当调查对象为群体组织或社区时，其意向性通常指目的、政策、规范关系、结构利益关系、内部凝聚力行为、成员的整体取向等 |
| 行为 | 指调查对象属性或特征的外显状态 | 群体组织和社区等分析单位都会有特定的行为。应考虑对行为有影响的因素，如社会结构、社会关系、时代背景、历史文化、传统风俗习惯等 |

② 确定调查对象

调查对象，是社会事实发生与发展的承担者，研究者所要描述和调查的对象。调查对象一般分为5类。

A. 个人。是社会调查中最常用的分析单位，或是学生、工人、农民，或是顾客、服务员等。社会调查不是停留在个人层次上，而是将对个人特征的描述汇总处理，以便描述或解释由个人或其行为组合而成的社会现象或事件。

B. 群体。是指具有某些共同特征的人群，如伙伴、同学、同事、儿童等，可以将他们作为调查对象，以此来收集资料，进行分析。

C. 组织。是指为实现某种共同目标，彼此协调与配合，有着明确分工的人群所形成的团体，例如，企业、学校等。组织特征包括组织规模、组织方式、组织规范管理模式等。

D. 社区。是按一定的社会制度和社会关系组织起来的，具有共同人口特征的地域生活共同体，如偏远农村、旅游小镇、安置小区。把社区作为调查对象，通常是描述社区居民的生活状况、文化交往活动、社会规范及社区的发展沿革等。

E. 社会产物。调查对象还可以是社会活动、社会问题、社会政策等人类行为及其产物。例如，以历史和现代的各次经济危机为分析单位，描述它们的共同特征。在把离婚作为分析单位时，不仅是将其行为主体作为研究对象，而且侧重于描述各个行为本身的特征，例如分析不同历史时期离婚现象的主要原因、影响、社会认可度等。人类行为的产物或社会产品，诸如影视产品、汽车、电脑、食品、戏曲等，也可以作为独立的研究对象。

③准备调查工具

包括对研究所依赖的测量工具或信息收集工具的准备，如准备调查问卷、访谈提纲、量表等。初级社会心理调查中，多采用问卷法、访谈法、观察法等形式进行调查。

（3）调查阶段

调查阶段是调查方案的实施阶段，根据方案确定的调研方式、调查类型、调查内容等开始实际的资料收集工作。这个阶段调查者与调查对象深入接触交流，投入时间、物力较多，需要有效规划与实施。其次针对复杂的社会现象需要结合实际情况及时修改调查方案。通过调查阶段可以获取第一手资料，这个阶段是决定调查成败的关键时期，因此调查者应保持严谨认真的态度，遵守调查方案。表6-6归纳了问卷法、访谈法和观察法的一般步骤。

表6-6 调查阶段的一般步骤

| 调查方法 | 一般步骤 |
| --- | --- |
| 问卷法 | 确定问题与设计问卷 |
| | 试填问卷与修改问卷 |
| | 印制问卷与发放问卷 |
| | 回收问卷与审查问卷 |
| | 整理问卷与分析问卷 |
| 访谈法 | 明确访谈目的 |
| | 设计访谈提纲 |
| | 做好访谈准备 |
| | 进入访谈现场 |
| | 正式进行访谈（恰当提问、捕捉信息、搜集资料、适当回应） |
| | 适时结束访谈 |
| | 做好访谈记录 |
| 观察法 | 明确观察目的 |
| | 做好观察准备 |
| | 编制观察提纲 |
| | 实施观察 |
| | 进行观察记录 |

在调查阶段，访谈记录技术广泛应用在访谈法和观察法中。

（4）分析阶段

分析阶段的主要任务包括审核整理资料、统计分析资料，以及开展资料的理论研究，说明调查现象的本质和规律，揭示调查现象的前因后果，做出预测和理论解读。

### （5）总结阶段

社会调查的结束阶段，主要任务是：撰写调查报告、总结与评估、经验分享。要重视调查内容与调查结论的相关性，在调查结果和调查结论中要明确论证其因果关系，不能凭空设想因果关联。

> **案例**
>
> 如调查结论为"城市的流动人口越多，城市的犯罪率越高"，不能就此得出"流动人口比非流动人口的犯罪率高"的结论。
>
> 调查者在两个规模相当的小城镇做调查，发现甲城镇高收入居民的比例超过50%，大大高于乙城市的比例。同时还发现甲城镇中居民拥有摩托车的比例也大大高于乙城镇。但不能就此得出结论"收入高的居民更可能拥有摩托车"。

## 2.技能演练

如果你是"任务导入"中的心理专干/社区工作人员，要从社区抽取150名居民进行调查，调查居民对社区心理健康服务的需求、满意度，以及出现心理健康问题时的救助意愿、求助方式，请按照社会调查的5个阶段，填写技能演练记录表6-7。

表6-7 社会调查技能演练记录表

| 调查程序 | 项 目 | 模拟演练过程记录 |
|---|---|---|
| 选题阶段 | 课题名称 | |
| | 通过哪些途径查找文献 | |
| | 查找哪些方面的文献 | |
| | 可能会对哪些人进行咨询访问 | |
| 准备阶段 | 准备调查哪些内容 | |
| | 如何确定调查对象 | |
| | 确定哪些调查对象 | |
| | 采用什么调查工具 | |
| | 采用哪种调研方式 | |
| 调查阶段 | 说明采取了哪些步骤 | |
| 分析阶段 | 审理、分析哪些资料 | |
| | 调查到了哪些现象，发现了什么本质、规律 | |
| | 可能提出哪些预测 | |
| 总结阶段 | 居民对社区心理健康服务的需求、满意度，以及出现心理健康问题时的救助意愿、求助方式是怎样的 | |
| | 在哪些方面进行改善或调整，有助于提升社区社会心理服务的质量水平 | |

## （二）分析调研数据、制作统计图表

### 1. 知识学习

#### 1）数据分析

数据分析是用适当的统计方法对收集来的数据进行分析，汇总、理解并消化数据，最大化地开发数据功能，发挥数据的作用。数据分析的目的是通过筛选有用信息，对数据详细研究、概括总结和形成结论的过程。

#### 2）统计表的构成与制作

##### （1）统计表的构成

统计表通常由表号、表题、横行标题、纵栏标题、数字、注释和资料来源构成（如图6-2）。

图6-2　统计表的构成

①表号是表的序号，位于表顶端左角。其作用是指示和查找。
②表题是表的名称，位于表的顶端，接在表号后，简要概括表格内容。
③横行标题是横行的名称，位于表的左侧。在频数统计表中横行标题一般用来指示所要说明的主题，在交互分类统计表中表示变量类别。
④纵栏标题是表中垂直方向的栏目名称。
⑤数字是统计表的实质性内容，体现统计汇总、整理和计算的结果。位于由横行标题与纵栏标题所包围的范围中。这些数字既可以是频数，也可以是百分比。
⑥注释或资料来源是对表中资料的说明。对于由社会调查所收集的资料直接整理而成的统计表来说，往往没有这种说明；而对于由转摘其他资料整理而成或直接引用其他资料的统计表来说，则需要进行说明。注释或资料来源位于表的下端。

##### （2）统计表的制作

统计表的制作原则：科学、规范、简明、实用、美观。

①表的标题应简明。
②横行标题和纵栏标题要准确反映变量取值的含义,排列顺序要符合逻辑。
③表中的数据资料必须注明计量单位。
④对于一般频数表,应列出合计栏,以便反映整体情况。
⑤各种表格均应以横线为主,能不用竖线就不用,即使要用竖线,也应采用开口式,上下画粗线,其余用细线。

## 4)统计图的构成与制作

统计图作为表明调查资料的一种常用方法,具有简明直观、易于理解的特点,主要功能是描述调查资料的初级统计结果。

统计图主要有条形图、圆形图和直方图3种。

条形图又称矩形图,它是以宽度相等、长度不等的长条表示不同的统计数字,如表示频数或百分比的多少等,如下图6-3所示。

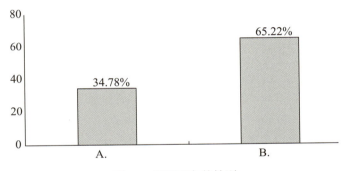

图6-3 调查对象的性别

圆形图又称扇形图,它是以圆内不同扇形面积的大小来表示数据,用不同部分占总体的比重,形象地反映总体的内部结构。用圆心360度乘以每一部分所占的百分比,即可得出该部分的圆心角的角度数,再在圆中按这些角度画出各个不同的扇形,如下图6-4所示。

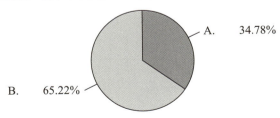

图6-4 调查对象的性别

直方图又称为等距直方图,是以矩形的面积表示连续性随机变量次数分布的图形。一般用纵轴表示数据的频数,用横轴表示数据的等距分组点,即各分组区间的上下限。直方图用于连续性资料,适合于表示两个变量间的函数关系、一种现象随另一种现象变化的情形。如下图6-5所示。

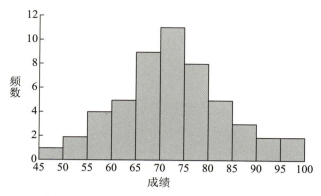

图6-5　52名学生数学成绩分布的频数直方图

## 2. 技能演练

表6-8是对某年级150名学生年龄的调查结果。

表6-8　年龄调查结果

| 年龄（岁） | 人数（个） |
| --- | --- |
| 17 | 5 |
| 18 | 25 |
| 19 | 500 |
| 20 | 40 |
| 21 | 25 |
| 22 | 5 |

运用所学知识，画出学生年龄分布的圆形图，填写表6-9技能演练记录表。

表6-9　数据分析技能演练记录表

| 序号 | 项目 | 模拟演练过程记录 | 技能评估 |
| --- | --- | --- | --- |
| 1 | 算出各年龄人数所占比例 |  | 计算数值是否正确<br>是□　否□ |
| 2 | 准确画出各年龄人数圆形图 |  | 圆形图是否规范美观<br>是□　否□ |

## （三）撰写社会心理调研报告

### 1. 知识学习

#### 1）心理调研报告的定义

心理调研报告是系统地反映心理调研的目的、经过和结果的一种书面总结，即以客观材料为依据，围绕目标运用一定的理论观点和方法，将人的能力、人格及心理健康等心理特性和行为等情况，撰写出来的具有明确的结论、看法和意见的书面总结。

（1）目标明确

为了认识和了解某一现实案例或心理问题，要有针对性地进行调查研究，才能形成准确客观的调查报告。

（2）以事实为依据

报告需以数据、案例为依据，进行严谨分析，形成作者个人的意见和结论。例如对湖南某大学大一新生恋爱观的一项调查，调查数据反映大一新生中59.76%的人认为大学恋爱应该以结婚为目的，有26.27%的人觉得恋爱不一定要结婚，有10.68%的人并没有想过这方面的问题，还有3.29%的人认为恋爱就是一场游戏。该报告通过罗列数据和事实，反映出大部分学生的恋爱观念还是以结婚为目的，结果令人信服。

（3）探求本质和规律

报告通过调查分析，对某一心理现象和问题进行研究，探求规律性的认识，反馈给大众。例如《高职大学生心理及行为规律的研究——辽宁经济管理干部学院学生抽样调查分析报告》，就概括了若干组大学生心理及行为规律认识，一是提升诚信，二是增强社会责任意识，三是职业生涯规划，四是科学合理地使用网络资源。这些结论是在大量的数据资料分析基础上得出的，有一定的理论深度。

## 2）调研报告的基本类型

调研报告是反映社会科学研究成果的一种书面报告。它以文字、图表等形式将研究的过程、方法和结果表现出来。

①综合性报告，反映调研基本情况和过程，较为系统、全面。
②专题性报告，针对特定问题和现象进行调研，报告集中于某一问题，篇幅较小。
③学术性报告，通过调研资料分析，揭示事物本质与规律。
④咨询性报告，一般是根据咨询者的要求，针对某一特定事物、现象、问题进行调查研究而写成的报告。

## 3）调研报告的一般结构

（1）题目

题目是调研报告吸引读者的重要因素，新颖、明确的题目易引起读者关注。

（2）前言

前言主要交代研究问题的来源、问题的界定与现状、研究问题的目的与意义。

### （3）正文

正文是调查报告的主要内容，是报告重点着墨的部分，应围绕中心主题行文，要思路明确，清晰展示调查资料与数据。

### （4）结尾

结尾也叫做结语或结论，主要总结概括全文重点内容，交代报告得出的结果与局限，总结调查的得失，并为后面的相关调查提供建议。

### （5）附录

即研究过程中所用的问卷、量表及某些计算公式的推导、数据计算方法等。

## 4）心理调研报告的撰写流程

### （1）选定主题

主题是心理调研报告的核心和灵魂，是报告顺利撰写的前提条件。

### （2）拟定提纲

根据确定好的主题，拟定报告提纲。提纲是报告的骨架，对报告撰写发挥着重要作用，因此，要对提纲的每一部分结构进行分解细化，拟定好报告提纲，才能保障报告质量。比如以青少年网络成瘾的调查案例为例，可先将"青少年网络成瘾"这一主题分解成"青少年网络成瘾现状""青少年网络成瘾的特点""青少年网络成瘾的原因""解决青少年网络成瘾问题的对策与建议"等部分。

### （3）选择材料

报告撰写中使用的资料和实际调查获得的材料不一定完全一样，调查资料往往都与调查主题有关，但不一定都与报告主题紧密相连。因此，须对资料进行取舍，精选材料。

### （4）撰写报告

需要注意报告呈现给的读者是谁，报告呈现的问题特点，以及报告的语言特点。

报告写作有以下几个诀窍。

上纲上线：与重大理论思路建立联系。

小题大做：为什么自己的研究值得发表？

主题鲜明：集中一点，不及其余。

引人入胜：故事有线索，吸引读者读下去。

实质讨论：讨论的问题尖锐，有浓厚的兴趣。

模式新颖：新的模式，新的思路。

深入浅出：内容深刻，但表达得浅显易懂。

## 2. 技能演练

针对大学生网瘾问题，结合自己身边的实例与调查研究，请撰写有关大学生网瘾的调研报告。要求根据表中项目进行技能演练，并对演练结果进行评估，完成技能演练记录表6-10。

表6-10　撰写调研报告技能演练记录表

| 序号 | 项目 | 技能评估 |
| --- | --- | --- |
| 1 | 标题 | 是否准确<br>是□　否□ |
| 2 | 拟定提纲 | 是否清晰<br>是□　否□ |
| 3 | 选择材料 | 是否合理<br>是□　否□ |
| 4 | 撰写报告 | 是否合理<br>是□　否□ |

## 三、任务总结

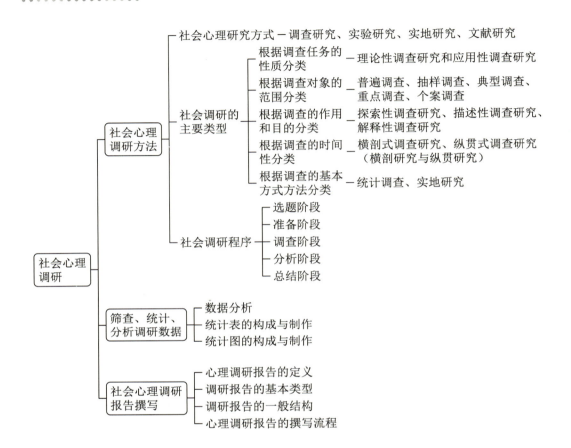

# 习题

## 一、单项选择题

请从每题的四个选项中，选择一个你认为最符合题意的答案，在所选答案的字母上画√，或把字母填写在（　　）里。

1. 经过精心设计，在高度控制的条件下，研究者通过操作某些因素，来研究变量之间因果关系的方法，属于（　　）。
   A. 调查研究　　　　　　　　B. 实验研究
   C. 实地研究　　　　　　　　D. 文献研究

2. 抽样调查也称部分调查，是指按（　　）原则从调查对象的总体中，选择个人或单位进行调查。
   A. 人力　　　B. 物力　　　C. 时间　　　D. 随机

3. 下列哪项是社会调查的结束阶段，这一阶段的任务主要是撰写调查报告、总结与评估、经验分享。（　　）
   A. 调查阶段　　　　　　　　B. 分析阶段
   C. 总结阶段　　　　　　　　D. 准备阶段

4. 社会心理调查研究方式包括：（　　）。
   A. 调查研究　　B. 实验研究　　C. 文献研究　　D. 以上都包括

## 二、判断正误题

下列说法或描述，你认为正确的，请在（　　）中画√，认为错误的，在（　　）中画×。

1. 社会心理研究方式除调查研究外，还包含实验研究、实地研究和文献研究。（　　）

2. 撰写调查报告，进行总结与评估，是社会调查结束阶段的主要标志。（　　）

3. 社会心理服务工作者在同一时间段或围绕同一工作对象进行研究时，只能选择单一研究方式。（　　）

4. 应用性调查研究侧重回应现实社会中出现的具体问题。（　　）

## 三、语音表述题

大学生网瘾问题非常普遍，请结合你了解的情况、身边的实例，运用社会心理研究方式进行调查研究，说明你关于大学生网瘾的调查结果（1000—2000字）。

问题一：请简要说明社会心理研究方式主要有哪4种？

问题二：如果运用文献研究，你会从哪些途径查找大学生网瘾方面的文献？

# 领域三

# 伦理认知与专业关系建立

## 一、领域性质

伦理认知与专业关系建立是《社会心理服务职业技能》初级分册的第三个领域。通过对本领域的学习，工作者应该能够掌握社会心理服务工作的范围，能够在不违背专业伦理和保密原则的前提下有针对性地开展服务工作，能够通过专业语言和态度与工作对象建立良好关系；能够掌握初步的沟通知识与技术，帮助工作对象缓解焦虑情绪与压力，改变对待心理问题的态度与行为。

## 二、领域目标

①能够在工作中遵守伦理规范、保密原则。
②能够通过专业语言和态度，与工作对象建立良好关系。
③能够掌握初步的沟通知识与技术，帮助工作对象缓解焦虑情绪与压力，改变对待心理问题的态度和行为。

## 三、领域内容

本领域包括伦理认知、专业关系建立和沟通技术实施3个任务。

伦理认知包括伦理基本认知、保密原则两部分。专业关系建立包括接待准备和专业关系建立。沟通技术包括有效沟通的主要内容和沟通技术实施。

# 任务七　伦理认知

## 一、任务信息

### （一）任务导入

时间：10月份

地点：某社区居委会社会心理服务站

人物：小王（社区心理服务工作者），小A和母亲（社区一对母女）

情境：小A是初三学生，因为母亲把同学发给自己的短信删除了，觉得母亲不尊重自己，与母亲发生激烈争吵，不愿意上学，由母亲陪同前来求助。

### （二）任务要求

①能够了解社会心理服务工作价值与专业伦理守则，为工作对象提供合理合规的社会心理服务。不因工作对象的性别、年龄、种族、经济地位而歧视或差别对待工作对象。

②能够遵循社会心理服务的基本规范，明确工作范围，了解自己的能力界限和专业边界，不做超越自己能力和超出专业边界的事情。

③能够根据社会心理工作伦理，避免伤害性语言和行为，避免给工作对象带来伤害。

④能够在工作中明确和遵守保密原则，避免泄露工作对象的隐私。

## 二、任务实施

本任务包含伦理基本认知和保密原则两部分。

## （一）伦理基本认知

### 1. 知识学习

伦理基本认知部分主要包含社会心理服务工作范围、社会心理服务中的偏见和歧视、社会心理服务工作者应避免的言行、心理测量中应遵循的伦理规范4个内容。

#### 1）社会心理服务工作范围

工作者需要明确自身的工作范围，通过工作中出现的问题及对工作的总结，意识到自己专业能力和局限性。了解社会心理服务工作的专业界限和能力界限；能够评估工作对象的状况和专业工作范围与自己能力的关系；能够向工作对象推荐恰当的工作方式或者转介。

科普宣教：主要是以恰当的方式向民众传递科学的心理学和心理健康知识，让民众从科普宣传中受益。这是工作者作为发起者和组织者主动发出的，是按工作者自己的工作目标选定工作内容的，专业界限容易把握，通常能够保持在职业范围之内。

问题识别与评估：能够对民众心理健康问题进行识别与评估，判别个体处于正常还是异常状态，分辨精神病、可疑神经症、严重心理问题、一般心理问题和心理健康。能够按照精神卫生法做出相应诊断，把诊断范围之外的对象推荐并转介到合适的治疗机构。

心理健康管理与维护：能够提供恰当的压力管理、情绪管理、危机干预、康复期精神疾病患者的康复等。

社会心态管理：能够调查和评估社会心态，能够提供影响和干预社会心态的方案，撰写关于社会心态的调研和干预报告等。

（1）社会心理服务工作能力界限

能力界限主要指工作者是否能够胜任所从事的工作。

评估自己的能力界限是一个比较主观的范畴，但是还是有一些线索，可以帮助我们理解，我们的服务内容是否在我们的能力范围之内。

①工作对象所寻求帮助内容与工作者所受训练内容一致。工作对象求助问题如果和工作者所受训练的内容范围相一致，则在自己的能力界限内。对于一个初级的工作者，他所受的训练包括常见精神心理问题的区分与识别、使用沟通技术和工作对象建立信任关系、倾听和支持工作对象。

> **案例**

社区居民小A已经两三个月不出门了，情绪低落、兴趣降低、睡眠质量差，他的家人向社区心理服务工作者咨询小A现在是什么状况。此时对小A的状况进行初步的区分和识别就在这位初级工作者能力范围之内。

②工作对象问题的困难程度超出工作者的工作能力。有时，工作对象寻求帮助的问题在工作者受训范围之内，但是问题难度大，超出了承受范围，也属于能力界限之外。比如对于新手心理服务工作者来说，尽管对于常见精神心理问题的区分和识别在训练范围里，但是鉴于经验不足，有些问题的复杂程度会超过个人经验的范围。

### （2）社会心理服务工作者个人禁忌或盲区

进行心理服务时所遇到的问题，有些不是超出了工作者的训练范围，也不是过于困难，而是恰好触及了工作者的心理禁忌或盲区。

**案例**

社区居民小蓝向工作者王霞寻求帮助。小蓝告诉王霞，自己目前的烦恼是爱上了一个已婚男人。她知道对方有家庭，也有孩子，但就是感觉受到了致命的吸引。小蓝希望能和王霞聊一聊，自己为什么会陷入这种关系里，有什么办法可以从这种畸形的感情中走出来。但王霞刚刚发现自己丈夫好像和别的女性有暧昧关系，这让王霞对婚姻中的第三者充满了愤怒。

当小蓝向王霞倾诉了烦恼之后，王霞质问小蓝，你为什么不能好好控制欲望？难道不知道这种不负责任的行为，会给别人带来多大的困扰吗？

**分析**：案例中的王霞，由于遭遇婚姻困境，失去了理解工作对象所受困扰的能力，使辅导工作进入盲区，把对于自己婚姻中第三者的愤怒转向了前来求助的小蓝，这是心理服务禁忌。

### （3）社会心理服务工作中容易混淆的问题

①现实问题和心理问题的混淆：社会心理服务工作者在提供心理帮助的时候一定要确认，帮助工作对象解决的应是心理问题，而不是现实问题。这是社会心理服务工作的第一个环节，也是专业界限中的基础界限。

有时，工作者会因工作对象的现实问题而打破界限，试图通过解决工作对象的现实问题来减轻工作对象的痛苦。

**案例**

社区居民小红来到社区心理服务中心，寻求工作者王大刚的帮助。

小红告诉王大刚，她的女儿24岁，谈了一个男朋友，快30岁了，没有稳定的工作，家里人都觉得这个男人不合适。

小红认为，两人年龄差距大，男人经济条件不好，没车没房。自己女儿长得好看，人品好,却被这样一个男人骗了。无论家人怎么劝说,女儿都吃了秤砣铁了心,死活不愿意分手,而且最近有谈婚论嫁的趋势。

小红和爱人想给女儿安排相亲,女儿不愿意见。小红和爱人每晚愁得睡不着觉,但是无能为力。所以,小红前来寻求心理工作者的帮助,看能不能帮忙劝劝女儿,让女儿不要执迷不悟,做出让自己遗憾终生的事情。

王大刚听了之后答应帮助小红劝劝她的女儿,让小红把女儿叫到社区心理服务中心,希望能够给女儿做心理工作,帮助妈妈小红从焦虑中解脱出来。

**分析**:案例中工作者王大刚受工作对象小红的情绪影响,试图去解决工作对象的现实问题,而不是工作对象的心理问题。

②生理问题和心理问题的混淆:有时候某些身体疾病未成为显性症状的时候,可能会被误以为是心理问题,让工作者误以为这些问题在自己的工作范围内。比如甲状腺功能亢进或者减退常常伴随有情绪的变化,酒精中毒或者毒品引发脑部病变呈现的记忆减退、错构、幻觉等。女性更年期症状中失眠、情绪易激惹、沮丧等也常常会和心境障碍产生混淆。

③心理咨询和心理治疗的混淆:心理咨询多采用谈话疗法而没有处方权,不能对来访者进行药物治疗,心理咨询师无权对异常人群进行诊断和治疗。心理治疗师则拥有处方权,可以使用药物治疗。社会心理服务工作的工作对象仅限于正常人群中遇到心理问题的工作对象。

如果工作对象遭遇精神病性问题如精神分裂、双相情感障碍、重度抑郁、典型的强迫症、惊恐发作、重度的进食障碍等,这些工作对象就不在工作者的工作范围内。

### (4)社会心理服务能力界限评估

使用社会心理服务工作能力界限评估表,能够评估是否存在超越自己能力界限的情形,具体见表7-1。

表7-1 社会心理服务工作能力界限评估表

| 序号 | 评估 |
| --- | --- |
| 1 | 工作对象的问题是否在受训范围之内<br>是□ 否□ |
| 2 | 工作对象的问题复杂程度是否超出自己的经验范围<br>是□ 否□ |
| 3 | 工作对象的问题是否是自己的禁忌或盲区<br>是□ 否□ |

## 2）社会心理服务中的偏见与歧视

社会心理服务工作者要了解人们的性别、年龄、身体特征、民族、城乡、性取向、宗教信仰、政治态度、经济地位、文化，要能够理解自身的偏见对于自己和工作对象可能会带来的影响。

> **案例**

时间：工作日，上午10点30分
地点：某社区居委会社会心理服务站
人物：红莉（社区心理服务工作者），大山和小翠（社区居民，系一对夫妻）
基本信息：
- 红莉：女，28岁，未婚，硕士，社区心理服务工作者，汉族
- 大山：男，36岁，已婚，硕士，公司白领，汉族
- 小翠：女，32岁，已婚，本科，公司白领，汉族

情境：大山和小翠因为经常发生争执来寻求工作者的帮助。

大山来自农村，小翠是城市女孩。两人恋爱结婚之后，小翠父母的帮助以及夫妻俩的努力，使他们在城市有了属于自己的房子。

矛盾在这个时候变得明显。大山父母在农村生活，年龄逐渐大了，只有大山一个孩子，所以，大山希望把父母接到城里来生活，方便照顾老人。

小翠觉得在买房的时候，100多万元的房子，小翠父母资助了20多万元，而大山父母才拿了4万多元，现在怎么好意思来城里儿子家住。而且，她认为和老人一起住有很多不方便的地方，只有分开住，夫妻俩才更容易过上幸福的生活。

大山坚持让父母搬过来，小翠坚决不同意，两人就经常为这个发生争执，夫妻感情受到影响。

红莉听了夫妻俩的冲突后，认为是大山思想太落后，仍然是养儿防老的传统思想，不了解城市女性对独立生活的需求。红莉作为追求独立自由的现代女性，有追求幸福生活的权利。所以，红莉希望大山考虑让父母住养老院，或者等到父母无法照顾自己生活的时候，再考虑一些替代性的选择。

小翠感觉受到了支持，大山觉得非常沮丧。

**思考：工作者红莉的反应是否存在偏见和歧视？**

### （1）人际活动中存在偏见与文化差异

健康的个体能够发现和理解彼此的差异，并能够包容和创造性地解决问题。

社会心理服务工作者要避免因自身的偏见和彼此的文化差异，而无法准确理解工作

对象的烦恼和痛苦,更不能带着偏见和单一的文化视角否认和攻击工作对象的想法与感受,影响和工作对象建立关系。

对于个人身份、文化背景的歧视,会让工作对象感受到不被接纳和不被理解,就像案例中的大山。这种被否认和被拒绝的感受会对工作对象造成二次伤害。

#### (2) 常见的偏见与文化差异

①性别差异:主要指性别角色和性别期待的差异。

②年龄差异:不同年龄段的人对于问题的理解、敏感性、承受能力有所差异。

③城乡差异:是贫穷和富裕的差异,农耕社会形成的文化、习俗、观念遭遇到了现代文明的冲击。

④文化差异:大多数人与主流文化保持一致,但一些亚文化群体可能与主流人群存在差异。

⑤身体特征的差异:如身高、体重、外貌、身体残疾等,是偏见和歧视的来源。

#### (3) 评估彼此差异,消除歧视和偏见

填写人际差异评估表,评估各自可能存在的立场。见表7-2。

表7-2 人际差异评估表

| 维度 | 人际角色差异 | | | 立场差异 |
|---|---|---|---|---|
| | 工作者 | 工作对象1 | 工作对象2 | |
| 性别 | | | | 工作者服务于工作对象时,是否基于自身性别立场,表达了观点<br>是□ 否□ |
| 年龄 | | | | 工作者是否有基于自身年龄,来理解工作对象表达的内容<br>是□ 否□ |
| 城乡 | | | | 工作者是否有基于自身身份立场,而表达对工作对象的观点、想法和建议<br>是□ 否□ |
| 文化 | | | | 工作者的观点是否基于自身文化立场<br>是□ 否□ |
| 身体特征 | | | | 工作者是否基于自身身体特征的观点<br>是□ 否□ |
| 其他 | | | | |

以案例中的红莉、大山、小翠为例来评估,见表7-3。从人际差异评估表中可以看出工作者红莉在心理服务工作中,可能有城乡、性别、文化三个维度的立场性表达。心理服务工作者应站在中立的立场上理解工作对象(大山和小翠)的表达,而不是持特定的价值观,支持一方、反对另一方。

表7-3 人际差异评估表（示例）

| 维度 | 人际角色差异 | | | 立场差异 |
|---|---|---|---|---|
| | 工作者红莉 | 工作对象大山 | 工作对象小翠 | |
| 性别 | 女 | 男 | 女 | 工作者服务于工作对象时，是否基于自身性别立场，表达了观点<br>是□ 否□ |
| 年龄 | 28 | 36 | 32 | 工作者是否基于自身年龄，来理解工作对象表达的内容<br>是□ 否□ |
| 城乡 | 城市 | 农村 | 城市 | 工作者是否有基于自身身份立场，而表达对工作对象的观点、想法和建议<br>是□ 否□ |
| 文化 | 相似 | 相似 | 相似 | 工作者的观点是否基于自身文化立场<br>是□ 否□ |
| 身体特征 | 瘦 | 微胖 | 瘦 | 工作者是否有基于自身身体特征的观点<br>是□ 否□ |
| 其他 | | | | |

## 3）社会心理服务工作者应避免的言行

### （1）消极作用

不恰当的提问可能会带来一些消极作用。

①造成依赖。工作者问题提得太多时，工作对象在叙述自己情况时会出现依赖性，不被提问就不说话。

②责任转移。工作者问的问题过多会把责任转移到自己身上，降低工作对象参与解决心理困惑的动力。

③减少工作对象的自我探索。工作对象不是自己动脑筋自我探索，而是等待工作者挖掘，心理服务很难有成效。

④产生不准确的信息。工作者的不断提问，或许会偏离工作对象本来的想法，致使问题更加难以解决。

⑤工作对象产生防卫心理和行为。工作对象被过多提问和处于被动地位时，会产生防御心理。

⑥影响概括和说明。工作对象缺少反思空间，难以达到助人自助的效果。

工作者要高度关注工作对象的生理状况、情绪情感、人际认知、态度与价值观等，谨慎表达。

### （2）行为表现

工作者的行为问题清单如下。

①延长咨询进程。夸大工作对象问题的严重性，拖延咨询时间，以攫取利润。

②咨询频率过密。初始阶段咨询频率一周1～3次属于正常范围。如每周有4次以上咨询，说明工作者可能是缺乏专业能力，或工作对象存在咨询业务以外的诉求。

③主观强行建议。给工作对象强行建议，说"你一定要听我的"，或者经常主观评判，例如说"你这种想法不对，你可不可以不要这么做"。这违背了"不评判"的职业伦理。

④行为举止不恰当。挑逗工作对象，或做出让工作对象反感的行为，或提出要和工作对象发展成为情侣关系，甚至发生性关系。

⑤泄露个人隐私。泄露工作对象隐私，违背专业伦理。

⑥更改咨询设置。随意更改咨询时间、地点，说明工作者没有最基本的职业操守。

⑦只要续费就满足需求。工作对象提出给钱，工作者就继续本次咨询，或工作对象提出可以加钱，想多聊3个小时，工作者也满足。

⑧试图让关系变现。以与工作对象交朋友为由，向工作对象推销产品，让关系变现。

工作者可以通过行为问题清单（见表7-4）甄别自己的行为是否专业得体。

表7-4　工作者行为问题清单

| 序号 | 常见问题 | 是/否 | 双方对此问题的看法 |
|---|---|---|---|
| 1 | 延长咨询进程 | | |
| 2 | 咨询频率过密 | | |
| 3 | 主观强行建议 | | |
| 4 | 行为举止不恰当 | | |
| 5 | 泄露个人隐私 | | |
| 6 | 更改咨询设置 | | |
| 7 | 只要续费就满足需求 | | |
| 8 | 试图让关系变现 | | |
| 9 | 其他 | | |

## 4）心理测量中应遵循的伦理规范

心理测量的一般性伦理规范如表7-5所示。

表7-5　心理测量中应遵循的伦理规范

| 序号 | 伦理规范 | 结果自查 |
|---|---|---|
| 1 | 不仅要通过正式测量来收集信息，还要通过行为观察法来补充信息 | |
| 2 | 结果中应提供背景信息，如设备条件、测量场所、施测者与被测者的关系等；施测者还应该记录自己关于"测量情境对于被测者的意义"的理解 | |
| 3 | 心理测量使用者应该多合作与交流，加深对心理测量的理解 | |

续表

| 序号 | 伦理规范 | 结果自查 |
|---|---|---|
| 4 | 施测者应设计令人感到安全的方式,帮助被测者摆脱测量情境造成的影响 | |
| 5 | 施测者需要认识到,测量环境并不总能配合测量目标得出准确结果,其他因素也会影响测量报告的准确程度 | |

心理测量还要考虑如下5个问题(表7-6),才能合乎伦理规范。

表7-6 心理测量时应考虑的5个问题

| 序号 | 问题 | 双方对此问题的认识、看法 |
|---|---|---|
| 1 | 每次测量任务和评估程序都必须重视每一个被测者的唯一性 | |
| 2 | 心理测量程序必须考虑被测者的个性变化以及不同个体之间的差异 | |
| 3 | 施测者和被测者都须直接参与其中 | |
| 4 | 必须考虑到测量数据中会有无可避免的误差,因为测量人员和测量工具都会影响测量的准确性 | |
| 5 | 如果测量本身带有严重的积极或消极暗示,施测者还必须考虑数据的复合污染源问题 | |

社会心理服务工作者进行心理测量前要接受训练,达到测量人员的基本要求。美国心理学会(APA)和美国教育测量理事会(AERA)等联合修订出版的《教育与心理测量准则》中提出,心理测量人员应清楚知道心理测量的专业技术,了解测量的使用方法;明确测量目标、测量程序、测量代价、测量时间、被测者的分数、测量结果、测量项目的难度、测量的一致性水平、测量的再测信度和可概括性水平等。

## 2. 技能演练

模拟一个案例,评估案例中工作者的言谈举止是否让工作对象受到负面影响或受到伤害。填写人际差异评估表、工作者行为问题清单。要求学习者根据所学专业知识按照演练项目进行技能演练,并对演练结果进行评估,填写技能演练记录表(见表7-7)。

表7-7 职业伦理技能演练记录表

| 序号 | 项目 | 模拟演练过程记录 | 技能评估 |
|---|---|---|---|
| 1 | 填写人际差异评估表 | 工作者评估自己与工作对象的立场差异 | 正确_____项<br>错误_____项<br>未搜集到信息_____项 |
| 2 | 填写工作者行为问题清单 | 工作者将自身问题行为填写到相应位置上 | 拥有_____项<br>没有_____项<br>其他_____项 |

## （二）保密原则

### 1. 知识学习

社会心理服工作者应能够了解保密的范围，并且为工作对象保密；能够识别保密例外，并且做出恰当的反应。首先来看一个案例。

**案例**

时间：工作日，下午5点30分

地点：某社区居委会社会心理服务站

人物：小王（社区心理服务工作者），小黑（社区居民，因为婚姻问题来访），小黄（社区居民，因为子女教育问题来访）

情境：下午5点30分之后，小王为社区居民小黑提供了心理咨询服务，和小黑一起讨论了他在婚姻中遇到的困难。小黄则是小黑之后的另外一个工作对象。小黑走了之后，小黄走进了小王的办公室。小黄说：刚刚看到小黑从这里离开了，不知道你们在一起会聊点什么。

小王告诉小黄，小黑前来是讨论自己的婚姻问题，但是心理工作者有保密义务，所以不能告诉小黄具体讨论了什么。

思考：小王的表现是否违背了职业伦理？

#### 1）保密原则的含义

保密原则指的是在社会心理服务过程中，工作者有义务为工作对象的个人信息统计结果、访谈内容保密。保密原则是伦理规范的基本原则。

#### 2）保密的意义

①使工作对象对心理服务有安全感和信任感。工作对象知道自己的隐私不会被泄露，才会谈论自己的隐私，才会向工作者敞开自己。

②使工作对象能感受到被尊重。工作对象的隐私权和自我决定权被尊重，会让其觉得自己是一个独立、自主、有尊严的个体，有助于其更好地尊重自己和尊重别人。

③是建立良好关系的基础。工作者更容易和工作对象建立起积极开放的工作关系。

#### 3）保密范围

社会心理服务中的个案记录、测量资料、信件、录音、录像和其他资料均需要遵循保密原则进行保密。

如果培训或者督导时需要用案例进行教学、科研、写作，在使用工作对象资料时，须隐去能够辨认出工作对象身份的信息。如果要演示咨询过程的录音与录像，须征得工作对象的书面授权。

## 4）保密例外

在出现某些特殊、危机状况时，要执行保密例外规定。保密例外的状况如下。
①工作对象可能伤害自己和他人。
②工作对象具有致命的传染性疾病，可能会威胁他人生命。
③未成年人受到了性侵犯和虐待。
④法律规定需要披露的。
⑤工作对象授权披露的内容。

保密会面临一些很复杂的局面，有时候会使社会心理服务工作者陷入两难之中。

**案例**

大学生小A向工作者说，自己跟同学关系糟糕，情绪比较低落，对生活很没有信心，有时候都不想活了。

工作者注意到了小A言语中有自我伤害的倾向，为进一步确认，工作者问小A这种念头只是偶尔出现，还是经常出现。

小A说自己的确有伤害自己的想法，只是目前还没有确定到底要怎么样去结束生命。

工作者和小A讨论，按照保密例外的规定，这样的情况需要对他所在系部的辅导员说一下，以随时关注他的安全。

小A强烈反对，说："如果你不告诉辅导员，我还有可能不自杀，如果你告诉了辅导员，那我肯定只能自杀了。因为辅导员会告诉班长，还可能会找我的父母，这会让我非常难堪。"

工作者继续和小A讨论，确认小A当前的安全性。小A说下次会面前不会做伤害自己的事情，并且愿意在下次会面时与工作者进一步交流。

工作者答应小A，不通知辅导员。

问题一：工作者应不应该通知小A的辅导员？

本案例是比较典型的两难情境，大学生小A表露了自杀想法，但是在自杀风险评估中还没有处于最高等级，就是有自杀想法但离采取行动还有一段距离，具有突破保密例外的基本条件。尤其是工作者和小A形成了不自杀约定（小A说下次会面前不会做伤害自己的事情），为下一次工作争取了基础。本案例中的工作者，通过承载一定的风险，为稳定与小A同学的辅导关系提供了基础。自杀风险评估的等级标准见表7-8。

表7-8 自杀风险评估的等级标准

| 风险等级 | 风险标准 |
| --- | --- |
| 低风险 | 有自杀想法，但是并不准备实施 |
| 低–中度风险 | 有自杀想法并且有真正执行的念头 |
| 中度风险 | 有自杀想法，并且有具体的自杀方法，或者以前曾经做过自杀尝试 |
| 高度风险 | 有自杀想法和自杀方式，并且定下了自杀计划或者确定的时间地点 |
| 极度风险 | 自杀未遂 |

以上要素每确认一个，危险程度便增加一分。本案例中工作对象有自杀想法，且有执行的念头，但没有过自杀尝试，也没有自杀方法和自杀计划，所以不认为是高风险等级。

问题二：工作者这么做是否可行？

从实际辅导工作看，工作者这么做是值得的，是可行的。因为社会心理辅导工作是以工作对象的利益为出发点的，如果工作者通知了辅导员，会撇清工作者的责任，保护了工作者，但也有可能失去小A同学的信任，失去小A获得帮助的可能性。

问题三：类似这种两难情境的案例，对于工作者来说可能会存在哪些问题？

本案例是一个真实案例，工作者当时选择了在保密范围内继续辅导小A。在这个过程中，工作者承载了风险，承受了焦虑。但是最终辅导工作取得了良好进展，小A的情绪激动程度降低，承诺不会有进一步的冲动行为，答应继续接受心理咨询。

①可以使用工作对象信息保密例外评估表（表7-9），对工作对象是否属于保密例外进行评估。

表7-9 工作对象信息保密例外评估表

| 项目 | 评估 |
| --- | --- |
| 是否涉及伤害自我和他人 | 是□ 否□ |
| 是否涉及可能或者即将为他人带来风险或威胁他人生命 | 是□ 否□ |
| 是否涉及未成年人受到侵犯与虐待 | 是□ 否□ |
| 是否涉及法律要求披露的内容 | 是□ 否□ |
| 是否存在工作对象授权披露的内容 | 是□ 否□ |

②确认案例信息是否属于保密范围，如果工作对象信息中不涉及保密例外，就意味着信息在保密范围内，适用于保密原则，工作者要为工作对象保守秘密。

## 2. 技能演练

模拟一个案例，评估在案例中工作者的工作是否遵守了保密原则和保密例外规定。填写工作对象信息保密例外评估表（表7-9），演练所学知识，评估演练结果，填写技能演练记录表（表7-10）。

表7-10　工作对象信息保密例外评估技能演练记录表

| 序号 | 项目 | 模拟演练过程记录 | 技能评估 |
| --- | --- | --- | --- |
| 1 | 填写工作对象信息保密例外评估表 | 对工作对象的信息是属于保密范围，还是属于保密例外进行评估 | 正确_____项<br>错误_____项<br>未搜集到信息_____项 |

## 三、任务总结

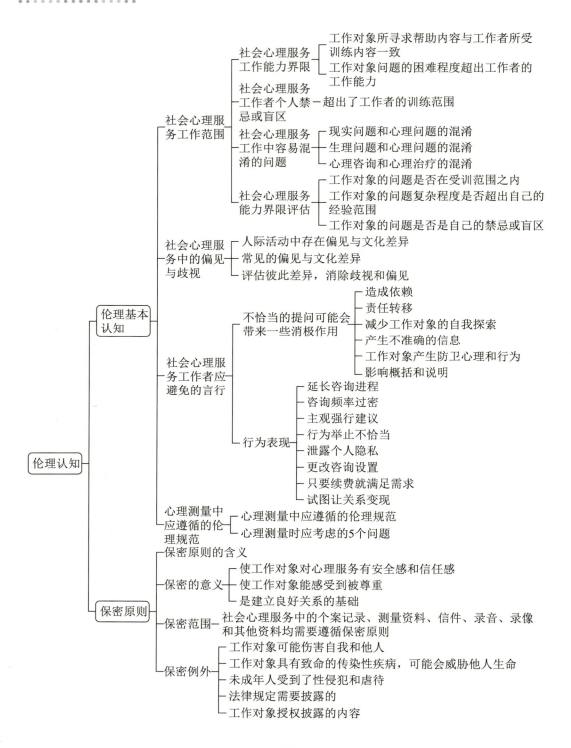

# 习题

## 一、单项选择题

请从每题的四个选项中,选择一个你认为最符合题意的答案,在所选答案的字母上画√,或把字母填写在( )里。

1. 社会心理服务工作者应避免的行为问题是( )。
   A. 为工作对象进行科普宣传
   B. 只要续费就满足
   C. 对工作对象的心理问题进行识别和评估
   D. 帮助工作对象调节情绪

2. 工作对象( ),要执行保密例外规定。
   A. 向社会心理服务工作者分享自己结婚后的焦虑心情
   B. 与工作者建立起了积极开放的工作关系
   C. 可能伤害自己和他人
   D. 不同意录音、录像

3. 社会心理服务工作者的哪种言语( ),可能会给工作对象带来伤害。
   A. 真诚地表达理解
   B. 礼貌的语言
   C. 说共情工作对象的话
   D. 不停地追问工作对象

4. 下列属于社会心理服务工作者工作范围的是( )。
   A. 精神分裂
   B. 典型强迫症
   C. 一般心理问题
   D. 惊恐发作

## 二、判断正误题

下列说法或描述,你认为正确的,请在( )中画√,认为错误的,在( )中画×。

1. 保密原则是社会心理服务伦理规范的基本原则,但出现某些特殊、危机状况时,要执行保密例外规定。 ( )

2. 社会心理服务工作者要明确自身的工作范围,意识到自己的专业能力和局限性。 ( )

3. 社会心态管理是指能够调查社区居民心理健康水平就行，写不写调研报告都可以。（  ）

4. 保密会面临一些复杂局面，有时候会使社会心理服务工作者陷入两难之中。（  ）

### 三、语音表述题

社会心理服务工作者海燕的工作对象是中学生小Q，小Q最近咨询的内容主要是考前焦虑。小Q班主任联系海燕，要求海燕把小Q的咨询信息告诉学校。

问题：班主任的要求是否属于保密例外？

# 任务八　专业关系建立

## 一、任务信息

### （一）任务导入

时间：某工作日上午

地点：社会心理服务站

人物：刘姗（社会心理服务工作者），华华（社区居民，女，20岁，大三学生，未婚）

情境：华华临近毕业，准备考研，爸爸妈妈坚持让她直接工作，华华感觉和爸爸妈妈闹得很僵，鼓足勇气来到社会心理服务站。刘姗接待了她。

### （二）任务要求

①能够礼貌接待工作对象，使用专业语言为工作对象提供社会心理服务，避免使用禁忌语言。

②能够以尊重、热情、真诚、共情、接纳、非评判、简洁具体为原则面对工作对象，使工作对象感受到被鼓励与被支持，对社会心理服务工作者产生信任，与工作者建立良好关系。

③能够明确心理服务工作专业边界，区分超出专业的边界、可渗透边界、不可渗透边界。

## 二、任务实施

本任务包括接待准备、专业关系建立。

## （一）接待准备

### 1. 知识学习

心理服务专业完备的接待包括迎接、接洽和招待，展示了社会心理服务机构形象，体现了社会心理服务工作者专业素养。可以为工作对象提供释放情绪、自我觉察和成长的空间，有助于双方建立有效的工作关系。接待可从场地和人员两方面着手做好准备。

#### 1）场地准备

场地准备包括场地的专门性、保密性、规范性、放松性、物资配置。

（1）专门性

工作对象一般因为生活受挫，遇到情绪方面的困惑，自己无法处理才前来求助，因此比较焦虑紧张，所以场地要专业一些，如便于出入、不太明显的心理工作室、心理接待室等。心理工作室使用面积为12平方米左右（10—16平方米），心理接待室使用面积为25平方米左右（20—30平方米）。面积太大会显得空旷，容易造成不安全、无所适从的感觉；面积太小，容易造成压迫感，影响互动。

（2）保密性

场地要足够安静，隔音效果良好，最好避开音乐室、体育场、食堂、学生宿舍等场所，配置隔音墙纸，这样才能符合私密性和保密性的要求，让工作对象对社会心理服务工作者有信任感。

（3）规范性

包括制度上墙、工作人员资历展示。
①制度上墙：包括《社会心理服务站管理制度》《社会心理服务站值班人员制度》《社会心理服务工作者工作职责》《心理档案管理制度》等。
②工作人员资历展示：包括社会心理服务工作者资历、服务内容、工作照等。

（4）放松性

房间要明亮舒适，阳光充足，通风良好；色调布置要简洁温馨，窗帘颜色、墙壁颜色和沙发颜色以暖色调为主，可以使用淡黄或者淡绿色，避免使用大红大黄等饱和色和黑色褐色等比较暗淡的颜色；墙面布置心理挂画或风景画，房间角落或茶几上摆放绿植；灯具光线要含蓄柔和，能令情绪平静，精力集中，不分散注意力。

配备两三张柔软舒适的扶手沙发和若干抱枕，沙发摆成90°直角，避免工作对象与社会心理服务工作者对视，缓解工作对象的压力。如图8-1。

| 任务八 专业关系建立 |

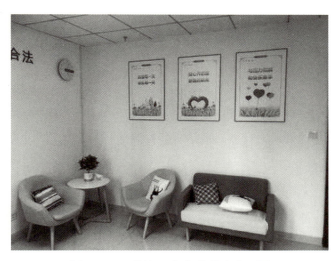

图8-1 心理服务工作室/接待室布局图

## （5）物资配置

心理服务工作室/接待室物资配置如表8-1所示。

表8-1 心理服务工作室/接待室物资配置

| 物资 | 功能与技术要求 | 数量 | 单位 | 基本配备要求 | | 备注 |
| --- | --- | --- | --- | --- | --- | --- |
| | | | | 基本 | 选配 | |
| 沙发 | 用于接待和工作 | 1 | 套 | √ | | 2—3个 |
| 茶几 | 用于接待和工作，与沙发配套 | 1 | 个 | √ | | |
| 石英钟/闹钟（无声） | 用于控制时间 | 1 | 个 | √ | | |
| 绿色植物 | 用于装饰 | 1—2 | 盆 | √ | | |
| 挂画 | 用于装饰 | 1—2 | 个 | √ | | |
| 资料柜 | 用于存放文件资料，有带锁的抽屉 | 1 | 个 | √ | | |
| 抽纸 | 用于接待和工作 | 1 | 盒 | √ | | |
| 纸杯 | 用于接待和工作 | 若干 | 个 | √ | | |
| A4纸 | 用于接待和工作 | 若干 | 张 | √ | | |
| 水性笔 | 用于接待和工作 | 2—3 | 支 | √ | | |
| 期刊架 | 用于摆放心理宣传册、心理期刊图书 | 1 | 个 | | √ | |
| 心理宣传册、心理期刊 | 用于宣传学习 | 若干 | 本 | | √ | |
| 饮水机 | 用于提供冷热水 | 1 | 台 | | √ | |
| 抱枕 | 用于接待预约 | 若干 | 个 | | √ | |
| 空调 | 用于保证温度适宜 | 1 | 台 | | √ | |

## 2）人员准备

人员准备包括社会心理服务工作者的身心状态准备、接待礼仪准备、专业语言准备、工具准备等。

### （1）身心状态准备

调整身心状态，保证精力充沛、情绪平和，确保时间充足。

### （2）接待礼仪准备

①仪容仪表

穿着简单大方，整齐得体，避免穿暴露的上衣和露大腿的裙子，头发梳理整齐，面部清洁，面带微笑。

②礼貌接待

A. 迎接礼仪。迎接工作对象要注意操作细节如表8-2。

表8-2 迎接礼仪

| 迎接要点 | 操作细节 | 备注 |
| --- | --- | --- |
| 主动迎接 | 起身问候，面带微笑 | 如果社会心理服务工作者正在忙碌，请先停止手头工作，起立迎接，问候工作对象并示意其稍等 |
| 情况一：工作对象首次来访 | | |
| 引领安排 | （1）引领工作对象前往心理工作室/接待室<br>（2）指引工作对象在合适地方就座<br>（3）询问工作对象是否需要水，进行相应接待 | |
| 情况二：工作对象已有预约 | | |
| 引领对接 | （1）请工作对象稍等，立即联系工作者<br>（2）引领工作对象前往心理工作室/接待室<br>（3）指引工作对象在合适地方就座<br>（4）询问工作对象是否需要水，进行相应接待 | 若预约的社会心理服务工作者正在忙，可以请工作对象稍等。如果工作对象等了一段时间，工作者还在忙，要及时关照工作对象，并提醒工作者做妥善安排 |

B. 引领礼仪。为工作对象引路时，社会心理服务工作者应走在其左前方，保持两三步距离，方便工作对象跟随前进。

C. 送别礼仪。心理服务结束后，社会心理服务工作者应起身送行，打开办公室门，用手势导引，工作对象走后要轻轻关门，避免关门声带来不礼貌的感觉。如需送至大门口，可前行引领，送至大门后目送一段时间，等工作对象身影消失后再返回。

D. 电话礼仪。当工作对象打电话来询问求助时，社会心理服务工作者电话接待的具体内容和操作细则如表8-3。

表8-3 电话接待具体内容和操作细则

| 具体内容 | 操作细则 | 备注 |
| --- | --- | --- |
| 接听 | （1）听到电话铃响立即接听电话，铃声不应超过三声，语音清晰自然、亲切柔和，言语准确、说话清晰，反应迅速<br>（2）"您好，这里是×××，请问您有什么需要帮助的吗？" | （1）忌用"喂"开头<br>（2）因故迟接，要向来电者致歉"对不起，让您久等了"<br>（3）对准话筒，尽量用热情和友好的语气 |
| 通话中 | （1）询问并记录工作对象的需求，记录内容字迹清晰、完整<br>（2）勤说"请问""对不起""请稍等"等谦词，并不时用"嗯""好的"给予回应 | （1）如遇其他工作对象现场来访，可告之稍等一会儿，然后继续通话<br>（2）如果电话内容较为复杂，需要较长的等待时间，可以和通话对象商量先挂断电话，稍后再沟通，得到许可后挂断电话，先招待现场工作对象<br>（3）保持端坐姿势，尤其不要趴在桌面边缘。借助胸腔发声容易口干舌燥，运用丹田可以使声音自然、流畅和动听，也有助于保护喉咙 |
| 结束 | （1）复述来电要点，如发现记录错误或者偏差，及时修正<br>（2）最后说："感谢您的来电，再见。" | 请工作对象先挂电话，否则对方会听到"滴滴"的声音，产生不适感 |

### （3）专业语言准备

接待工作对象时，社会心理服务工作者应使用礼貌用语，掌握询问技巧，注意肢体语言信息，严禁使用禁忌语言。

①使用礼貌用语

A. 开始时，热情问候。问候时可用"您好/早上好/下午好""请进""请坐""非常欢迎您前来咨询，谢谢您的信任""请问您找哪位""请问有什么可以帮到您"。此时要配以微笑和恰当的肢体语言，适度的肢体语言可以增强语言的感染性，能激起工作对象的感情共鸣，使心理服务得以顺利展开。

B. 引领时礼貌有度。引领工作对象时可用"请跟我来""这边请"等用语。

C. 过程中应答有方。先进行自我介绍，并询问对方基本信息，可用"您好，我叫×××，请问您方便告诉我您的名字吗""您好，我叫×××，请问怎么称呼您"。服务过程中，可用"请问有什么事可以帮您的吗""您有什么想要咨询的呢""如果同意的话，请您填写这张登记表"等用语。若工作对象语速快或含糊不清，可以说"对不起，请您说慢一点儿"或"对不起，请您再说一遍好吗"。绝不能表现出不耐烦、急躁的神色。

D. 结束时恳切相送。结束要诚恳客气，不生硬。可用"谢谢您的来访和对我们的信任，以后有什么需求，可以随时沟通"等用语。

> **案例**

居民华华前来社会心理服务站求助,社会心理服务工作者刘姗接待了她。

刘姗(起立迎接,并以手示意,态度平和诚恳,使用礼貌语言):您好,请进!欢迎您前来咨询。

华华:谢谢。

刘姗(进行自我介绍,询问对方姓名):我是社会心理服务工作者刘姗,请问怎么称呼您?

华华:你可以叫我华华。

刘姗(确认是否首次求助):华华,请问您之前有预约吗?

华华:没有,我是第一次来。

刘姗(给予手势指引,礼貌引领华华至接待办公室):好的,那请来这边就座,我们来了解些您的信息。请跟我来。

华华:好的。

刘姗(给予座位指示,等对方坐定,询问是否需要喝水):您可以坐这里。请问您需要喝水吗?

华华:不用了,谢谢。

(心理服务开始)刘姗:好的。请问您有什么需要帮助的呢?(端坐,身体前倾,保持微笑,看着华华,用开放式问题)

……

②善用询问技巧

询问不是单纯提问,而是以问促答、问答并进。询问时既要选择类型,又要注意技巧。

A. 询问类型。

封闭式询问可以用"是"或者"不是","有"或者"没有","对"或者"不对","要"还是"不要"等简单词语来回答,通常用"对不对""是不是""要不要"等形式提出。回答也是"是"或"否","对"或"不对"的简单答案。这种询问带有预设答案,常用来澄清事实,获取重点,缩小谈论范围,理清态度和想法。当工作对象的叙述偏离正题时,可适时提出封闭式询问,避免跑题和抓不住重点。当工作对象讲述了一段很复杂的事件或关系时,可运用封闭式询问帮助对方及时明确想法和梳理逻辑关系。例如,"他当时注视着你,让你感到很紧张,对不对?""你当时脑子一片空白,考前所记的东西全忘了,是不是?""你是不是这两天没有去学校?""你同意这样处理吗?"。

开放式询问是以"什么""如何""为什么""如何""能不能""愿不愿告诉我"等词提出问题。让工作对象就有关事件、想法、情感给予说明。回答是多样、没有限制的，可自由发挥。具体应用如表8-4、8-5。

表8-4　开放式询问方式示例表

| 询问方式 | 目标 | 示例 |
|---|---|---|
| "什么"的问题 | 引导工作对象谈论事情的实况和一个处境的细节 | "是什么事情令你工作时心绪不宁？"<br>"您愿意谈谈您和孩子之间到底发生了什么吗？" |
| "如何"的问题 | 引导工作对象谈论事情发生的过程、先后的次序和当时的情绪反应 | "你对新的工作环境适应得如何？"<br>"这件事您是如何考虑的呢？" |
| "为什么"的问题 | 有时工作对象自己也不清楚做某些事情的因由，可以引发其探索。"为什么"有时会让工作对象感到被盘问，所以可以问"……的原因是什么呢？" | "你不喜欢现在工作的原因是什么呢？" |
| "能不能"的问题 | 用邀请的语气，最大限度地了解信息，也可以用"愿不愿意" | "你能不能告诉我你当时的感受是什么呢？"<br>"你愿不愿意多谈一些在工作上遇到的困难呢？" |

表8-5　封闭性询问和开放式询问使用时机

| 开放式询问可用于 | 封闭式询问可用于 |
|---|---|
| （1）心理服务开始时<br>（2）引导服务对象详细解释某一个观点时<br>（3）帮助服务对象列举某些行为的具体例子时<br>（4）帮助服务对象表达感受时 | （1）获得实际数据<br>（2）确定一些观点 |

半开放式询问，又称限制性的开放式提问，有一定的限制，但又可以广泛回答。如："除了因为学习问题和孩子发生冲突，你们母子之间还有什么其他矛盾吗？""你说最近有几件烦心事，你想先谈谈哪件事？"。

B.询问技巧，包括询问的时机、数量、方式、层次4个维度，具体内容如表8-6。

表8-6　询问的技巧

| 序号 | 维度 | 内容 | 示例 |
|---|---|---|---|
| 1 | 时机 | （1）心理服务会谈中断时<br>工作对象由于某种原因不继续叙述时，社会心理服务工作者可以通过询问引起工作对象新的思考，或按原思路继续叙述，或从新角度去叙述 | （看到工作对象沉默）<br>"你当时对爸爸有什么看法呢？" |
| | | （2）内容出现矛盾时<br>社会心理服务工作者可以用封闭式提问加以核实和查证，以便得到准确信息 | "你只是在正式的、大型的考试中才感到特别紧张和焦虑，对吗？" |
| | | （3）内容模糊时<br>可以用综合开放式询问和封闭式询问，以引出更详细的叙述 | "你当时感到很烦躁，对吗？"（封闭式询问）<br>"你当时的具体感受是什么？"（开放式询问） |

续表

| 序号 | 维度 | 内容 | 示例 |
| --- | --- | --- | --- |
| 1 | 时机 | （4）心理服务会谈进行一段时间后<br>可以用封闭式提问，补充和证实现有资料，也可以用开放式提问，了解事件具体细节，引发工作对象的思考觉察 | "你认为这就是你苦恼的原因，是吗？"（封闭式询问）<br>"你当时为什么会有那种想法呢？"（开放式询问） |
| 2 | 数量 | （1）可以多用开放式询问<br>开放式询问可引起工作对象更多的叙述和自我探究，给工作对象很大的回旋余地，可以使气氛变得自然、融洽 | 工作者："听起来你有点自责，是发生了什么吗？"（开放询问题）<br>工作对象："我犯了一个超级低级愚蠢的错误，实在是太笨了。" |
| 2 | 数量 | （2）封闭式提问的数量不宜过多<br>封闭式提问限制了工作对象自由表达和内心探索，会导致工作对象被动回答，甚至产生反感或抵触情绪 | |
| 2 | 数量 | （3）允许适度沉默<br>适度沉默可以使工作对象讲出更多更深的内容，工作对象沉默时，社会心理服务工作者并不一定要立即提问 | 工作者：（保持沉默，但用非言语进行鼓励）<br>工作对象："那天心情不好，我在课堂上……" |
| 3 | 方式 | （1）询问的形式<br>主要包括选择提问、反问、启发提问、迁移性提问 | （1）选择提问："你当时心情怎样，难过还是愤怒？"<br>（2）反问："听起来你认为这是你和室友闹矛盾的主要原因，是吗？"<br>（3）启发提问："你开始有很多担心，能不能告诉我后来事情发展得怎么样呢？"<br>（4）迁移性提问："根据刚才我们所说的内容，说说你对这件事的看法。" |
| 3 | 方式 | （2）询问的语气、语调、语速<br>邀请式的语气可以引发探索，如"可不可以讲讲""能不能谈谈"这样的邀请式的语气会引发开放的回答；缓慢上升的语调和缓慢的语速会给工作对象带来充足思考的时间和空间 | |
| 4 | 层次 | （1）依据问题的性质由浅入深、循序渐进地问<br>可先提直接的、方便回答的一般问题，如饮食、睡眠等，再提间接性的、较为隐蔽私人性的特殊问题，如与父母关系、与异性交往等 | （初次接待）<br>工作者："先谈谈你的困扰吧。"<br>工作对象："最近心情很糟糕，失眠好几天，跟男朋友也吵架了，学习也很不顺利，各方面都不好。"<br>（可以这样说）<br>工作者："听你说失眠好几天了，可以说说具体是什么样子吗？"<br>工作对象："嗯嗯，每天晚上十一点就上床，可一直翻来覆去睡不着，经常到凌晨三四点才能眯一会儿。"<br>（不要这样说）<br>工作者："跟男朋友吵架了，是什么原因呢？"<br>工作对象："他总是很久不回我微信，让人心里很烦。"<br>工作者："哦，你很在乎他的回复，不知道你们有没有发生过性关系呢？" |
| 4 | 层次 | （2）依据心理服务关系的发展和成熟程度提问<br>工作对象往往带着心理困扰前来求助，会有试探、戒备心理，在关系建立初期或时机不太成熟时，社会心理服务工作者不要问涉及感情的、较为隐蔽的、私人性的问题，以免使工作对象感到尴尬，影响关系发展 | |

③重视肢体语言

心理服务过程中社会心理服务工作者要积极倾听，面带微笑、亲切热情，与工作对象进行有效沟通。社会心理学家艾根提出SOLER沟通原则如下。

S（Squarely）：社会心理服务工作者与工作对象坐在茶几两旁，呈90度角，借助茶几的缓冲，工作对象会感到有安全的人际空间，才会敞开心怀。

O（Open）：无条件地包容与接纳工作对象，消除工作对象的焦虑、不安。

L（Lean）：社会心理服务工作者身体微微倾向工作对象，传递出对工作对象的关心。如果社会心理服务工作者身体后仰，紧贴椅背，会散发出傲气与对工作对象的冷漠，使工作对象心生畏惧而不想再谈。

E（Eye contact）：社会心理服务工作者对工作对象目光友好，可以让工作对象感受到重视、温暖与支持，工作对象就更容易有勇气面对心理困惑。如果社会心理服务工作者眼光闪烁不定，就会让工作对象心思涣散，不知所措。

R（Relax）：社会心理服务工作者放松的身体姿势传达出其平静心境，使工作对象也能够放松。如果社会心理服务工作者表现得很紧张，紧握拳头，双眉紧锁，将会使工作对象更加紧张。

社会心理服务工作者要保持态度中立，这样才能客观分析工作对象的情况，增强工作对象的信任感。

④严禁使用禁忌语言

A. 不可直接逼问，如："您找我们有什么事？说吧。"可以间接询问："您希望在哪方面得到我们的帮助？""您能把您的情况跟我说说吗？"

B. 尽量避免"为什么……"及包含多重选择性问题、多重问题、修饰式反问、责备性问题、解释性问题的询问方式。如表8-7。

表8-7 应避免的询问方式

| 序号 | 询问方式 | 存在问题 |
| --- | --- | --- |
| 1 | "为什么…."<br>如"你为什么这样想呢？" | 语气生硬，暗含不理解、不接纳态度 |
| 2 | 多重选择性问题：一个问题多个选择<br>如"你是什么感觉，是沮丧还是生气？" | 仍然是封闭性问题，获得的信息受限制 |
| 3 | 多重问题：一次提出多个问题<br>如"她这样的回应你喜欢吗？你有没有跟她争辩？" | 会使工作对象不知所措，感觉社会心理服务工作者比较急躁，没有耐心 |
| 4 | 修饰性反问：不需要回答的问题<br>如"这是众所周知，理所当然的吧？" | 这样的问题会让工作对象感到不知所措 |
| 5 | 责备性问题：对工作对象带有责备情绪<br>如"现在事情变成这样，你当初干什么来着？" | 会引起工作对象的心理防卫 |
| 6 | 解释性问题：社会心理服务工作者表达自己对问题的看法和理解<br>如"你有这样的焦虑，是不是与你小时候，爸爸妈妈对你的控制和贬低太多有关系？" | 对推动工作对象的自我探索没什么帮助 |

C. 不要打断工作对象说话。社会心理服务工作者要把握询问时机，避免打断工作对象讲话，要让对方把话说完，如发现问题，可以先记下来，待工作对象讲话完毕再问。

D. 其他注意事项：接待工作对象之前，社会心理服务工作者要禁止饮酒或服用兴奋、镇静等药物；服务中，不能抽烟，不做"下意识"动作（如玩铅笔、敲桌面、抖动身体等），不能讲任何题外话；要避免教导；避免给出绝对性的结论。

**案例**

居民华华前来社会心理服务站求助，社会心理服务工作者刘姗接待了她。

刘姗：好的。请问您有什么需要帮助的呢？（端坐，身体前倾，保持微笑，看着华华，用开放式问题）

华华：心里很烦，最近跟我爸妈吵得很凶，不想跟他们吵，可他们总干涉我，让我很生气，我都不想待在家里了，也不知道该怎么做，想问问你们怎么可以缓和和他们的关系。

刘姗：嗯，听起来和父母的沟通出了一些问题，这给您带来了困扰。可以的话，您先填写下这个登记表，我们再具体说说发生了什么，好吗？

华华：好的。（填表）

刘姗：根据您填写的登记表，看起来您和爸妈关于您毕业后的生活有不同的打算，双方都有自己的想法，可以多说说吗？（端坐，身体前倾，保持微笑，看着华华，用开放式问题提问）

华华：（低着头，双手交叉，时不时搓手）唉……（沉默）

刘姗：（微笑看着华华，保持沉默，用非言语鼓励华华）

华华：我想继续考研读书，可我爸妈就说读那么多书有什么用，既要花钱，还浪费时间，最后还不是要工作，非让我听他们的，他们总是这样！（眼眶泛红，声音低沉，表情沉重）

刘姗：听起来还是挺难过的，你说到"他们总是这样"，当你说这句话的时候，你想到了什么吗？（由于前面华华说的信息比较模糊，所以用开放式询问）

华华：总是喜欢管我，管我吃什么、穿什么，现在又管我以后做什么，我就不能有自己的选择吗？（流泪）

刘姗：嗯嗯。（简单回应，表示关注和理解）

华华：我们已经快两周不说话了，一说就吵，现在还是准备考研的关键时期，我很焦虑，书也看不进去。

刘姗：已经快两周不说话了，之前跟爸妈有争执时会这样吗？（用封闭性问题，以掌握更详细的资料）

华华：这次比较严重，之前我可能都会自己消化下，但这次我受不了了！

……

**分析**：社会心理服务工作者刘姗多次运用非言语鼓励技巧，让工作对象华华感到被倾听和被关注，言语鼓励与非言语鼓励特征如表8-8所示。

表8-8　言语鼓励与非言语鼓励特征

| 言语鼓励 | 非言语鼓励 |
| --- | --- |
| （1）使用"嗯""唔""啊"等<br>（2）以"噢？""这样？""那之后？""还有呢？"等回答<br>（3）重复谈话中的一两个关键词语或简要地复述服务对象一段话中的最后两个词语 | （1）目光友好接触<br>（2）身体前倾以表示兴趣<br>（3）不以小动作使对方分心<br>（4）适当的、有礼貌的手势<br>（5）点头、微笑<br>（6）有意的沉默，不是不知道怎样回应而不说话，而是社会心理服务工作者及时关注工作对象有未讲完的话语，或正组织语言表达内心所想，所以静候 |

（4）工具准备

①社会心理服务对象登记表。
②心理健康评估表。
③心理正常与异常参考评定表。
④可疑神经症的心理问题的参考评定表。
⑤一般/严重心理问题参考评定表。
⑥知情同意书（见任务三）。

## 2. 技能演练

**案例**

情境：居民王阿姨第一次来到社区心理服务中心咨询，社会心理服务工作者李丽接待了她。

任务：两人一组，运用所学礼貌接待知识进行技能演练，模拟李丽接待王阿姨的流程，演练两轮，每人扮演一次李丽。演练自评如表8-9所示。

表8-9　礼貌接待技能演练评分表

| 序号 | 演练指标 | 演练标准 | 得分 |
| --- | --- | --- | --- |
| 1 | 仪容仪表（8分） | 包括着装、表情、眼神、肢体动作，每个方面2分（8分） | |
| 2 | 礼貌接待（12分） | 包括迎接、引领、送别、电话4个步骤，每个步骤2分（8分） | |
| | | 使用礼貌用语（4分） | |

续表

| 3 | 专业语言（24分） | 询问合适，能较好搜集到资料，建立良好的心理服务关系（15分） | |
| --- | --- | --- | --- |
| | | 肢体语言合理恰当（5分） | |
| | | 无禁忌语言，如逼问、提问不清晰、质问或指责性提问、中途打断等（4分） | |
| 4 | 工具准备（6分） | （6分） | |
| 小计 | | | |
| 成绩 | | | □不合格<br>□合格<br>□优秀 |
| 备注：满分50分，0—29分为不合格，30—40分为合格，41分及以上为优秀 | | | |

说明：可通过组内自检、组与组互检，教师终检的方式，评估学员技能水平，完成后评估人须依据评估结果对评估对象提出提升建议。

### 案例

社会心理服务中，开放式询问比封闭式询问更能让工作对象澄清事实和探索自己的想法和感受。请通过完成表8-10中的练习，巩固询问技术。

表8-10　询问技术演练评估表

| 练习将封闭式问题改编成开放式问题 | 技能评估（是否合理） |
| --- | --- |
| 封闭式问题：你喜欢学校吗？ | |
| 改编开放式问题1： | 是□　否□ |
| 改编开放式问题2： | 是□　否□ |
| 封闭式问题：你和父母关系好吗？ | |
| 改编开放式问题1： | 是□　否□ |
| 改编开放式问题2： | 是□　否□ |
| 封闭式问题：昨天你和老公吵架了，对吗？ | |
| 改编开放式问题1： | 是□　否□ |
| 改编开放式问题2： | 是□　否□ |

## （二）专业关系建立

### 1. 知识学习

社会心理服务工作的专业关系与日常朋友关系是有区别的，如表8-11。

表8-11　社会心理服务工作专业关系与日常朋友关系的区别

| 项目 | 专业关系 | 朋友关系 |
| --- | --- | --- |
| 目的 | 解决工作对象的困难，增进其生活适应能力 | 相互分享、支持，满足爱和归属的需要 |
| 性质 | 职业关系：情感性、工具性、手段性 | 情感性为主 |
| 当事人的地位 | 民主、平等、自决，以工作对象为中心 | 平等、自由、互助 |
| 持续时间 | 暂时性 | 永久或暂时 |
| 互助性 | 非互助性 | 互助性 |

#### 1）专业关系的界限

为了体现社会心理服务的专业性和职业性，保证社会心理服务工作者的客观公正，保护社会心理服务工作者的个人健康不受影响，在接待准备中可以让工作对象签署《知情同意书》。在与工作对象建立专业关系之前，可以使用社会心理服务工作专业边界模型（图8-2），告知工作对象社会心理服务过程中的专业边界。

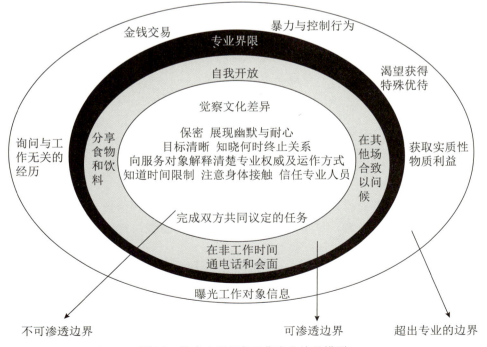

图8-2　社会心理服务工作专业边界模型

黑圈之外的7种做法是超出专业边界的，会给工作对象带来严重心理伤害，还会带来负面的社会影响，同时，也会损害心理服务行业的声誉，还有可能给工作者带来法律责任。

灰色的4项是可渗透边界，是社会心理服务专业边界的模糊地带，逾越边界可能产生双重或多重关系（如朋友、恋人、商业伙伴、性暗示、性接触等关系），这些关系可能有利于专业服务开展，也可能阻碍专业服务进程。

最里面白色的10项是被广泛认可的专业核心价值和伦理规范，属于不可渗透边界，正确运用这些知识和技能，能够为工作对象提供有效的帮助和高度的保障，确保工作对象得到专业、安全的服务。

专业边界为社会心理服务工作者划定了该做什么、不该做什么，明确了工作边界与内容，能够帮助工作者从行为与情感上剥离出来。

> **案例**

心理服务中心与社区老人张先生签订了服务协议，并建立了心理服务专业关系，但是，随着服务时间的推移，张先生开始对社会心理服务工作者李冰过度依赖，基本上每天都会打电话到心理服务中心寻求帮助，老人的孩子们也常常打电话向李冰咨询生活琐事，李冰和同事们逐渐感到能量耗竭与疲惫。老人健康情况恶化，又与子女关系闹僵后，向李冰借钱。

问题：李冰应该怎么做？

分析：如果李冰借钱给老人，与老人在专业关系之外发展出债权关系，这就超出了专业边界。可以先安抚老人的情绪，向老人说明，自己个人借钱是与专业守则相悖的，请老人理解，然后与老人共同商量解决办法。

## 2）专业关系建立的主要原则

### （1）尊重

尊重是对人的平等对待，对他人人格与价值的充分肯定和信任。社会心理服务工作者尊重每位寻求专业服务者，尊重其隐私权、保密性和自我决定的权利，尊重工作对象的现状以及他们的价值观、人格和权益。

尊重可以给工作对象一个安全、温暖的氛围，使其可以最大程度地表达自己，获得自我价值感。

社会心理服务工作者不能居高临下，摆出一副权威的、无所不知的架势，盛气凌人；应当以平等商量的口吻和工作对象交谈，不要卖弄自己的学识，罗列一大堆术语，使对方处于"无知、无能"的尴尬境地;不能因为对方的某些过失或片面的想法或缺乏某方面的知识而流露出不屑一顾的神态或表现出自己比对方高明、高尚的样子;也不可把自己的想法、观念和行为模式强加于工作对象,更不能板起面孔训人。

对于工作对象讲述的秘密、隐私,社会心理服务工作者应予以保护,不应外传;而对于工作对象暂时不愿透露、而与心理服务工作密切相关的隐私,工作者应耐心等待,不可强迫其讲述;至于与心理服务工作无关或关系不大的秘密、隐私,工作者不得随便干预,不可出于好奇的念头去探问,这是不尊重工作对象的表现。

尊重有5个层次,如表8-12所示。

表8-12 尊重5层次量度表

| 层次 | 内容 |
| --- | --- |
| 第1层次 | 社会心理服务工作者的表现传达出工作对象的感受不值得考虑的意思,不能建设性地采取行动 |
| 第2层次 | 社会心理服务工作者对工作对象的感受和潜能有响应但很机械,很少表示出尊重 |
| 第3层次 | 表达出对工作对象的感受和潜能的尊重,鼓励工作对象建设性地处理问题 |
| 第4层次 | 关心工作对象的感受和潜能,使工作对象能肯定自我,体会到做人的价值 |
| 第5层次 | 表现出对工作对象极大的尊重,充分肯定工作对象的潜能,使工作对象能建设性地采取行动,充分表露自己、改善自己 |

### 案例

一位同性恋者来到心理服务中心,向社会心理服务工作者说:"你不了解一个同性恋的人心理的冲突有多大。"

工作者A:"不!我当然知道。"

工作者B:"你不必太在意别人的看法,你自己快乐就好了。"

工作者C:"这也难怪,我们的社会在这方面仍然相当保守,你不必期待大家了解你。"

工作者D:"你觉得自己的行为不被社会所了解、接受,感到压力与矛盾。如果你愿意,我很愿意和你聊聊。"

工作者E:"同性恋原本就比较特殊,比较违反社会正常现象,我希望你赶快找心理医师治疗一下。"

问题:依照尊重5层次量度表,工作者A、B、C、D、E的回应分属哪一层次的尊重?

参考答案:A属于第1层次,B属于第4层次,C属于第3层次,D属于第5层次,E属于第2层次。

### （2）热情

热情意味着充满感情。在开展心理服务过程中，社会心理服务工作者耐心周到、不厌其烦，是热情的最好表达。要认真地帮助工作对象表达。在工作对象叙述时应仔细倾听，不因工作对象表达的内容而批评指责工作对象。结束时，社会心理服务工作者使工作对象感到温暖，让工作对象感到自己受到了友好接待，这对建立良好的专业关系很重要。当遇到阻碍心理服务开展的因素时，更应对工作对象表现出耐心。在工作对象反复出现情绪问题时不急躁，循循善诱地帮助工作对象。

热情也有5个层次，如表8-13所示。

表8-13　热情5层次量度表

| 层次 | 内容 |
| --- | --- |
| 第1层次 | 社会心理服务工作者明显地公事公办，对工作对象漠不关心 |
| 第2层次 | 社会心理服务工作者在工作对象讲述时能听，但会因工作对象表达的内容而批评指责工作对象 |
| 第3层次 | 社会心理服务工作者能认真听工作对象讲述，但不能耐心、细致地帮助工作对象表达 |
| 第4层次 | 社会心理服务工作者认真、耐心、不厌其烦地帮助工作对象，给予工作对象温暖的回应，进一步拉近与工作对象的关系 |
| 第5层次 | 社会心理服务工作者始终耐心、认真地倾听，面部表情、身体姿势等都表达出对工作对象的关心，使工作对象感受到工作者的温暖支持，愿意敞开心扉 |

**案例**

阳光小区张女士在丈夫患癌症去世后，自己照顾两个孩子，小儿子患有自闭症。张女士每天早出晚归，不喜欢社交，自我封闭，经常情绪崩溃，打骂孩子。怀着一颗忐忑的心，她走进了社会心理服务工作室。

社会心理服务工作者小黄微笑着迎接："张大姐，我给你倒杯水吧，今天你能过来，我真的非常高兴！也非常感谢你对我的信任。我愿意和你一起聊聊。"

张女士向工作者诉说这些年生活的艰难，感伤落泪，小黄耐心地听，并递上纸巾，轻拍张女士的肩膀给予她安慰。

**分析**：工作者小黄的热情让张女士感受到了温暖，使之愿意敞开心扉，倾诉困难和烦恼。

### （3）真诚

真诚是社会心理服务工作者的基本素质。有助于工作对象消除顾虑，袒露内心世界，特别是那些软弱的、消极的、失败的，甚至是隐私的部分。在社会心理服务开始阶段，相互信任、真诚相待尤为重要，它是进行有效社会心理服务的前提和保证。

①应真实诚恳，但不等于全说实话。不能想到什么就说什么，社会心理服务工作者不必要表达自己所有的感受，只要不讲假话即可。社会心理服务工作者表达真实感受时要使工作对象能够接受，避免给工作对象贴标签。如"你这个人真是蛮不讲理""你是这种性格，难怪大家都不喜欢你"，社会心理服务工作者这样的回应会让工作对象结束这段专业关系。

②不是自我发泄。一位失恋的社会心理服务工作者，在进行社会心理服务过程中，由于工作对象的叙述勾起自己伤心的往事，花了半个小时，滔滔不绝地向工作对象叙述自己失恋经过及痛苦。社会心理服务工作者表达真诚，目的是为了帮助工作对象，而不是宣泄自己的感情或宣传自己的主张。

③应实事求是。社会心理服务工作者应承认并接受自己的不足，不可虚假回应。社会心理服务工作者不能解答工作对象的提问时，可以说"对不起，这件事情我不太清楚""我也不了解相关的法律""也许我们可以一起去了解一下"等。

④应适时适度。随着专业关系的发展，社会心理服务工作者亦可反馈工作对象的不足和缺点的，但以不损害社会心理服务关系为原则。

在社会心理服务实践中可以对照真诚5层次量度表（表8-14）不断练习。

表8-14 真诚5层次量度表

| 层次 | 内容 |
| --- | --- |
| 第1层次 | 社会心理服务工作者表达出的言词明显与其现有的感受不符，而只有在表达否定和非建设性的言词时是真诚的 |
| 第2层次 | 社会心理服务工作者的言词没有真正与其现有的感受相符，而只是在扮演角色 |
| 第3层次 | 社会心理服务工作者显得真诚，但并没有完全投入情境之中 |
| 第4层次 | 社会心理服务工作者在响应中带有许多个人感受，言语出自真心，能成为进一步探查与工作对象关系的基点 |
| 第5层次 | 社会心理服务工作者的响应是自然而然的，在发展与工作对象的关系时，能有效地运用工作对象的响应，形成新的探索领域 |

**案例**

在社区心理服务中心，李女士滔滔不绝地叙述自己的事，东拉西扯，一再重复，偏离主题，已有两个小时了，社会心理服务工作者感到不耐烦。李女士说："你有没有在听我说呢？我是不是很烦人呀！"

工作者A："不会呀！你继续说，我很感兴趣，一直在听呢！"

工作者B："是呀！你是说得很繁杂、很乱，实在令人受不了，我都快崩溃了。"

工作者C："我觉得你很健谈，说得很详尽呢！"

工作者D："我们谈了两个小时，谈了很多，有些乱，需要整理一下再谈。况且我有点累了，恐怕不能集中注意力来听，我们下次再谈好吗？"

**问题**：依照真诚5层次量度表，工作者A、B、C、D的回应分属哪一层次的真诚？

**参考答案**：A属于第1层次，B属于第2层次，C属于第4层次，D属于第5层次。

（4）共情

共情有多种译法，如共感、同感、同理心等。共情是指社会心理服务工作者要能设身处地像工作对象那样认识问题、思考问题，从工作对象的角度、立场看问题，能够表达出对工作对象感受与需要的理解。比如工作对象说："我家孩子马上就要中考了，我感到非常担心和焦虑。"如果社会心理服务工作者说："你家孩子成绩那么好，你还担心啥，没必要！"工作对象可能觉得社会心理服务工作者不理解自己，暗想："又不是你家孩子参加中考，你当然不害怕啦！换上你试试！"如果换成："我很能理解你现在的心情，要是换上我，我也会有些担心。"这种情感共鸣可以让工作对象感到被理解和被支持，就会接着说担心的具体事情和原因，并与社会心理服务工作者一起来探讨应对的方法。

共情时需注意如下问题。

①视角转变，应从工作对象的角度而不是自己的角度看待工作对象及其存在的问题。

②社会心理服务工作者并不是必须有与工作对象相似的经历和感受，而是要设身处地地理解工作对象及其问题。

③要因人、因事而异，视情而定。

④应把握时机并适度，才能恰到好处。

⑤要善于实现工作者与工作对象之间的角色转换。

⑥可使用躯体语言，注重姿势、目光、声音、语调等。

⑦应考虑工作对象性别、年龄及其所属地方的文化、习俗等特征。

⑧要不断验证是否共情，得到反馈后要及时修正。

社会心理服务工作者可以依照共情5层次量度表（表8-15）审视自己是否做到了共情。

表8-15 共情5层次量度表

| 层次 | 内容 |
| --- | --- |
| 第1层次 | 社会心理服务工作者没有听，没有意识到工作对象表达出来的感受 |
| 第2层次 | 社会心理服务工作者对工作对象表达出来的感受只有微弱的响应 |
| 第3层次 | 社会心理服务工作者大体上表达出了与工作对象有同样的关心，同样的感受的意思 |
| 第4层次 | 社会心理服务工作者深化了工作对象表达出的经历中的感受和意义，这有助于工作对象表达以前不能与人分享的感受 |
| 第5层次 | 社会心理服务工作者明显地挖掘出了工作对象的感受和意思，能完全感知和响应工作对象 |

## 案例

高考落榜生：我觉得很难过，很难过，因为我从来没担心过高考。唉！想不到居然名落孙山，真是越想越不服气，今年的高考其实并不难，班上成绩中等的人都考上了大学。我的成绩一直都是名列前茅的，没想到居然没考上？我觉得考试不能完全评估一个人的成绩，况且读书也不是为了考试。现在社会上一些有成就的人都没有上大学嘛，这样我也就想开了，决定工作算了。但我的父母却骂了我一顿，坚持说考上大学才有出息，一定要我复读。和他们商谈了几天，都没结果。我都烦死了……

根据此案例对不同工作者的共情层次进行评估，见表8-16。

表8-16　共情的量度评析表（案例分析示例）

| 社会心理服务工作者 | 共情层次 | 不同层次的共情及评析 | 感受 | 程度 | 内容 |
|---|---|---|---|---|---|
| A | 5 | "你一向成绩很好，从来没想过会高考落榜，你感到特别失望与难过，也有点气愤，与父母商谈后，似乎非复读不可，但自己实在有点不甘心，故此内心很矛盾。"<br>评析：回应在感受和内容的程度上都很准确和全面。可以协助工作对象体验和知觉自己未曾觉察的感受或想法 | √ | √ | √ |
| B | 4 | "因为高考落榜，所以你感到很失望、很难过，也不清楚前面的路怎么走，心中很混乱。"<br>评析：社会心理服务工作者回应了工作对象所表达的内容和感受，但没有把工作对象深层次的体验表达出来 | √ | √ | √ |
| C | 3 | "因为高考落榜，所以你感到很失望，很难过。"<br>评析：社会心理服务工作者回应了工作对象的感受和意义，但缺乏对工作对象深层感受和内容的回应 | √ |  | √ |
| D | 2 | "你一向成绩很好，但想不到高考落榜了。"<br>评析：社会心理服务工作者的回应了工作对象表面所说内容，没有回应重要信息 |  |  | √ |
| E | 1 | "你为什么感到如此悲伤呢？"<br>评析：没有留意工作对象所说的话，反映了社会心理服务工作者不但没有留心听，而且还忽略了工作对象所表达的感受 |  |  |  |

## 案例

入职新公司不久因工作烦恼的小丽，来社区心理服务中心向社会心理服务工作者倾诉："我与马峰似乎不大合得来。我很喜欢这份工作，但他指使我打印文件的方式令我很不高兴。我最恨被人瞧不起，他对待我像对待一部机器似的，只会简单地下达一些严格的命令。我希望别人能尊重和爱惜我，我还希望我能从我的专业知识上给别人提出一些建议。"

问题：
- 工作对象当时的心情是怎样的？请用一句话来描述她主要的感受。
- 你认为工作对象的这种感受是关于什么的？
- 你会对工作对象说些什么来表示你对她的经历和感受的理解？

### （5）接纳

接纳原则强调的是社会心理服务工作者对工作对象的包容性，不因工作对象的性别、年龄、家庭、民族、宗教信仰、政治倾向、健康状况等个人背景特征等而有所偏颇。在工作过程中，社会心理服务工作者需要从内心接纳工作对象，将他们视为工作过程中的重要伙伴，对工作对象的价值偏好、习惯、信仰等，都应保持宽容与尊重的态度，不能对工作对象有任何歧视，更不能因其个人背景特征而拒绝为他们提供服务。

接纳不等于认同，不意味着社会心理服务工作者完全赞同工作对象的价值判断和价值选择，也不是为了完全接纳服务对象而抛弃自己原有的价值观念，而是以一种以积极的态度去理解并相信工作对象有自我改变的潜能和自我实现的潜力。

### （6）非评判

非评判原则强调社会心理服务工作者应避免将自己的价值观强加于工作对象、指责和批判工作对象的言行与价值观、直接或间接地强迫服务对象接受任何决定或服务，或将自己的负面情绪发泄在工作对象身上；而是应该保持中立和尊重，以一种理解和支持的态度来对待工作对象，并与工作对象一起探讨解决问题的策略和方法。

非评判性原则的具体体现包括：尊重工作对象的性格、生活方式、价值观、宗教信仰、性取向等，不做倾向性的批评和判断，确保工作对象在观念和生活方式上的选择得到尊重；社会心理服务工作者应坚持与工作对象一起工作，共同分享对问题和需要的看法，通过引导工作对象参与问题的剖析和改善过程，培养其独立性，避免养成依赖心理；社会心理服务工作者应充分运用尊重、倾听、接纳、自我表露等个案服务技巧，鼓励工作对象勇敢表达自己的真实想法，并及时给予真诚的回应来强化工作对象的正向改变。

### （7）简洁具体

简洁具体就是说话要简单清楚、具体明确，避免含糊不清、模棱两可。社会心理服务工作者要用自己的话，提纲挈领、简单扼要地回应工作对象所表达的内容，而且不增加或减少工作对象叙述的内容。

简洁具体的功能如下：

①能促进社会心理服务工作者对工作对象有准确的了解。
②促进个案过程的进行。

③社会心理服务工作者的回应与工作对象的感受和经验接近。

④鼓励和帮助工作对象通过不断探讨而厘清自己的问题或困难。

使用范围：

①工作对象的话语相当杂乱和空泛，用词不精确或过分概括化。

②工作者可用尝试性、探索性的语气来表达、征询工作对象的个人意见并修正。

③对于社会心理服务工作者本人而言，在回应工作对象时，用字措辞不但要适当，而且要简单清楚、具体明确。这样工作对象才能更深入、准确地探讨问题。

简洁具体的量度如表8-17所示。

表8-17 简洁具体的量度表

| 层次 | 内容 |
| --- | --- |
| 第1层次 | 社会心理服务工作者与工作对象的沟通抽象、笼统，没有使谈话转到具体的、有关的事情上 |
| 第2层次 | 社会心理服务工作者对工作对象个人的一些事处理得含含糊糊，没能让工作对象表明最相关的感受 |
| 第3层次 | 社会心理服务工作者虽然能让工作对象围绕个人的事情交谈，但没能用具体化的方式来表达 |
| 第4层次 | 社会心理服务工作者使工作对象能用具体的言词来充分描述自己所关心的事 |
| 第5层次 | 社会心理服务工作者能有效地使工作对象直接和充分地讨论特定的感受和经历 |

## 案例

工作对象："我的人际关系不好。"（模糊、抽象、笼统的叙述）

工作者："你说人际关系，是指和谁的关系不好？"（具体化一人）

工作对象："是和我的同事。"（缩小范围）

工作者："能不能告诉我，你们之间发生了什么事？"（具体化一事）

工作对象："我们因为企划方案意见不合，吵了起来，甚至骂了对方，现在彼此已不讲话了。"（使问题更清楚，指向特定的行为、经验）

工作者："不讲话有多久了？"（具体化时间）

工作对象："将近一星期。"

工作者："这一星期来，你觉得如何？"（具体化状态）

工作对象："唉！真难过，好不方便喔！"（模糊的感觉）

工作者："无人理睬确实是不好过。那么怎么不方便呢？"（具体化行为）

工作对象："我们相邻而坐，并且共用一部电话，以前一边工作一边聊天，很有趣。现在有时会差点忘了发生的矛盾，还会想和他聊聊，接到找他的电话时，叫他也不是，不叫他也不是……"（特定的行为和感觉）

## 3）专业关系建立的基本技巧

### （1）适当自我开放

自我开放也被称作自我暴露、自我表露、自我袒露，指社会心理服务工作者适当地将自己类似的感受、想法、经验和行为说出来与工作对象分享，以增加工作对象对自己经验及行为后果的了解，并能从其中得到积极的启示。自我开放技巧的使用时机有：

①当社会心理服务工作者发现自己有与工作对象类似的经验，而可能会对工作对象有所助益时。

②当工作对象陷入胶着状态，在思想上难以突破时。

自我开放时要注意表露信息应简洁，中等程度的表露有积极的效果。在表露的深度或亲密性上，应使自己表露的内容和情感与工作对象接近。

**案例**

一位学习泄气的初中生："我怎么用功也考不好，努力也没用，干脆放弃算了。我昨天背书背了一天，今天还是不及格，还是被罚了。"

工作者A："我在当学生时也有同感，也跟你想法一样。"

工作者B："我以前也想过努力没有用，后来我真的发奋了才发现，以前根本就是功夫下得不够。"

工作者C："我记得我在上初三的时候，数学成绩很差，常常苦思很久也解不出一道题，我也曾经想放弃过。"

**分析**：A和B的表露不太合适，A对自己的经验说得太笼统，只是附和工作对象的表述，B使用与工作对象的经验完全相反的表露。

C的方式比较恰当，将自己相似的经历和心情与工作对象分享，让工作对象感到不只自己这样，连社会心理服务工作者也曾经有过这样的时候，就会使工作对象松一口气，从而产生希望。

### （2）跟进正面反应

留意工作对象的反应，若出现正面反应，要及时抓住，给予肯定并进行强化，以增强工作对象面对未来的信心。若工作对象出现负面反应，则与之维持简短交谈。工作对象的正面与负面反应见表8-18。

### （3）由浅入深

刚开始可以谈一些日常话题，如天气、食物、工作对象的身体状况、兴趣爱好等，寻找相似的部分发展话题，逐步过渡到心理服务议题。

## 任务八　专业关系建立

表8-18　社会心理服务中工作对象的反应

| 反应类型 | 反应内容 |
| --- | --- |
| 正面反应 | （1）按时参加会谈，积极与社会心理服务工作者互动<br>（2）表达获得成长与成功的欣喜<br>（3）对整个工作过程和社会心理服务工作者的服务表示肯定 |
| 负面反应 | （1）回避：不准时见面、心不在焉、沉默、健忘等<br>（2）抱怨：对社会心理服务工作者和服务过程不满意<br>（3）愤怒：批评、攻击和挑战社会心理服务工作者或者其他人<br>（4）依赖：对社会心理服务工作者过分依靠、顺从，不愿意结束工作，延迟时间等<br>（5）抗拒：长时间不说话，辩解，岔开话题，爽约 |

### （4）选择恰当时机

社会心理服务的好时机一般为安静的、专门的时间段，应避免在人多嘈杂或者工作对象忙于事务时服务。服务内容应该是与工作对象刚说过的话题或稍早一些的话题一脉相承的，不要岔开话题。

### （5）处理移情

社会心理服务工作者要有高敏感度，及时发现工作对象移情的苗头，适时采取措施。第一步可请工作对象表达对工作者的感受。第二步给工作对象提供机会，允许他（她）对社会心理服务工作发表感受。比如，问工作对象为什么对工作者或工作者的言行产生反感或好感，如"你好像不太喜欢我刚才的……""你能否告诉我，为什么你喜欢我？"。工作对象也许会说，之所以不喜欢是因为工作者说话的语气像他那爱唠叨的母亲，问话方式像刚与自己离婚的丈夫一样咄咄逼人，或者工作者像自己日夜思念但已离世的爱人、恋人、亲人，像自己敬爱的领导和老师，像自己暗恋的对象等。工作对象有时自己也不知道为什么，但经深入询问，一般能弄清其中原因。

如果工作对象对异性社会心理服务工作者产生正移情，工作者不必害怕，应当婉转地说明这是社会心理服务过程中可能出现的现象，但这不是现实中正常的、健康的爱。工作者要有策略地（不要伤害工作对象的自尊心）、果断地（让工作对象知道社会心理服务工作者明确、坚决的态度）、及早地（要早期发现，早期采取明确态度）进行处理，将工作对象引向正常的心理服务专业关系上来。

如果社会心理服务工作者觉得自己难以处理移情现象，可以将工作对象转介给别的社会心理服务工作者。

### 案例

黄女士，25岁。她的丈夫在去年的一次车祸中丧生。黄女士由于遭受的打击太大，病了几个月。她精神不振，常常幻想丈夫并没有死。她希望从痛苦中解脱出来，于是申请了社会心理服务。然而，社会心理工作者与她丈夫的气质很相似（尽管他们的相貌并不相像），她觉得与社会心理服务工作者谈话就像跟自己的丈夫谈话一样，经常找机会向社会心理服务工作者谈自己的问题……

**问题：** 发生了什么问题？如何处理？

### 4）对社会心理服务工作者的基本要求

①不得因性别、年龄、城乡、民族、性取向、宗教信仰和政治态度、文化、身体特征、经济地位等因素而歧视工作对象。

②应避免伤害工作对象。如果伤害可预见或可避免，应在工作对象知情同意的前提下尽可能避免，将伤害降到最小；若伤害无法预见或不可避免，应尽力使伤害降至最低，或在事后设法补救。

③不得以收受实物、获得劳务服务或其他方式获得专业服务的回报，防止冲突、剥削、破坏专业关系等危险。

④尊重工作对象的文化多元性。应充分觉察自己的价值观，了解自己的价值观对工作对象可能的影响，尊重工作对象的价值观，避免将自己的价值观强加给工作对象，不替对方做重要决定。

⑤应认识自身位置对工作对象的潜在影响，不得利用对方对自己的信任或依赖而剥削对方，为自己或第三方谋取利益。

⑥应清楚地了解多重关系（如与工作对象发展家庭的、社交的、经济的、商业的或者密切的个人关系）对专业判断可能有不利影响，存在伤害工作对象的潜在危险，要避免与工作对象发生多重关系。在多重关系不可避免时，应采取专业措施预防影响，例如签署知情同意书、告知多重关系可能的风险、寻求专业督导、做好相关记录，以确保多重关系不会影响自己的专业判断，并且不会对工作对象造成危害。

### 5）社会心理服务工作专业关系建立的征兆

①工作对象对社会心理服务工作者从怀疑到信任。
②工作对象从身边的事情聊到个人的事情。
③工作对象从被动参与到主动参与。
④社会心理服务工作者从负面的回应到正面的回应。
⑤工作对象从违规到遵从规则。
⑥工作对象从抗拒到合作。

对照专业关系建立的6条征兆，社会心理服务工作者可以把握是否与工作对象建立了社会心理服务工作专业关系。

## 2. 技能演练

运用社会心理服务专业关系的7个原则建立专业关系。要求学习者结合具体案例进行技能演练，对演练结果进行评估，填写技能演练记录表（表8-19）。

表8-19　专业关系建立技能演练记录表

| 序号 | 项目 | 模拟演练过程记录 | 技能评估 | | |
|---|---|---|---|---|---|
| | | | 正确 | 不确定 | 错误 |
| 1 | 尊重 | | □ | □ | □ |
| 2 | 热情 | | □ | □ | □ |
| 3 | 真诚 | | □ | □ | □ |
| 4 | 共情 | | □ | □ | □ |
| 5 | 接纳 | | □ | □ | □ |
| 6 | 非评判 | | □ | □ | □ |
| 7 | 简洁具体 | | □ | □ | □ |

## 三、任务总结

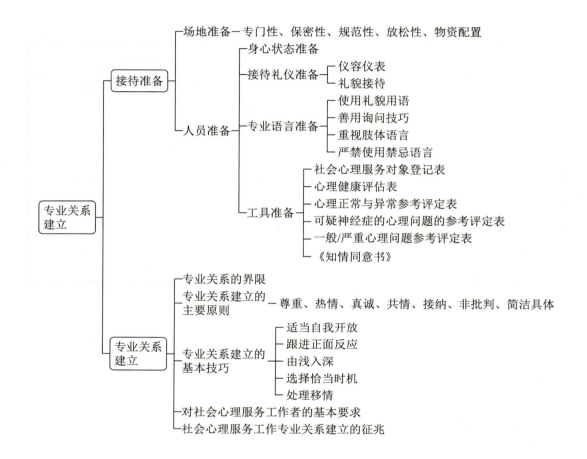

## 习题

### 一、单项选择题

请从每题的四个选项中，选择一个你认为最符合题意的答案，在所选答案的字母上画√，或把字母填写在（　　）里。

1. 当有工作对象来访时，社会心理服务工作者（　　）。
   A. 要尽量用方言与工作对象沟通
   B. 如果正在忙，先忙完手头事情，再接待工作对象
   C. 应主动迎接，起身问候工作对象
   D. 一直发问工作对象

2. 以下哪个问题不属于开放式询问？（　　）
   A. 什么样的行为让你感到不舒服？
   B. 你生气的原因是什么呢？
   C. 当事情发生的时候，你感到很焦虑，对不对？
   D. 这件事您是如何考虑的？

3. 以下哪项不属于社会心理服务专业关系建立的基本技巧？（　　）
   A. 岔开话题　　　　　　　　　B. 跟进正面反应
   C. 选择恰当时机　　　　　　　D. 适当自我开放

4. 在社会心理服务过程中，从问题性质来看提问分为封闭式询问和开放式询问两种，其中封闭式提问适用于（　　）
   A. 自由发挥　　　　　　　　　B. 澄清事实，获取重点
   C. 心理服务开始时　　　　　　D. 帮助服务对象表达感受

### 二、判断正误题

下列说法或描述，你认为正确的，请在（　　）中画√，认为错误的，在（　　）中画×。

1. 在接待工作对象时，社会心理服务工作者可以任意打断工作对象讲话，以便提问。（　　）

2. 社会心理服务工作者要尊重每位寻求专业服务者，不仅要尊重其隐私权、保密性和自我决定的权利，还要尊重工作对象的现状及其价值观、人格和权益。（　　）

3. 对社会心理服务工作者来说，真诚就等于全说实话。（　　）

4. 接待工作对象时，社会心理服务工作者应使用礼貌用语，避免总是语气生硬地问"为什么"。（　　）

### 三、语音表述题

研二女生小丽很矛盾,她最近谈了个男友,两人感情很好,可爸妈不同意,认为男友来自农村,配不上小丽,让小丽与男友分手。小丽不知道该怎么办,她来到了社区心理服务中心求助。

问题一:从接待礼仪来看,作为社会心理服务工作者,你该如何礼貌接待?

问题二:请先说说尊重的5个层次,然后,说明你会采取尊重的哪个层次?

# 任务九　沟通技术

## 一、任务信息

### （一）任务导入

时间：中考前一个月某天上午

地点：某社区居委会社会心理服务站

人物：小明（男，15岁，初三学生），小明妈妈（李女士，46岁，某公司员工），小王（女，38岁，社会心理服务工作者）

情境：小明突然不愿去上学，无论家长如何劝说，小明都无动于衷，李女士向小王求助。

### （二）任务要求

①能够运用语言沟通和非语言沟通方式，建立工作对象的安全感和信任感，支持工作对象，助人自助。

②能够使用倾听技巧，与工作对象形成良好互动。

③能够了解社会心理服务工作沟通的基本技巧，如倾听技巧、积极语言技术、支持性会谈技术等。

## 二、任务实施

本任务包括有效沟通的主要内容和沟通技术实施两个部分。

## （一）有效沟通的主要内容

### 1. 知识学习

#### 1）沟通的含义

沟通，汉语词源解读为"开沟而使两水相通"，后来泛指彼此相通，是人们分享信息、思想和情感的过程。现代社会所指的沟通一般指人际沟通，本教材涉及的沟通也是指人际沟通。

沟通有广义和狭义之分，广义的沟通是指两人或两人以上的语言、情感、状态、思想、观点、意见、态度和动机、知识和经验的交流过程。广义的沟通是指运用语言或非语言的符号系统，交换意见、传达思想、表达感情和需要，实现信息交流，从而建立一定的人际关系。狭义的沟通是指一方通过某些途径把信息传递给另一方的过程。沟通是一个动态的过程，是人际关系形成的前提和条件。

#### 2）沟通的要素

沟通包括以下7个要素。

（1）信息源——发出信息的人

信息源是沟通的前提，有了信息源，人们才能沟通。

（2）信息

信息是沟通的内容。有了内容，沟通时就有了谈资。

（3）信息渠道

信息渠道是信息的载体，即信息通过何种方式、用什么工具从信息源传递给接收者。信息通常会通过一种或者几种渠道到达接收者。常用的信息渠道有语言、动作、表情及广播、电视、电影、报刊、电话、微信、信函、邮件等。

（4）接收者

信息为接收者所接收，如果没有接收者，沟通也不能实现。

（5）反馈

反馈是信息发出者和接收者相互间的反应。信息发出者发送信息，接收者回应与反馈，双方调整沟通内容，使沟通成为连续的过程。

（6）障碍

障碍是沟通中妨碍理解和准确解释信息的因素。周围的噪音，沟通双方的身份与地位、价值观、信念、情绪、情感的差异，以及跨文化沟通中对文字不同的解释与理解等，都可能成为沟通障碍。

（7）环境

沟通时的环境会影响沟通效果。

### 3）沟通的意义与功能

沟通是个体适应环境，适应社会文化生活，承担相应社会角色，形成健全人格的基本途径。沟通有以下4种功能。

（1）传递信息

沟通能使人们获得的信息更广泛，速度更迅速。

（2）心理保健

沟通可以满足人交往的需求，增进情感，在心理上产生归属感和安全感。尤其当人处于危急、孤独、焦虑状况时，特别需要沟通，以提升心理能量。

（3）增进自我认识

通过沟通可以深化对自己的认识，更客观地评价自己，建立起健康的自我形象。通过他人对自己的态度与评价，以及自己与他人的关系来认识自己，了解自己在他人心目中的形象和在社会中的地位，客观地认识自己。

（4）协调人际

沟通可以发展与他人的关系，增进彼此的了解，化解误会，统一认识。沟通的频度增高和深度增强时，人际间的亲密程度也随之增加。但沟通也要适可而止，不要过于频繁，以免他人反感。

### 4）沟通的类型

沟通必须借助于一定的符号系统或载体才能实现信息的传递。根据信息载体的不同，沟通可分为语言沟通和非语言沟通2类。

（1）语言沟通

语言是社会约定俗成的符号系统，可以分成口头语言、书面语言和网络视觉语言，包含语音符号系统和文字符号系统。

①口头语言沟通

在面对面的线下沟通中，口头语言最常用，而且收效最快。它有说话、讨论、会谈、演讲四种类型。

口语语言沟通的特点一是信息传递形式多样，既可以是两人之间的交谈，也可以在群体之间进行，如集体谈心、做报告、演讲等；二是信息传递速度快，口头语言可以直接把想传递的信息传递给对方；三是信息传递效果好，口头语言表达可以借助手势、表情、姿态等非语言符号来强化想传递的信息，提高信息传递和交流的效果；四是信息反馈快，信息发出者能够及时得到信息接收者的反馈。

口头语言局限性是，信息容易被曲解、信息保留时间短、信息易受干扰、对不善言辞者不利。

②书面语言沟通

间接沟通多采用书面语言，不受时间和空间限制，信息既可以长时间保存，也可以远距离传递，信息发出者可以充分考虑语词的恰当性。书面语言扩大了人们认识世界的广度，加深了认识深度，但是，书面语言存在表达间接、沟通对象不确定等局限。

③网络视觉语言沟通

视觉化的语言最早的表现形式是图片加上简单的文字，目前出现了文字加可动的图片，也就是网络动图，增强了视觉冲击力。

表情包是一种网络视觉语言，简洁明了、幽默诙谐、一目了然，它通过图片表情加文字或者动态贴图表达某种情绪。

(2) 非语言沟通

非语言沟通是指凭借眼神、动作、表情、实物、环境等传递信息。非语言沟通具有特定的文化形态，是习惯性的和无意识的，以非常微妙的方式传递感情和态度，有时还可能与语言表达的信息相矛盾。

①目光接触

眼睛是心灵的窗户，是人们传达无声信息使用最多的器官。眼神十分重要，如交谈时注视对方，意味着重视对方；只打招呼而不看对方，表明不愿交流；瞪眼表示敌意或仇恨；斜视表示鄙视或思考；白眼表示反感或鄙夷；眼睛眨个不停表示疑问或好奇；双目大睁表示吃惊；左顾右盼、低眉偷觑表示焦虑或困窘；行注目礼表示尊敬等。

目光既能传情还能达意。目光在人际沟通中的主要用途表现在：直接的目光接触意味着对对方感兴趣，期望继续交谈。目光接触可以控制、调整沟通时的互动；当社会心理服务工作者用期待的、鼓励的目光注视工作对象时，对方会继续叙述；当学生在课堂遇到疑难而抬头疑惑地看教师时，教师接收这种信号，可以及时询问学生，解决其疑惑。

目光接触可以表达感情。眼神可以表现出情绪状态，喜欢谁就会多看谁几眼。目光接触有提示、告诫作用。

②面部表情

微微笑、皱皱眉、打哈欠等都传递某种信息。通过观察面部表情可以理解人的言行与感受。

谈话主题轻松愉快时，谈话者面部肌肉放松，伴有不同程度的微笑。如果主题严肃，或在谈论令人沮丧或痛苦的事情时，谈话者往往表情严肃或者愁容满面。另外，同一面部表情在不同语境中表示含义不同。例如，微笑可以代表喜爱、礼貌和问候，也可以用以掩盖真相，妈妈对孩子的微笑和开车超速的司机对警察的微笑所表达的内容可能大不一样。眨眼在不同场合表达不同意思，如对朋友和亲人眨眼的意思是"我和你之间有一个秘密"或"我在开玩笑"，但对恋人眨眼可能是增加情趣。

③体态语言

研究表明，人的头、手、腿、躯干都可以用于传达信息。

A. 手势。人们说话时所做的有些手势与其所说的内容可能无关，如捋捋头发、推推眼镜等，但大多数手势有助于说话者更清楚、更形象、更准确地表达自己的意思。

手势分为图像手势（描绘实物的形象化手势）、比喻手势（描绘抽象概念的形象化手势）、指示手势（指出位置或方向的手势）、情绪手势（伴随情绪变化所做的手势）。

B. 头部动作。对头部动作的理解要依据文化准则。在我国，点头可能表示赞同或领会，摇头常表示不同意、不满意或不理解。英国人则会用点头来提示对方接话时机。

C. 姿势。姿势能表达人在某种场合的松弛程度（如跷二郎腿一般在不十分正式的场合才出现），也能示意人的情绪和心理状况。典型的站姿和坐姿如图9-1、9-2。

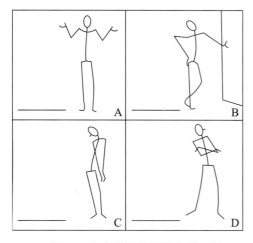

图9-1 人类常见的四种典型站姿

A表示漠不关心、无可奈何、不以为然、屈从、疑惑等；

B表示自满、厌烦、气愤或漫不经心等；

C为女性站姿，表示惭愧、害羞、谦恭或悲哀等；

D表示傲慢、威胁或惊奇、怀疑、犹豫等。

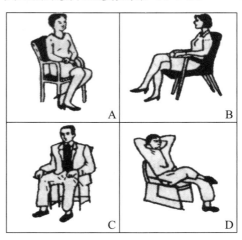

图9-2 常见坐姿

A与C为正式而严肃的坐姿，适用于正式场合，如用于听报告、会谈；

B为女性的半随意或较为放松的坐姿；

D为男性随意而放松的坐姿；

B和D坐姿适合非正式场合，使对方感到放松，少有或没有压力感；如在正式场合这种坐姿会让人觉得无礼或缺乏教养。

D. 衣着。在开口说话之前，穿着打扮就能提供人的个性、受教育程度、经济状况、心理状况等信息。虽然衣着不能弥补人的能力缺陷或学识的不足，但有时能助人成功，同时较差的着装也会让人失去机会。

非语言的沟通比语言的沟通更深刻、更含蓄，很多时候是无意泄露的，因而更真实。在社会心理服务工作者与工作对象沟通过程中，要善于捕捉工作对象的非语言表现，同时也要对自己的非语言特点有自觉，避免负面、伤害他人的非语言行为。

### 案例

小明妈妈（李女士）："王老师，我真是快急死了，这马上要中考了，小明竟然说不去上学了？您说，我该怎么办？您一定要帮帮我。"（着急、担心、生气、焦虑等）

工作者："李女士，初三的孩子突然不肯去上学，换了我，我也会很着急的，有什么需要我帮你的吗？"（目光关切，声音温和，表示理解）

小明妈妈："我真不知道该怎么办，我又找不到人商量，您是专家，您一定要帮帮我。"（将希望寄托在社会心理服务工作者身上）

工作者："李女士，您先歇口气，喝口水。我们一起来看看，这孩子身上到底发生了什么？"（安抚情绪，引导家长看清事件的前因后果，将家长作为解决问题的同盟力量）

小明妈妈开始哭诉这些年来，自己一个人抚养小明多么不容易，说孩子平时很乖巧懂事，成绩又好，自己觉得辛苦点儿也没什么，可现在初三了，孩子竟然不上学，这让她觉得天都要塌下来了。

等小明妈妈情绪缓和了一点儿后，小王让她仔细想想，小明最近有没有什么异常。小明妈妈说，前几天，感觉小明有点儿心神不宁，但她以为，孩子是因为学业压力大，也没有特别在意。经这么一提醒，她记起小明在说不上学的头天晚上好像哭过，早上起来眼睛有点儿肿。其他的她就不知道了。她问小明时，小明什么也不说；打电话问老师，老师也不清楚发生了什么，说需要了解一下情况再联系家长。

……

当工作者跟着小明妈妈来到小明家时，小明正在房间里玩手机。小王做了自我介绍后，跟小明聊了起来。

工作者："小明，我能跟你单独聊一聊吗？"

小明放下手机，坐得端端正正的，低着头，不说话。（非语言：身体动作表示有些抗拒）

工作者："小明，我不是来劝你去学校的，但我从你妈妈那里有了解到你最近好像有些不开心，不知道是否愿意跟我说一说？"（非语言：关注的眼神）

小明："您真的不是来劝我去上学的？"（非语言：抬头，疑惑的眼神）

工作者："是的，上不上学你可以自己决定。不过，我想知道的是你生活中到底发生了什么让你这么不开心，以至于不想上学了。我还想看看，我有没有办法可以帮到你。"

小明："您真的愿意帮我？"（非语言：疑惑的表情）

工作者："当然，只要你愿意说，我会尽力想办法。"

小明搬来一把椅子请工作者坐下来，妈妈退到客厅等候。

原来，小明喜欢上了同班一位漂亮且成绩好的女生，前几天鼓起勇气向女生告白，不仅被当面拒绝还被嘲笑说自不量力，小明感到生气、愤怒、伤心、难过、郁闷，还有丢脸和羞愧，于是不敢去学校了，不敢再见这位女生。

小明很小的时候，父亲因出轨一名年轻漂亮的女同事而与小明母亲离婚，离婚后很快再婚，一年到头也不跟小明联系。妈妈经常跟小明说爸爸不负责任，漂亮的女人都不是好东西，千万不要跟女生过度交往诸如此类的话，说只有好好学习、成绩好才能被人瞧得起。所以，小明特别害怕妈妈伤心失望，怎么都不敢告诉妈妈原因，只好闷在心里。

## 5）有效沟通的步骤

### （1）制订沟通计划

社会心理服务工作者与工作对象的沟通，带有助人自助的性质，不同于一般性的社交沟通。一般都有固定的场所，尽量邀请工作对象来工作者的办公室，特殊情况下可以在工作对象家里。需要事先协商好时间和地点、大概时长、主要内容等。当问题超出工作者能力范围时应及时转介。

### （2）明确沟通目标

社会心理服务工作者与工作对象的沟通，会更多地关注工作对象的需要，协助工作对象解决现实生活或者心理上遇到的困难和问题。工作对象有时有比较明确的目标，比如修复关系、提升学习效能、缓解工作压力等，当工作对象没有明确目标时，工作者就需要与他们共同协商，制订一个可操作、可评估、可观察的目标。比如，一个要参加中高考的学生，其主要目标就是克服考试焦虑，能顺利参加中高考。一个情绪不稳定、经常发脾气的妈妈，其主要目标是稳定情绪，降低每周、每天发脾气的次数。工作者应尽可能地提升工作对象的心理应对能力，使其鼓起战胜困难的勇气，最终消除心理障碍，克服心理危机。

### （3）建立良好的同盟关系

在目标一致的前提下，设计共同的目标任务，使工作对象主动参与到问题解决过程当中。

**案例**

**促进情感联结、建立信任感和安全感的回应**

小明:"我很喜欢那个女生,她又漂亮,学习又好,我觉得我跟她非常般配。"

工作者:"是呀,又漂亮学习又好的女孩确实招人喜欢,你觉得你跟她很般配,能多说一点吗?"

小明:"我的外貌和学习也不差,为了追上她,我还会更加努力的,可是,我有点儿不明白,她为什么会拒绝我。为什么家长会反对我们交往?"

**分析**:认可小明对他人的情感,同时通过复述,希望小明能说多一点他自己对这段关系的理解,小明觉得被理解,能投入探讨中来。工作者和工作对象容易建立起同盟关系。

**引起防御与不安的回应**

小明:"我很喜欢那个女生,她又漂亮,学习又好,我觉得我跟她非常般配。"

工作者:"你现在正在上初三,不要老想这些事情,等你上大学了,才有时间考虑感情。"

小明:"你说话的语气像我妈妈一样。"

**分析**:这是常见反应,社会心理服务工作者带入自己的评判(中学生不应该分心谈恋爱),完全抛开了工作对象的感受。听到这种回应,工作对象会觉得自己的感受被"堵"在那里,无法继续表达,也会觉得社会心理服务工作者跟他的妈妈一样无法理解自己,继续沟通的意愿明显下降。工作者和工作对象不容易建立起同盟关系。

(4)发掘有效资源

很多时候,我们看不到身边拥有的支持与资源。作为社会心理服务工作者,要寻找契机,抓住关键信息。

**案例**

**关注资源的询问**

工作者:"在处理不良情绪方面,你以往有什么有效的经验吗?"

小明:"我一般会去跑跑步,有时跑着跑着,出出汗,自己的心情就好了。"

工作者:"跑步和运动是很多人处理情绪的有效方式。这一次,你试过吗?"

小明:"我试过,但是跑完之后,心里还是堵得慌。"

工作者:"哦,你有没有想过,为什么这次这个方法就失效了呢?"

小明:"也许是我太难过了吧。"

工作者:"嗯,那我们来看看,还有没有其他可以使用的方法。"

小明:"我突然想起来了,以前,当我跑步和运动都无法解决情绪困扰的时候,我会用日记把糟糕的心情记录下来。也许这次,我也可以试试。"

工作者:"太好了,现在你又想到了一种方法。此刻,你的心情如何?"

小明:"我觉得没有刚才那么沮丧了。"

**分析**:小明陷入不良的情绪中无法自拔,社会心理服务工作者引导小明回想过往的经验,小明想起了一种方式,但这种方式目前对他无效。工作者让他思考原因,并用积极语言进行鼓励,引导他再想想。小明很快就想到另外一种方式并打算试试看,态度变得积极,情绪也开始好转。

**引起防御的开场白**

工作者:"你能告诉我,你有什么烦心事吗?"

小明:"嗯,我不知道,我感觉还好啦。其实也无所谓。最近,我在学校里遇到了一点儿不顺心的事,不过也没有什么不正常的。"

**分析**:在回答"你有什么烦心事""你怎么啦"或"你有什么问题"之类的问题时,工作对象有可能淡化问题。

### (5)提供支持,实现助人自助

社会心理服务工作者更多的是提供一个看问题的新视角,拨云见雾,支持和引导工作对象找到自己本来就有的资源,实现自我帮助。

### (6)结束沟通或者转介

社会心理服务工作者跟工作对象的沟通与接触,很多时候只能提供一些支持性的帮助,无法提供治疗性的帮助。当社会心理服务工作者发现以自己的专业能力无法为工作对象提供切实有效的服务时,就要及时结束沟通并提供转介资源,有些工作对象需要转介到心理咨询机构接受长期的心理咨询,有些需要转介到医疗机构接受精神科诊断和治疗。

## 2. 技能演练

模拟一个案例，按照表9-1进行技能演练，并填写记录表。

表9-1 非语言沟通技能演练记录表

| 实训地点： | | 演练时长：90分钟 | |
|---|---|---|---|

**一、任务描述**

1. 演练任务：非语言沟通的使用
2. 演练目的：观察非语言沟通中的动作及表情，体会其对沟通的影响
3. 演练内容：以任务导入中社会心理服务工作者小王跟小明或小明妈妈（李女士）的初始见面为例，模拟有效沟通的步骤，观察在社会心理服务过程中非语言沟通的行为，体验这些行为，讨论作用和影响

**二、任务实施**

1. 角色分工

每小组四人，其中三人进行角色扮演，剩余一人为观察员，进行三轮，每人扮演一次社会心理服务工作者

| 角色 | 扮演过程 |
|---|---|
| 小明 | |
| 小明妈妈 | |
| 社会心理服务工作者 | |
| 观察员 | |

2. 活动流程

（1）模拟练习

模拟要求：按照案例的要求，社会心理服务工作者练习使用非语言沟通完成一个5分钟的会谈，注意与工作对象的目光接触，恰当呈现面部表情、体态语言等

录音录像：活动之前，小组成员可共同讨论是否录音或录像。建议录音录像，方便后面的回顾与讨论

（2）记录沟通过程：观察员及时在表格中记录非语言行为呈现的频次及程度，遗漏部分可回看录像，用"√"表示有此行为，旁边可以标注行为的具体表现

| 非语言行为 | 目光接触 | | 面部表情 | | 体态语言（含手势、头部动作、姿势、衣着等） | | 备注 |
|---|---|---|---|---|---|---|---|
| | 工作者 | 工作对象 | 工作者 | 工作对象 | 工作者 | 工作对象 | |
| 谈话轮1 | 无 | | √严肃 | | √点头，耸肩…… | | |
| 谈话轮2 | | | | | | | |
| 谈话轮3 | | | | | | | |
| …… | | | | | | | |

（3）过程回顾与讨论

观察员发言：模拟沟通中观察与记录到的内容

工作对象回应（针对观察员所观察到的内容和自己的体会客观表述）

| 我看到了 | |
|---|---|
| 我想到了 | |
| 我感受到了 | |
| 我的整体感觉 | |

续表

| 社会心理服务工作者反思与回应（根据观察员和工作对象的反馈客观表达） | |
|---|---|
| 我的意图 | |
| 我的感受 | |
| 我需要改进的地方 | |

讨论并总结：非语言行为在沟通中对互动的影响
①_____
②_____
③_____

### 三、演练评估

任务评分标准

| 序号 | 考核指标 | 所占分值 | 备注 | 得分 |
|---|---|---|---|---|
| 1 | 项目（任务）完成情况 | 3 | 是否在规定时间内完成非语言沟通的三个方面 | |
| 2 | 演练质量 | 7 | 能够自然恰当地使用非语言沟通来促进沟通顺利进行，反思能力较强 | |
| 总分： | | | | |
| 指导老师： | | | | |

年　　月　　日

## （二）沟通技术实施

## 1. 知识学习

### 1）倾听技巧

#### （1）倾听的定义

倾听来自英文"attending"一词，有专注地、投入地用心听的意思，它不是指单纯的听，还包含听的态度、听的身心状态等。倾听是指在心理服务过程中，社会心理服务工作者的语言与非语言行为反映出"正全神贯注地听工作对象说话，观察工作对象的非语言表达（眼神、面部表情、体态），关切和重视工作对象的遭遇，愿意跟随工作对象探究问题的始末"。

### （2）倾听的功能

①治疗功能。社会心理服务工作者的倾听，能够引导工作对象讲出自己的故事，这种讲述本身具有宣泄作用，因而具有治疗功能。讲述故事能让曾经遭受过精神创伤的工作对象缓解情绪，当故事中包含隐藏着的"困难"或"羞耻"时，倾听的治疗作用就更加明显。

②建立良好工作关系。社会心理服务工作者全神贯注地听，表现出对工作对象话题的兴趣，工作对象感到被了解、被重视和被关心，就会对社会心理服务工作者产生良好印象，愿意与社会心理服务工作者建立良好工作关系。

③了解问题。社会心理服务工作者耐心倾听，才能了解工作对象"发生了什么""做了什么"，对事情的看法、感受，以及他是如何表达和处理感受的。

④提供自我成长的机会。陷入困境的人不但心智混乱，而且容易丧失信心，拒绝他人，怀疑自己。工作者能够倾听工作对象，就能给工作对象一个整理自己思绪的机会，理清问题所在，增强力量和信心，使其能够有勇气面对困难、面对自己。

社会心理服务更关注"授人以渔"，更关注工作对象心理问题中的有效资源，使工作对象的态度、行为产生积极自助的变化。

### （3）身体倾听和心理倾听

倾听包括身体倾听和心理倾听。

身体倾听指社会心理服务工作者的全身姿势都传递出对工作对象的关切、支持与陪伴。

心理倾听是指社会心理服务工作者不仅听工作对象的语言内容，而且也注意工作对象语言背后的"弦外之音"。放下自己主观的想法和评判，听工作对象叙述声音的高低强弱、语调的抑扬顿挫，观察工作对象讲述时的非语言行为。非语言行为与表述内容不一致，可能表示工作对象在掩饰或回避某种情绪和态度。有时候表述内容可能含糊不清，但非语言行为能直观表达出工作对象的真实想法和态度。所谓心理倾听，听懂工作对象的情绪和感受比只听对方的语言内容更为重要。

> **案例**

**身体倾听与心理倾听的运用**

小明："我不知道这事该怎么说，没事，我还好。"（低头，手指交叉捏拳，声音低而含糊）

工作者："似乎你对自己所做的事情感到很不安，内心有一些冲突。"（身体微微前倾，真诚地看着小明）

小明："我妈知道了会担心的。"（轻点头）

工作者："你很在乎妈妈的感受，不想让她担心，所以一直一个人默默承受。"

（温柔的回应，轻点头）

　　小明："我真不知道该怎么办好了。"（抬头看着小王，眉头紧锁）

　　工作者："你愿意说给我听听吗？我们一起看该怎么办。"

　　**分析**：小明口头上说"没事""还好"，但表情和动作显示出紧张、没底气，回避眼神接触。工作者看出小明的不安，对他的情绪和感受做出回应，并且用身体倾听的方式表达了真诚与接纳。小明觉得被理解，渐渐放松，表达了对妈妈的担心。工作者看见并理解了小明的担心，邀请小明一起面对问题，让小明愿意开放自己，倾吐心声。

### （4）反映式倾听

　　反映式倾听指像镜子照映一样，单纯反映的口语或非口语（表情、肢体、态度等）内容。可以重复工作对象的话或者简要概述谈话内容，向工作对象确认是不是这样，让工作对象知道工作者一直在听他说话，而且也听懂了他说的话，不但可以让工作对象感受到被理解、被支持，也能帮助他们回顾并整理自己的思考与感受。

　　反映式倾听有如下4个技巧。

　　①回音法。像回音般如实复述对方的话语。

**案例**

　　小明："我总是没法达到妈妈那么高的要求。"

　　小王："你总是没法达到妈妈那么高的要求。"

　　②摘要式回应。换句话表述工作对象的话或摘要式地回应"你的意思是……吗"，来确认自己是否理解正确。

**案例**

　　小明："我总是没法达到妈妈那么高的要求。"

　　小王："你的意思是妈妈的要求太高了，你达不到是吗？"

　　③探索式回应。提出"……是什么情况呢？""你当时是什么心情呢？"等问题，请对方详加说明。这样既可以准确理解对方，也可以促进对方反思自己的情绪和想法。

**案例**

　　小明："我啥也没做，她就开始骂我。"

　　小王："被妈妈指责，你当时是什么心情呢？"

④揣测非语言信息。可以透过行为观察，揣测对方想表达的意念。询问"你是不是……呢？"，例如"是不是因为妈妈那样做，才让你有被抛弃的感觉？""你是不是有一点儿生气？"，借由这些话，让工作对象察觉自己，帮助他们将想法转化成语言。

（5）无效的倾听

①虚伪的倾听，也叫假性倾听。表面看似在专注地听，但总想着其他事情，不专注谈话内容，回答离题。

> [案例]
>
> 小明："我觉得很丢人，担心回到学校，大家对我指指点点。我也不知道该怎么面对她。一想到见面的场景就觉得尴尬。您说我该怎么办？"
>
> 工作者："嗯，是的。"（微笑，不断点头）
>
> 小明："您也这么觉得是吗？"
>
> 工作者："啊？是啊？那你打算什么时候回学校？"
>
> 分析：工作者看起来在"听"，但心里一直在想怎么劝说小明回学校上学。所以看似态度礼貌，实则对小明的诉说内容完全没有接受。

②自恋的倾听，也称为沟通的自我陶醉，这些倾听者常常中断沟通，将沟通的主题转移到他们感兴趣的事物上，自说自话。

> [案例]
>
> 小明："这个学期的物理太难了，我突然觉得自己什么都不会了。"
>
> 工作者："嗯，我觉得化学比较有意思。我读初中哪会儿最喜欢化学。"
>
> 分析：小明在诉说自己在物理学习上的困难和无助，但工作者把话题转到自己感兴趣的事物上。

③选择性倾听，不是听别人说话，而只是把注意力放在自己感兴趣的内容上，而忽略对方诉说的信息。

> [案例]
>
> 小明："我知道我这样做不对，但我担心跟妈妈说实话她会生气。"
>
> 工作者："既然知道自己不对，那你赶紧跟妈妈道歉吧。"

**分析：** 小明在诉说自己内心的冲突与为难，理性上知道自己错了，但情绪上无法面对。但工作者急于想纠正小明的错误，所以只顾表达自己认为正确的意见。

④隔绝性倾听，内心逃避某个话题时，在做出简单回答之后，迅速忽视或者忘记谈话内容，转移话题。

### 案例

小明妈妈："今天上学怎么样？感觉如何？"
小明："还行，今晚吃什么？"

**分析：** 小明妈妈想了解小明在学校的状况，但小明不想说这个话题，用"还行"敷衍一下，马上转移话题。

⑤防卫性倾听，当听到别人用批评、指责的负面语言说自己时，会感觉对方是在攻击自己，所以会想反驳对方、保护自己，此种状态下听人说话就是防卫性倾听。当人进行防卫性倾听时，关注的不再是谈话内容，而是对方的态度和对自己造成的伤害。

### 案例

小明："你又在提表哥。不就是嫌我不如他聪明，不如他努力吗？"
小明妈妈："你还说不得了，翅膀硬了是吧？"

**分析：** 小明妈妈总想用优秀的表哥来激励小明，小明无法忍受妈妈对自己的贬低，不爱听妈妈说话，一说话就跟妈妈顶嘴。

⑥埋伏性倾听，倾听者会很仔细地听，但不试图了解对方，而是搜集信息，挑剔对方表达中的漏洞。

### 案例

小明："我心情不好，脑子很乱，就去公园散了散心。"
小明妈妈："公园散心？你去哪个公园散心？"
小明："我随便走走。"
小明妈妈："你肯定在撒谎，是不是逃学去网吧了？"

**分析：** 小明妈妈使劲追问小明为什么没有按时回家，实则是怀疑小明去网吧打游戏了，想抓住小明"撒谎"的证据。

⑦愚钝的倾听，社会心理服务工作者无法清楚地接收到工作对象的全部信息，只能对表面内容做出回应，抓不住实质重要信息。

**案例**

小明："哎，我最近觉得很没意思。"（低头，叹气）

工作者："怎么没意思了？"

小明："嗯，没意思，你说人为什么要活着……"（低头，越说越小声）

工作者："为什么要活着？总想这些有的没的，没用的。你现在就是要好好学习啊。"

**分析**：小明在诉说活着很艰难痛苦，他一直低着头，并且表示"没意思""为什么要活着"，这可能是抑郁的先兆。但工作者没有察觉小明的异样，没听出小明的危机信号。

## 2）积极语言技术

### （1）积极语言的定义

指引发个体积极情绪，发现个体优点及潜能，关注使人生美好的有利条件，促进个体美德及积极品质的形成，有利于建构积极人际关系的语言。

### （2）积极语言研究的基本问题

目前，积极语言研究的基本问题如下。

①性质：什么是积极语言，积极的脑语思维、口语习惯、肢体语言是什么。

②原因：在某些特定情境下，个体通常说哪些话，是怎么说的；个体为什么说某些话，怎么说会更好些；哪些因素影响积极语言的形成。

③规律：积极语言有什么规则，逻辑关系是怎样的。

④层次：积极语言有多少种类，有哪些风格，有哪几个表征层次，各自的水平怎样。

⑤关系：积极语言与积极情绪、积极行为的关系是什么。

⑥作用：积极语言对人的行为产生哪些影响，是不是所有积极语言都能促进人的积极行为的产生，积极语言对他人、对自己有什么意义等。语言的影响和效果不但有示范、激励作用，还有消极作用。

### （3）语言的类型

从语言的心理功能看，语言可分为认知类语言、行动类语言、人际类语言、情绪类语言和人格类语言。

①认知类语言通常指人们的脑语，即对人、事、物、社会的信念和认知。

②行动类语言通常指人们表达的关于想不想行动、何时行动、如何行动、行动多长时间、行动的目标和利弊、行动的效果等的语言。

③情绪类语言是表达某种心情或体验到的某些情绪、情感的语言。这类语言要么会引起人们的快乐感受，要么会引起人们的悲观情绪。

④人际类语言通常是指表达与他人关系的语言。表达接纳、肯定、包容、喜欢他人的语言。

⑤人格类语言是对他人的人格进行总体评价和描述的语言。

## 案例

**让初中男生独立找到避免打架的办法和步骤**

### 【情境】

男生强胜开朗健谈，学习不错，人缘也挺好。他和几个要好的同学，经常你等我等你，约着打球，假期里大家还常一起郊游。

一天，强胜和男生庆子斗嘴，说着说着就急了，两人先恶语相向，然后开始发生肢体冲撞，被同学们拉开了。

放学后，强胜在公交站，看到庆子和几个同学高兴地聊天，气就上来了，过去扇了庆子耳光后，两人开始互扇。

强胜看自己势单力薄，拔腿就跑，到了家楼下，发现庆子和几个同学堵在门口。强胜报了警，事情闹大了，搞得学校挺被动。

社会心理服务工作者和工作对象（男孩强胜）一起分析打架的前因后果，采取积极语言，引导孩子自己找到和平方式，解决打架问题，使其以后减少冲动和攻击性的行为。干预步骤如下。

第一步：请孩子说说，在这个情境中正确标准是什么。（老师可酌情补充）

第二步：问问孩子他做了什么，是怎么做的；对方或其他人说了什么，做了什么。

第三步：听孩子说说，在这个情境中怎么做到标准，有哪几个方法，需要几个步骤。

第四步：请孩子复述达到标准的方法和步骤，然后，将方法和步骤排个序，明确可以先做什么，先达到什么标准，继而做什么，渐渐达到什么标准。

第五步：找到孩子能克服这个行为的优势，帮助孩子克服自己的不当行为。

第六步：确认目标，帮助孩子确立改正行为、不再出错的信念。

第七步：对改错的孩子及时表扬、鼓励（见《中小学教育惩戒规则（试行）》第十三条），助力孩子形成结构化的习惯。

**【具体实施过程】**

**第一步：在打架问题上，明确学校的要求或正确行为（找到标准）**

工作者："咱先聊聊，你觉得学校在打架这件事上有哪些要求或制度。"

强胜："不太清楚。"

工作者："来，咱看一下学校的规定是怎么说的，你念一下《中学生日常行为规范》（给学生看）。"

强胜（念《中学生日常行为规范》）：

"第四条，举止文明，不说脏话，不骂人，不打架，不赌博；不涉足未成年人不宜的活动和场所。

第六条，爱惜名誉，拾金不昧，抵制不良诱惑，不做有损人格的事。

第十条，同学之间互相尊重、团结互助、理解宽容、真诚相待、正常交往，不以大欺小，不欺侮同学，不戏弄他人，发生矛盾多做自我批评。"

**第二步：打架双方分别做了什么，说了什么**

工作者问强胜："这事发生在什么地方？庆子说了什么？做了什么？"

强胜："今天我去办公室送作业时，在楼道遇到他，庆子笑着对我做了个鄙视的手势（大拇指向下），我气不过，随即骂他'傻×'，就去老师办公室了。

我回班时，他在后门和几个同学一起喊'强胜哥，强胜哥，我们一起猜傻×，你傻×，我傻×，他傻×，最后还是你傻×'，他们听到老师的高跟鞋声就落荒而逃了。我心想太丢脸了，你小子给'老子'等着。

放学后，我们在公交车站相遇。我冲庆子吼道"你个勺子（方言，代表傻子、呆子），你再骂我试一试？

庆子当即说'你就是个大傻×'，我当时就特别想揍他，但被小伊（男生）拉开了。我越想越气不过，回头冲到庆子面前扇了他一耳光，庆子也不客气，我们就上演了互扇耳光大剧。"（说到这里，强胜憨憨地笑了）

工作者："你笑什么？"

强胜："其实也没什么大事。我和庆子是小学同班同学，关系不错，经常在一起打球，开玩笑是常有的事儿。"

工作者："哦，我好像听明白了。就是强胜做不好看的手势，还和几个同学一起说难听的话，你觉得丢脸、生气，所以扇了他，他也不客气，你们就上演了大剧，是这样吧。"

强胜："嗯，是。"

工作者："后来发生什么了？"

强胜："同班同学小伊把我们拉开了。小伊和我同住一个院子，还拉着我到小公园坐了一会儿，劝我不要打架。其实我也不想打架，可就是生气。没想到我回家时，庆子带了三个同学坐在我家楼下，还要打我，我回不了家，所以就报警了。"

工作者："我理解，我理解，同学把你们拉开后，其实你也不想打架，是因为生气才打架。是这个意思吗？"

强胜："是。"

工作者："我有点儿不明白，庆子为什么要对你做那个手势？"

强胜："我去老师办公室交作业，看到庆子从对面过来，说实在的，能当数学科代表挺荣耀的，我趾高气昂地向他走去，内心有想显摆一下的想法，他直接做了那个手势，我心想你学习不如我，篮球也打得一般，你有什么资格鄙视我？我气不过就骂他了。"

工作者："哦，你是从他面前走过，趾高气昂，他才做了手势，是这样吗？"

强胜："是。"

**第三步：引导学生自己思考在以后类似情境中怎么达到标准，有哪几个方法，需几个步骤**

工作者："这事已经过去了，还能改吗？"

强胜："我也不知道。"

工作者："你觉得，大部分同学，比如小伊，他们看到大拇指向下的手势，会不会都生气？"

强胜："有的会，有的不会。"

工作者："不生气的学生，会打架吗？"

强胜："应该不会。"

工作者："哦，生气、愤怒的同学为了避免打架，他们一般会怎么做，以避免同学之间发生冲突？"

强胜："想想自己什么地方惹着对方了，理解对方的感受，避免攻击性的言辞或语气，以免加剧冲突。干点别的，消消气儿，或找个人一块'骂骂人'得了，别真打真骂。"

工作者："刚才听你说，你和庆子关系不错，还经常一起打球，那庆子身上有什么吸引你的地方？"

强胜："庆子很仗义，平时常帮大家的忙，打球提前约场地基本都是他。"

工作者："可以呀，其实你俩挺像，都挺仗义。好，好。这次看样子是个意外，是因为咱在庆子面前趾高气昂地显摆，所以他做了手势，然后你生了气，骂了他，两人还动了手。是吧？"

强胜（笑）："是、是，其实我也不想打架。"

工作者："明白明白。咱试着想想，如果你冲庆子也做那个手势，庆子会不会生气？会不会也骂人？"

强胜："那肯定的。"

工作者："明白了，就是说，彼此不做那个手势，就有可能避免生气，不生气，也就避免了骂人，打架就不可能出现，是这个意思吗？"

强胜："是这意思。"

工作者："庆子做手势之前，发生了什么？"

强胜："我冲他走过去的时候，趾高气昂地晃悠，显摆来着。"

工作者（笑）："那咱见到庆子时，不那么显摆，可以吗？比如你们说点儿好玩的事，或邀着一块去打球，怎么样？"

强胜："那应该可以。"

工作者："现在，咱理一下，学校的要求，就是刚才你念的那段：'抵制不良诱惑，不做有损人格的事''举止文明，不说脏话，不骂人，不打架''同学之间互相尊重、团结互助、理解宽容、真诚相待、正常交往，不以大欺小，不欺侮同学，不戏弄他人，发生矛盾多做自我批评'。

你的做法和学校要求的区别在哪里？"

强胜："我打了同学，还骂了同学，在同学面前显摆，让同学不舒服。"

工作者："哦，是这样。有什么方法或步骤，让自己能克制住情绪，不骂人，不打人，哦，对了，还有不招惹人，你有什么高招？如果要你提供2—4个方法的话，你觉得可能是什么？"

强胜："就是不那么冲动，冲动是魔鬼，我太好面子，感觉他那样挑衅我，我就受不了。我会向庆子道歉的，继续做好球友。"

工作者："哎，是他挑衅你吗？刚才是谁说的，在人面前显摆来着？"

强胜："对，对，是我，是我。"（笑）

工作者："我问过庆子，他说，你们经常以开玩笑的形式对骂，他说觉得你玩得起才和你闹来闹去的。这次他觉得也就是开个玩笑，没想到你会冲过去扇他。结果，你先动手打他，他气不过，就带同学跑你家堵你去了。他说，他也没想到会闹成现在这个样子，这个结果也不是他的本意。我发觉，你们俩本意都不想打架。"

强胜："是，是，其实，我们经常在一起玩。"

工作者："哦，经常一起玩什么呢？你和庆子经常帮助彼此吗？"

强胜："那当然了。周末三五个好友一起到德汇万达打球，我们一起拼车去，有提前订场地的，有提前约车的，有负责补给的，大家在一起其乐融融的；周末有机会，我们也偶尔组个队打游戏，互赠装备、互相照应，团队意识非常强呢；冬天还会一起滑雪，不是我爸送我们上山，就是庆子妈妈送我们上山，还有些比较忙的叔叔阿姨给我们准备很多好吃的。"

工作者："好，好，非常好。看样子，你们之间没啥矛盾，好好玩吧，没准将来你们还是好朋友呢。以此次事件为鉴，你再见到庆子，准备怎么向他走过去，怎么和他打招呼？"

强胜（眼睛发出友善的光芒）："向他招招手，说'嗨'，或拍他一下。"

工作者（边微笑，边点头）

**第四步：学生自己整理及复述做到标准、达到要求的方法和步骤**

工作者："聊了半天，我有点儿糊涂，你来理一下，刚才咱都说了什么方法，可以帮助咱不打架，避免骂人，还能克制情绪，不发脾气？"

强胜："不再在同学面前显摆，不冲动，和同学好好打招呼，叫上庆子一起玩，一起打球，一起滑雪什么的。"

工作者（拿出一张白纸）："好好，这几点都非常好。来，按重要性，从最重要，到次重要，到一般般，到无所谓，你怎么排序。"

强胜："和同学好好打招呼、不在同学面前显摆、不冲动。"

工作者："我们排好了行为的步骤和顺序，照这么做，就应该能达到学校的要求和标准了，也知道先做什么，先达到什么标准了，慢慢来，老师相信你会达到要求的，会符合学校标准的。（拍拍强胜肩）怎么样？你有什么想说的？"

强胜："没有了，谢谢老师，我明白了，我试试看。"

**第五步：找到学生优势，引导学生利用自己优势去克服自身问题，而不是把"我保证……""一定……"挂在嘴上，也不是让学生总是说"对不起，我错了"**

工作者："想做好，是需要毅力和智慧的。最后，老师再问你一下，你自身的哪个优势，能帮助你克制脾气，避免打架事件？就是你自己具备什么特质，能帮助你进步和成长？因为老师不能老跟着你，也不能老和你这么聊，所以，得靠你自己。"

强胜："我觉得我挺阳光，同学们有什么困难我经常是第一个挺身而出的，平日里同学缺个学习用具，我也挺大方的，我人缘儿不错，经常有同学和我讨论问题！"

工作者："这几个点，都能帮助你跟同学友善相处，快乐相处。好，好。打架一点儿都不好玩，打完架的同学都后悔，你也后悔吧？"

强胜："是，多大的事呀，真没必要打架。其实，我和庆子挺好的。"（笑）

**第六步：助力学生确立进步的目标，形成愿意变好的信念**

工作者："老师还是很欣赏你的。来，总结一下，你觉得自己想成为一名什么样的学生？如果让你说出1—3个词，来形容你特想成为的那种学生，你会想到哪几个词？老师可以一起来帮助你成为你想成为的那个样子。"

强胜："仗义，敢做敢当。"

## 3）支持性会谈技术

支持性会谈技术指，通过劝导、鼓励、支持、适当的自我开放、间接认同等帮助工作对象发挥潜能、降低冲突、减轻症状痛楚、提高克服困难的本领、促进身心健康和社会适应。

> **案例**

**抑郁倾向工作对象的支持性会谈**

一、会谈目标

1. 建立关系：了解工作对象的处境，以提供支持
2. 危机处理：检查当下有无危险，通报并进行转介

二、会谈技巧

1. 接近工作对象

重点：务必让工作对象与工作者有一次较长且深入对话的机会，以便观察与探究。

（1）初步了解工作对象的基本资料。

（2）"×××，你最近看起来比较不开心，是不是有什么状况？愿意跟我聊聊吗？"

（3）（若工作对象否认）"喔，并没有不开心，那很好，那我们就随便聊一聊生活的事好了，生活中有哪些会让你觉得比较开心的事呢？"

（4）"嗯，也许你的情绪没那么糟，但我感觉你最近说话比较少，你最近过得怎样呢？"观察工作对象的反应，顺势多聊一聊生活或家庭情况。

2. 表达关怀与理解，了解工作对象的抑郁状况和可利用资源

（1）询问的技术：追踪工作对象抑郁的发展脉络。

"能告诉我什么事让你不开心吗？"

"情绪不好的状况持续多久了？你都怎么处理的？最糟的情况是怎么样？你都怎么应对的？"

"这种情况你有告诉谁吗？有找过谁帮忙吗？效果如何？"

"家人的反应如何？"

"如果有一天你的抑郁消失，那会是因为发生什么奇迹了呢？"

（2）同理感受与处境，适当地自我开放。

"谁遇到这种事，都一定会难过的。"

"难怪你会不开心，换成我也一定会觉得郁闷。"

"这事，我以前也遇到过，我能理解你的感受。"

"当然，你这样想是有你的理由。"

"的确，真的是会这样啊。"

（3）达成契约、提供建议。

"听到你发生这样的事，我也觉得很难过，你愿意在下次难过时，来找我谈一谈吗？"

3. 结束反馈，表达支持与鼓励

心理服务结束之前，社会心理服务工作者应积极肯定和鼓励工作对象的自我觉察

和反思，帮助工作对象化解"被评价""被挑战"的担忧，增强其自我责任感和改变的信心。

"感谢你愿意信任我，今天谈了这么多。现在你感觉怎样？"

"很钦佩你直面困难的勇气，相信按你的计划，事情应该会发生积极变化的。"

## 2. 技能演练

模拟一个案例，按照表9-2进行技能演练，并填写记录表。然后填写此次演练效果问卷（表9-3）。

表9-2　支持性会谈模拟演练记录表

一、任务描述
1. 演练任务：体验支持性会谈
2. 演练目的：熟悉支持性会谈的技巧
3. 演练内容：结合任务导入的案例，小组内3人进行三轮角色扮演，模拟小明、小明妈妈、工作者的沟通。每轮结束后，每人填写下表9-3会谈模拟演练效果问卷，进行自评与他评，比较评分结果并讨论
4. 演练要求：
（1）积极参与小组活动，不做与小组活动无关的事情；在自己能接受的安全范围内，分享个人的观念、看法、疑问，以及小组过程中的观察、自我觉察、感受等
（2）尽量以积极视角发现成员彼此的优点与长处。请以支持的、鼓励的方式指出小组成员需要改善和进步的地方，切勿直接批评、否定
（3）由于本小组的成员互动次数和时间有限，讨论、反馈及个人分享尽量聚焦

二、任务实施
1. 角色分工
每小组四人，其中三人进行角色扮演，剩下一人为观察员，进行三轮，每人扮演一次社会心理服务工作者

| 角色 | 扮演过程 |
| --- | --- |
| 小明 | |
| 小明妈妈 | |
| 社会心理服务工作者 | |
| 观察员 | |

2. 模拟练习
运用本任务中学到的支持性会谈，模拟一个心理服务会谈。会谈后运用下表9-3会谈模拟演练效果问卷，讨论社会心理服务工作者表现比较好的部分和有待改进的部分

续表

| 本次会谈，社会心理服务工作者表现比较好的部分： |
| --- |
| |
| |
| 本次会谈，社会心理服务工作者有待改进的部分： |
| |
| |
| 在小组讨论时，可供组员彼此提问的问题有：<br>①你认为工作对象在当时的感受和想法是什么？<br>②你认为工作对象当时想要说什么？<br>③当工作对象在说那些话时，你脑子里在想什么？<br>④你做出当时的反应时，意图是什么？<br>⑤如果你还有一次机会，你会说点不同的内容吗？<br>注意：分享时组员应聚焦于社会心理服务工作者反应的长处方面，尽可能不把焦点放在工作对象的问题上 |
| 记录人：　　　　　　　　　　　　　　　　　记录时间： |

**表9-3　会谈模拟演练效果问卷（助人者版）**

| 指导语：指出每项表述在多大程度上反映了你在会谈中的体验。在下表每项的右列圈出一个数字。 | | | | | |
| --- | --- | --- | --- | --- | --- |
| 会谈体验 | 非常不同意 | | | | 非常同意 |
| 在这次会谈中，我…… | | | | | |
| 1. 采用询问帮助了工作对象探索他的想法或感受 | 1 | 2 | 3 | 4 | 5 |
| 2. 鼓励工作对象去挑战他的信念 | 1 | 2 | 3 | 4 | 5 |
| 3. 没有帮助工作对象思考他的生活可能会有什么变化 | 1 | 2 | 3 | 4 | 5 |
| 4. 没有教给工作对象解决问题的具体技术 | 1 | 2 | 3 | 4 | 5 |
| 5. 没有鼓励工作对象表达他的想法或感受 | 1 | 2 | 3 | 4 | 5 |
| 6. 帮助工作对象意识到他的想法、感受和/或行为中的矛盾之处 | 1 | 2 | 3 | 4 | 5 |
| 7. 帮助工作对象思考他所关注的东西 | 1 | 2 | 3 | 4 | 5 |
| 8. 没有帮助工作对象识别有用的资源（如朋友、父母、导师、学校、牧师） | 1 | 2 | 3 | 4 | 5 |
| 9. 帮工作对象指出怎样解决一个具体的问题 | 1 | 2 | 3 | 4 | 5 |
| 10. 帮工作对象理解他的想法、感受和/或行为背后的原因 | 1 | 2 | 3 | 4 | 5 |
| 11. 没有鼓励工作对象去体验他的感受 | 1 | 2 | 3 | 4 | 5 |
| 12. 没有和工作对象讨论他可以做哪些具体的事情以促进改变发生 | 1 | 2 | 3 | 4 | 5 |
| 13. 帮助工作对象获得看待自己问题的新视角 | 1 | 2 | 3 | 4 | 5 |
| 在这次会谈中，我的工作对象…… | | | | | |
| 14. 没有体会到与我之间有什么联结 | 1 | 2 | 3 | 4 | 5 |
| 15. 喜欢我 | 1 | 2 | 3 | 4 | 5 |

| 16. 信任我 | 1 | 2 | 3 | 4 | 5 |
| --- | --- | --- | --- | --- | --- |
| 17. 与我合作 | 1 | 2 | 3 | 4 | 5 |
| **我的工作对象……** | | | | | |
| 18. 很高兴参加了这次会谈 | 1 | 2 | 3 | 4 | 5 |
| 19. 对于在会谈中的收获感到不满意 | 1 | 2 | 3 | 4 | 5 |
| 20. 认为这次会谈是有帮助的 | 1 | 2 | 3 | 4 | 5 |
| 21. 认为这次会谈没有价值 | 1 | 2 | 3 | 4 | 5 |

# 三、任务总结

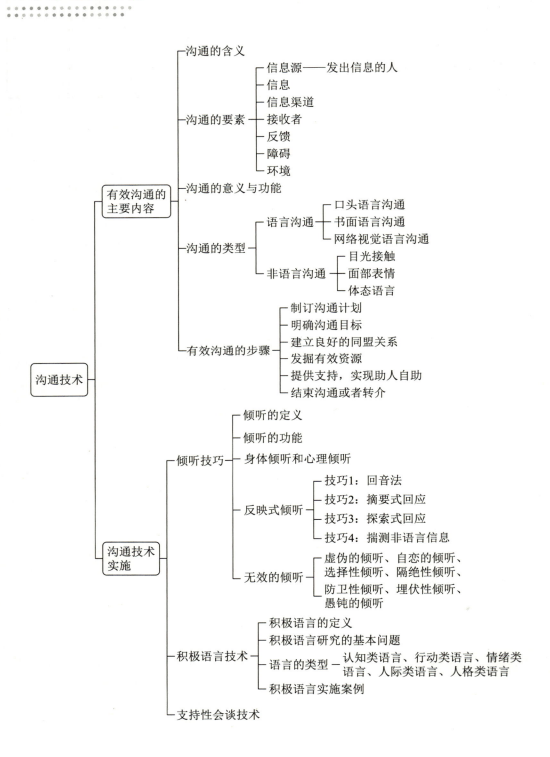

# 习题

## 一、单项选择题

请从每题的四个选项中，选择一个你认为最符合题意的答案，在所选答案的字母上画√，或把字母填写在（　　）里。

1. 下面哪个内容，不属于沟通的意义与功能。（　　）
   A. 传递信息　　　　　　　　B. 心理保健
   C. 增进身高　　　　　　　　D. 协调人际

2. 沟通过程中，凭借眼神、动作、表情、实物、环境等传递信息的，这种沟通类型称为（　　）。
   A. 非语言沟通　　　　　　　B. 语言沟通
   C. 书面沟通　　　　　　　　D. 口头沟通

3. 沟通中，社会心服务工作者中断沟通，将沟通的主题转移到他们感兴趣的事物上，自说自话，这种现象称为（　　）。
   A. 选择性倾听　　　　　　　B. 自恋性倾听
   C. 虚伪性倾听　　　　　　　D. 隔绝性倾听

4. 引发个体积极情绪，发现个体优点及潜能，关注使人生美好的有利条件，促进个体美德及积极品质的形成，建构积极人际关系的语言，称为（　　）。
   A. 积极语言　　　　　　　　B. 悲观语言
   C. 痛苦语言　　　　　　　　D. 身体语言

## 二、判断正误题

下列说法或描述，你认为正确的，请在（　　）中画√，认为错误的，在（　　）中画×。

1. 广义的沟通是指运用语言或非语言的符号系统，交换意见、传达思想、表达感情和需要，实现信息交流，从而建立一定的人际关系。（　　）

2. 心理倾听是指社会心理服务工作者只听工作对象的语言内容，不用注意工作对象语言背后的"弦外之音"。（　　）

3. 身体倾听指社会心理服务工作者的全身姿势都传递出对工作对象的关切、支持与陪伴。（　　）

4. 社会心理服务工作者在对工作对象进行心理服务时，表面看似在专注地听工作对象说话，但总想着其他事情，回答离题，被称为防卫性倾听。（　　）

### 三、语音表述题

工作对象女性，26岁，未婚，硕士学历。主诉工作压力大，总是拖延重要工作，比如报告，演示文稿等。白天因焦虑导致既不能投入工作，也不能享受生活，晚上，总是抱着手机看，直至1到2点才入睡。

问题一：请简述积极语言的定义。

问题二：请参考书中"让初中男生独立找到避免打架的办法和步骤"案例，帮助工作对象找到缓解压力的对策。

# 参考文献

## 任务一　资料准备

[1] 中华人民共和国中央人民政府. 中华人民共和国精神卫生法[EB/OL]. www.gov.cn. 2012.10.26.

[2] 中华人民共和国中央人民政府.《"健康中国2030"规划纲要》[EB/OL]. www.gov.cn. 2016.10.25.

[3] 疾病预防控制局.《关于加强心理健康服务的指导意见》[EB/OL]. http://www.nhc.gov.cn. 2017.1.19.

[4] 中国心理学会. 中国心理学会临床与咨询心理学工作伦理守则（第二版）. 心理学报，2018，50（11）：1314-1322.

[5] 姚树桥，杨艳杰. 医学心理学[M]. 北京：人民卫生出版社，2018：13-42.

[6] 刘哲宁，杨芳宇. 精神科护理学[M]. 北京：人民卫生出版社，2017：15-85.

[7] 杨礼芳，邬君芳. 精神护理[M]. 郑州：河南科学技术出版社，2017：12-61.

[8] 任克勤，袁一平，杨礼芳. 心理健康教育[M]. 广州：广东高等教育出版社，2019：52-55，97-99.

[9] 闫洪丰. 社会心理服务体系解析[M]. 北京：科学出版社，2021：90-92.

[10] 张凯旋. "沙龙"形式下的朋辈心理辅导方式探析[J]. 文化创新比较研究，2019，13：37.

[11] 朱媛媛，张慧敏. 论沙盘游戏在社区心理服务中的应用[J]. 文化，2015，8：45.

[12] 石红. 心理剧与心理情景剧实务手册[M]. 北京：北京师范大学出版社，2012：135-137.

[13] 李爱叶. 高职生"班级团体心理辅导"模式探析[J]. 吉林省教育学院学报（下旬），2012，3：151-152.

[14] 汤芳芳. 团体辅导对社区老年人主观幸福感的提升[D]. 湖南师范大学，2018：55.

[15] 高秀苹. 心理沙龙在社区老年心理服务中的应用[J]. 现代交际，2020：8：50-51.

[16] 郑轶. 社区活动策划与组织实务[M]. 重庆：西南交通大学出版社，2018：15-21.

[17] 黄远春.社区心理教育[M].北京：人民日报出版社，2016：193-196.

[18] 童敏.社会工作专业服务项目的设计实践逻辑与理论依据[M].北京：社会科学文献出版社，2020：54.

[19] 陈哲.城市社区心理服务现状研究——以武汉市某社区为例[D].华中师范大学，2020：61.

[20] 王世强.社区服务项目设计[M].北京：中国社会出版社，2017：203-205.

[21] 闫洪丰.社会心理服务体系解析[M].北京：科学出版社，2021：92.

[22] 郑轶.社区活动策划与组织实务[M].重庆：西南交通大学出版社，2018：15-21.

## 任务二　宣教实施

[1] 陈虹.教师职业心理与人生幸福[M].天津：天津教育出版社，2015：3-4.

[2] 中华人民共和国中央人民政府.关于印发全国社会心理服务体系建设试点工作方案的通知[EB/OL].http://www.nhc.gov.cn.2018.12.04.

[3] 林崇德.发展心理学（第三版）[M].北京：人民教育出版社，2018.

[4] 刘杨.浅议空巢老年人心理健康问题[J].智慧健康，2018，4（21）：39-40.

[5] 郑盼盼，吕振勇，Todd Jackson.自我客体化对女性心理健康的影响及其机制[J].心理科学进展，2015，23（01）：93-100.

[6] 张凤荣，姜雪.女性心理健康影响因素的多元分析[J].福建江夏学院学报，2013，3（04）：74-80.

[7] 叶文振.中国女性心理健康：现状、原因与对策[J].马克思主义与现实，2010（05）：165-168.

[8] 王莉，王雅楠.更年期妇女心理健康状况及其相关因素[J].中国老年学杂志，2011，31（09）：1635-1636.

[9] 崔晓洁.更年期妇女心理健康的影响因素及对策分析[J].心理月刊，2019，14（04）：28.

[10] 赵慧蓝，孙兰，诸葛林湾.上海市华漕社区578例更年期妇女健康状况调查[J].社区医学杂志，2018，16（11）：33-34.

[11] 张淞文，王军华，周红等.北京地区更年期妇女抑郁症状调查[J].中国心理卫生杂志，2003，17（5）：348-50.

[12] 王莉，王雅楠.更年期妇女心理健康状况及其相关因素[J].中国老年学杂志，2011，31（09）：1635-1636.

[13] 常蕾，柴云龙，王国艳.我国更年期妇女健身行为的干预策略研究[J].当代体育科技，2017，7（31）：227-228，230.

[14] 王静, 但菲, 索长清. 近十年我国流动儿童心理健康研究综述[J]. 陕西学前师范学院学报, 2016, 32（01）: 143-147.

[15] 吴婧仪. 回迁社区留守儿童心理健康问题的对策研究[D]. 安徽大学, 2016.

[16] 蔡重阳. 农村留守儿童心理健康问题研究[D]. 湖南师范大学, 2013.

[17] 吴靖萱. 肢残人士心理健康现状及其心理健康服务需求的调查[D]. 陕西师范大学, 2015.

[18] 郭敏刚, 吴雪, 陈静. 残疾人心理健康及其与体育锻炼关系研究[J]. 北京体育大学学报, 2007（02）: 189-191.

[19] 李祚山, 齐卉, 方力维. 残疾人社区心理服务模式及运行机制探索[J]. 残疾人研究, 2018（04）: 65-71.

[20] 丁玉凤. 制度变迁视野下的"失意群体"研究[D]. 南京师范大学, 2012.

## 任务三　效果评估

[1] 张伟. 质的研究—访谈法探析[J]. 南昌教育学院学报, 2013, 28（5）: 123-132.

[2] 董奇. 心理与教育研究方法（修订版）[M]. 北京: 北京师范大学出版社, 2004: 206.

[3] 陶永明. 问卷调查法应用中的注意事项[J]. 中国城市经济, 2011, 20: 305-306.

[4] 郑晶晶. 问卷调查法研究综述[J]. 理论观察, 2014, 10: 102-103.

[5] 戚少成. 专项调查的形式和问卷设计[J]. 中国统计, 2002, 09: 58.

[6] 靳亚南. 借助"问卷星"设计的调查问卷在现代教育技术装备管理中的应用[J]. 中国现代教育装备, 2015, 2: 4-7.

[7] 张曼华, 石扩, 张婉奇, 朱梅芳, 朱洁, 杨凤池. 心理健康宣教对社区居民精神卫生知晓率的影响[J]. 中国健康心理学杂志, 2015, 23（11）: 1613-1616.

[8] 马艳秀, 杨振斌, 李焰. 构建中国高校心理健康教育评估指标体系的研究[J]. 思想教育研究, 2013, 3: 70-73.

[9] 李文军, 唐争气, 周青山. 基于Excel全路线三维坐标计算与实现[J]. 电脑编程技巧与维护, 2011, 10: 22-24.

## 任务四　心理问题识别与评估

[1] 中国心理卫生协会, 中国就业培训技术指导中心. 心理咨询师（基础知识）—国

家职业资格培训教程[M]. 北京：民族出版社，2012.

　　[2] 中国心理卫生协会，中国就业培训技术指导中心. 心理咨询师（操作技能）—国家职业资格培训教程[M]. 北京：民族出版社，2012.

　　[3] 邓明国. 精神卫生社会工作服务指南[M]. 北京：中国社会出版社，2017.

　　[4] 第十三届全国人民代表大会常务委员会第二次会议. 中华人民共和国精神，2018.4.27.

　　[5] 郭念锋. 临床心理学[M]. 北京：科学出版社，1995.

　　[6] 许又新. 心理治疗基础[M]. 贵阳：贵州教育出版社，1999.

　　[7] 许又新. 神经症[M]. 北京：人民卫生出版社，1993.

　　[8] 李心天等. 医学心理学[M]. 北京：人民卫生出版社，1991.

　　[9] 范肖冬，汪向东，于欣等译. 世界卫生组织ICD-10精神与行为障碍分类[M]. 北京：人民卫生出版社，1993.

## 任务五　家庭/社区一般冲突识别

　　[1] 原珂. 中国特大城市社区冲突与治理研究[D]. 南开大学，2016.

　　[2] 张晓琴. 社会工作实务[M]. 南京：南京大学出版社，2018.

　　[4] 陈虹，陈丽丽. 运用积极语言培养阳光少年[M]. 长春：吉林大学出版社，2024.

　　[4] 李涛. 社会治理创新视野下城市社区冲突事件研究[D]. 中国社会科学院研究生院，2020：56.

　　[5] 邵欣悦，巩宇飞，谢莉勤. 社区冲突的类型及防控研究[J]. 南昌师范学院学报，2020，41（01）：15-18.

　　[6] 张晓琴. 社区活动策划[M]. 南京：南京大学出版社，2021.

　　[7] 李婷婷，李亚. 调解社区公共冲突：基于3个案例的分析[J]. 北京理工大学学报（社会科学版），2015，17（02）：61-70.

　　[8] 张晓琴. 社会工作文书[M]. 南京：南京大学出版社，2017.

　　[9] 陈虹. 教师应用积极语言培养学生核心素养[M]. 北京：世界图书出版公司，2018（25）.

　　[10] 马歇尔·卢森堡. 非暴力沟通[M]. 北京：华夏出版社，2009.

　　[11] 查普曼. 爱的五种语言[M]. 南昌：江西人民出版社，2010.

　　[12] 劳伦斯科恩. 游戏力养育[M]. 北京：北京联合出版公司，2020.

　　[13] 原珂. 中国不同类型城市社区内的冲突程度比较研究[J]. 中国行政管理，2017（09）：131-138.

　　[14] 原珂. 城市社区治理模式创新——以天津市HX园业主自治为例[J]. 济南大学学

报（社会科学版），2018，28（03）：91-98+159.

[15] 雷雪霞. 开好一个会究竟有多难?[J]. 内蒙古人大，2016（08）：40-41.

[16] 何静. 家庭社会工作理论与实务[M]. 北京：北京大学出版社，2014：22.

[17] 赵海林. 社会服务项目运作实务[M]. 北京：中国人民大学出版社，2018：23-24.

## 任务六　社会心理调研

[1] 周德民，廖益光. 社会调查原理与方法[M]. 长沙：中南大学出版社，2012：45-48.

[2] 风笑天. 现代社会调查方法（第三版）[M]. 武汉：华中科技大学出版社，2009：162-165.

[3] 风笑天. 现代社会调查方法（第三版）[M]. 武汉：华中科技大学出版社，2009：38-40.

[4] 刘华，胡英. 新时代背景下大学生社会实践的思政教育元素探析[J]. 湘南学院学报，2021.

[5] 庄虔友. 略论社会科学研究中的研究设计[J]. 社会科学管理与评论，2012.

[6] 郭爱云，李华. 农村公共管理课程实践性教学方式探析—基于社会调查法的应用实践 [J]. 高等农业教育，2011.

[7] 陈雯，何雨. 论当前调查研究量化分析中的诸种问题[J]. 中国青年研究，2008.

[8] 风笑天. 现代社会调查方法（第三版）[M]. 武汉：华中科技大学出版社，2009：232-233.

[9] 周德民，廖益光. 社会调查原理与方法[M]. 长沙：中南大学出版社，2012：53-55.

[10] 风笑天. 现代社会调查方法（第三版）[M]. 武汉：华中科技大学出版社，2009：234-236.

## 任务七　伦理认知

[1] 乐国安，王恩界. 当前心理测量的应用问题与伦理规范[J]. 心理科学，2005，28（6）：1294-1296.

[2] Brown，F.G. Principles of Educational and Psychological Testing. 4th ed. NY：Holt，Rinehart & Winston，1998.

[3] 中国心理学会临床与咨询心理学工作伦理守则（第二版）. 2019.03.29.

[4] 中国心理卫生协会. 中国就业培训技术指导中心. 心理工作者（基础知识）[M]. 北京：民族出版社，2015.

[5] 心榜公众号. 曝光不靠谱的心理工作者（行为清单）[Z]. 2021.04.06.

[6] 国家卫生计生委、中宣部、中央综治办、民政部等22个部门. 关于加强心理健康服务的指导意见[Z]. 2016.12.30.

[7] 中华人民共和国主席令. 中华人民共和国第十一届全国人民代表大会常务委员会. 中华人民共和国精神卫生法[Z]. 2013.05.01.

[8] 中国心理学会临床心理学注册工作委员会. 社会心理服务工作伦理规范. 2021，4.

## 任务八　专业关系建立

[1] 人力资源和社会保障部教材办公室组织编写. 心理咨询师（国家职业资格三级）[M]. 北京：中国劳动社会保障出版社，2008：10.

[2] 孙斯文. 询问语言的语用原则和技巧[J]. 辽宁教育行政学院学报，2010，6：14-15.

[3] 王俊山. 学校心理咨询中询问的运用[J]. 人民教育，2000，11：5-47.

[4] 江光荣. 心理咨询的理论和实务[M]. 北京：高等教育出版社，2012：137-140.

[5] 区伟祥. 社会工作专业关系浅谈（上）[J]. 中国社会工作，2017，16：63.

[6] 区伟祥. 社会工作专业关系浅谈（下）[J]. 中国社会工作，2017，19：55.

[7] 车伟光. 建立专业关系的实务技巧[J]. 中国社会工作，2016，12：55.

[8] O'Leary P，Tsui M S，& Ruch G. The Boundaries of the Social Work Relationship Revisited: Towards a Connected，Inclusive and Dynamic Conceptualisation. British Journal of Social Work[J]. 2013.43：135-153.

## 任务九　沟通技术实施

[1] 王馨. 大学生人际沟通能力与就业面试能力关系研究[D]. 云南师范大学，2014：9-15.

[2] 马湘桃. 大学生人际沟通能力调查研究[D]. 湖南科技大学，2009：2-8.

[3] 董君. 人际沟通教程（基础版）[M]. 北京：高等教育出版社，2017：167-178.

[4] 陈虹，陈丽丽. 运用积极语言培育阳光少年[M]. 长春：吉林大学出版社，2024.

[5] 贺伟. 人际沟通[M]. 北京：科学出版社，2021：64-68.

[6] 罗纳德·B·阿德勒，拉塞尔·F·普罗科特. 沟通的艺术[M]. 北京：世界图书出版公司，2010.

[7] 克拉拉.E.希尔. 助人技术—探索、领悟、行动三阶段模式（第3版）[M]. 胡博，等译. 北京：中国人民大学出版社，2013.

[8] 江光荣. 心理咨询的理论与实务（第3版）[M]. 北京：高等教育出版社，2012.

[9] 陈金定. 心理咨询技术[M]. 北京：世界图书出版公司，2003.

[10] Sherry Cormier. 心理咨询师的问诊策略[M]. 北京：中国轻工业出版社，2004.

# 习题参考答案

## 任务一 资料准备

### 一、单项选择题

1. A
2. B
3. C
4. D

### 二、判断正误题

1. 正确
2. 错误

解析：心理沙龙虽然适用人群广泛，但不适用于性格内向、不愿意说话的人群，所以，心理沙龙不是适用于所有工作对象。

3. 正确
4. 正确

### 三、语音表述题

**问题一**

前期调研内容：

①评估员工需求：大多数员工朝气蓬勃、好学进取，他们对入职企业有哪些需求。

②确定宣教内容，主要是确定重点宣教心理健康哪几个方面的知识或技能。

③收集资料：收集与宣教活动相关的直接资料（调查资料）和间接资料（二手资料）。

④评估能力：要评估社会心理服务机构及其机构工作人员的实力。

**问题二**

宣教途径包括线下和线上两个途径。

线下途径包括的方法有：宣传资料、心理讲座、心理工作坊（心理沙龙、沙盘游戏、心理情景剧、团体辅导、心理游园活动）。

线上途径包括的方法有：社交平台宣传、门户网站宣传。

# 任务二 宣教实施

## 一、单项选择题

1. D
2. D
3. B
4. A

## 二、判断正误题

1. 正确
2. 正确
3. 正确
4. 错误

解析：宣教活动现场实施时，各部门人员应分工协作，保障宣传活动顺利进行。

## 三、语音表述题

**问题一**

第一步：确定专家人选。选取本次讲座的主讲人，最好选择两三名专家，其中一名为主要邀请专家，如果该专家因时间冲突等原因不能受邀，则选择其他专家。

第二步：联系专家。电话联系专家，简单介绍本次心理健康宣讲活动计划，询问其是否有时间来学校作科普宣教讲座；若因故不能参加，再依次联系另外两名备选专家，最后确定人选。

## 习题参考答案

第三步：拜访专家。与专家沟通，确定宣教方式、地点，张贴横幅、海报的具体时间、地点，线上宣讲信息发布时间等。

第四步：提出申请。填写申请表，附专家简介，报学校分管领导审批，同意后方可邀请。

第五步：审批通过后，打印纸质邀请函，将邀请函发送至专家。

**问题二**

一、成立领导小组，系统设计宣讲实施方案。

二、成立联络小组，负责联系、跟进宣讲嘉宾、特邀嘉宾和媒体报道，为此次宣讲提供品质保障，扩大宣传影响，为后续工作开展奠定好的基础。

三、加强线上线下宣传，吸引全校学生关注活动信息，积极参与到活动中来。

四、根据主题、形式、参会人数等，精心设计主会场、分会场。

五、分工协作，确保宣讲活动顺利实施。

六、活动后期跟进媒体宣传。

七、处理其他善后工作。

# 任务三　效果评估

## 一、单项选择题

1. B
2. D

解析：访谈应遵循的基本原则是诚恳、热情、中立、不承诺。

3. D
4. D

## 二、判断正误题

1. 错误

解析：知情同意的内涵是工作对象可以自由选择是否开始访谈或继续访谈，有权了解访谈过程、访谈内容和工作者的专业资质。

2. 正确
3. 错误

解析：只有在得到工作对象书面同意的情况下，工作者才能对访谈过程录音、录像或将内容用于教学演示等。

4. 错误

解析：访谈必须征得工作对象的知情同意后才可进行，以体现尊重工作对象的原则。

## 三、语音表述题

**问题一**

宣教效果评估数据收集方法主要有访谈法和问卷法。

常用的数据收集工具有Excel表格、问卷星、腾讯在线收集表、SPSS。

**问题二**

宣教效果评估报告的基本要素：标题、正文（引言、评估对象、评估指标、评估方法及工具、评估结果与分析、结论与建议等）和附录等部分，但也会依据评估目的、评估对象及使用方法不同而有所差别。

# 任务四　心理问题识别与评估

## 一、单项选择题

1. D
2. D
3. C

解析：区分心理正常、异常的三原则是主观世界与客观世界是否统一、心理活动是否内在协调、人格是否相对稳定。

4. A

## 二、判断正误题

1. 正确
2. 正确
3. 错误

解析：心理健康评估流程有收集资料、识别心理问题、填写健康心理评估表3个步骤。

## 习题参考答案

4. 错误

解析：个体在处理生活事件时会受情绪干扰，心里想的和实际做的并非一致，情绪体验可能存在夸张的成分，实际行动可能没那么强烈。因此，要区分工作对象的情绪（或想法）与行为，区别工作对象问题的真、假、轻、重，才能准确判断工作对象心理问题的性质，提供有针对性的心理干预措施。

### 三、语音表述题

#### 问题一

一般通过3个方面判断心理正常与否：

（1）主客观世界的统一性，有/无自知力。
（2）精神活动的内在协调一致性，心理过程（知、情、意）是否协调一致。
（3）人格的相对稳定性，是否有稳定的态度和行为模式。

所谓心理正常是指具备正常功能的心理活动，或者说是不含有精神病症状的心理活动。

心理异常是指具有典型精神障碍症状的心理活动。

如果一个人的心理或行为与客观环境不能保持统一性、一致性，达到使他人不能理解的程度，便是心理异常的表现。

#### 问题二

正常与异常心理参考评定表

| 项目 | 内容 | 评估 |
| --- | --- | --- |
| 自知力是否完整 | 能认识到自己患了病，知道哪些症状是病态，并要求治疗 | 完整☑ 不完整☐ |
| 主观世界与客观世界是否相统一 | 心理活动与客观环境的协调一致性 | 统一☑ 不统一☐ |
| 心理活动是否内在协调 | 心理活动与情感和行为的协调一致性 | 协调☑ 不协调☐ |
| 人格是否相对稳定 | 人格的相对稳定性 | 稳定☑ 不稳定☐ |
| 评定结果 | 正常心理☑ 异常心理☐ | |

## 任务五 家庭/社区一般冲突识别

### 一、单项选择题

1. A
2. C

3. D

4. C

## 二、判断正误题

1. 错误

解析：家庭生命周期中，学龄期为第一个子女6岁—13岁，青少年期才是第一个子女13—20岁。

2. 正确

3. 正确

4. 错误

解析：家庭教育包括父母对子女的教育以及家庭成员间的互相教育。

## 三、语音表述题

问题一

家庭冲突问题解决方式主要有：家庭会议、家庭游戏、积极语言沟通、爱的五种语言。

问题二

建议采用家庭会议方式。

在家庭会议中可以讨论未来的家庭活动，制订未来的计划，充分尊重每个家庭成员的意见，避免或减少家庭冲突，应该在全体同意的基础上形成冲突解决方案。

# 任务六　社会心理调研

## 一、单项选择题

1. B

2. D

3. C

4. D

## 二、判断正误题

1. 正确
2. 正确
3. 错误

解析：可以选择多种研究方式。

4. 正确

## 三、语音表述题

**问题一**

社会心理研究方式：

（1）调查研究：为达到一定目的，有意识地通过对社会现象的考察、了解和分析，来了解社会真实情况的一种自觉认识活动。

（2）实验研究：经过精心的设计，在高度控制的条件下，研究者通过操作某些因素，来研究变量之间因果关系的方法。

（3）实地研究：深入研究对象的生活背景中，以参与观察和无结构访谈的方式收集资料，并通过对这些资料的定性分析来理解和解释社会现象的社会研究方式。

（4）文献研究：通过收集和分析现存的以文字、数字、符号、绘画等信息形式出现的文献资料，来探讨和分析各种社会行为、社会关系及其他社会现象的研究方式。

**问题二**

主要通过知网、维普、大学图书馆等查找文献。

# 任务七　伦理认知

## 一、单项选择题

1. B
2. C
3. D
4. C

## 二、判断正误题

1. 正确
2. 正确
3. 错误

解析：社会心态管理是指不仅要能够调查和评估社会心态，还要提供影响和干预社会心态的方案，并且要撰写关于社会心态的调研和干预报告等。

4. 正确

## 三、语音表述题

在出现某些特殊、危急状况时，要执行保密例外规定。保密例外的状况有：
（1）工作对象可能伤害自我和他人。
（2）工作对象具有致命的传染性疾病，可能会威胁他人生命。
（3）未成年人受到了性侵犯和虐待。
（4）法律规定需要披露的。
（5）工作对象授权披露的内容。

小Q不符合上述5条，所以，班主任的要求不属于保密例外范围。

# 任务八　专业关系建立

## 一、单项选择题

1. C
2. C
3. A

解析：专业关系建立的基本技巧除适当自我开放、跟进正面反应、选择恰当时机外，还有由浅入深和处理移情。

4. B

## 二、判断正误题

1. 错误

解析：社会心理服务工作者询问时要注意时机，避免打断工作对象讲话，要让对方把话说完，如发现问题，可以先记下来，待工作对象讲话完毕再问。

2. 正确

3. 错误

解析：真诚是社会心理服务工作者的基本素质，工作者应真实诚恳，但不等于全说实话，不能想到什么就说什么。

4. 正确

## 三、语音表述题

**问题一**

针对工作对象的初次来访，社会心理服务工作者应注意迎接礼仪、引领礼仪和送别礼仪。

**问题二**

尊重的5个层次：

（1）在与工作对象沟通时表现出工作对象的感受不值得考虑，社会心理服务工作者不能建设性地采取行动。

（2）社会心理服务工作者的响应很机械，在沟通中对工作对象的感受和潜能很少表示出尊重。

（3）在沟通中表达出对工作对象的感受和潜能的尊重，鼓励工作对象建设性地处理问题。

（4）关心工作对象的感受和潜能，使工作对象能肯定自我，体会到做人的价值。

（5）表现出对工作对象个人极大的尊重，使工作对象能有建设性地采取行动。

作为社会心理服务工作者，后面3个层次都应该做到。

# 任务九　沟通技术实施

## 一、单项选择题

1. C

解析：沟通的意义与功能有传递信息、心理保健、增进自我认识、协调人际。

2. A

3. B

4. A

## 二、判断正误题

1. 正确

2. 错误

解析：心理倾听是指社会心理服务工作者不仅要听工作对象的语言内容，而且也要注意工作对象语言背后的"弦外之音"。

3. 正确

4. 错误

解析：社会心理服务工作者在对工作对象进行心理服务时，表面看似在专注地听，但总想着其他事情，回答离题，被称为虚伪的倾听，也叫假性倾听。

## 三、语音表述题

**问题一**

积极语言指引发个体积极情绪，发现个体优点及潜能，关注使人生美好的有利条件，促进个体美德及积极品质的形成，有利于建构积极人际关系的语言。

**问题二**

略。

# 跋

## 一、社会心理服务体系建设的主要内容

社会心理服务体系被界定为基于中国国情和文化，在政策规范引领下，运用心理学、社会工作等学科的理论方法，积极主动预防和解决个体、群体与社会层面的各类问题，提升社会治理效能和民众幸福感，形成的全方位、全周期、多元化的社会支持系统（图1）。具体的概念解析如下。

"社会"指的是服务对象，包含全社会、全人群、各领域，而非仅仅单个人。

"心理"指的是服务手段，具体是以心理学为主，兼容社会工作、社会治理等多专业知识技能，综合多学科的视角，提供全方位的服务。

"服务"指的是根本宗旨，即全心全意为人民服务，解决生产生活实际问题。

"体系"指的是顶层设计，该体系旨在搭建全方位、全周期、多元化的社会支持系统。

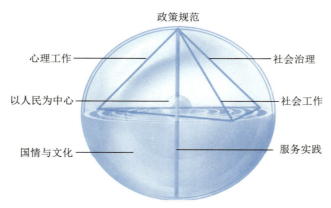

图1 社会心理服务体系概念图

那么社会心理服务体系与传统的心理健康服务体系是什么关系呢？两者既有区别又密切关联。传统的心理健康服务体系以心理学和医学为理论基础，运用心理健康教育、心理咨询、心理治疗、心理危机干预等方式，主要关注个体心理健康问题，旨在预防和

减少心理问题，提升生活质量。然而，随着我国经济社会的快速转型，心理健康问题的复杂性与多样性日益显现，单纯关注个体心理健康已难以满足当下社会发展的需求。社会心理服务体系在此基础上进一步延伸，通过构建全方位、多元化的社会支持系统，从个体、群体到社会整体，为解决心理问题、提升心身素养以及维护社会安定等提供全面的服务。

在功能和目标上，两者存在显著差异，可以用"鱼缸模型"（如图2）形象地比喻这种关系。传统的心理健康服务体系以个体为核心，重在改善"鱼"（个体）的健康状况；而社会心理服务体系则关注整个"鱼缸"（生态系统），包括"鱼、水以及环境"的协同健康。相比传统的心理健康服务体系，社会心理服务体系覆盖范围更广，服务模式更主动，形式更加多样。其目标不仅在于促进个体心理和群体心理健康，还在于塑造良好的社会心态，为社会治理现代化、社会安定和谐提供支持。

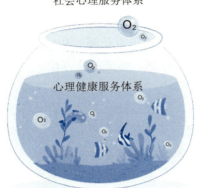

图2 "鱼缸模型"

两者在关系定位上呈现递进与融合的特征。传统的心理健康服务体系是社会心理服务体系的基础和核心，而社会心理服务体系则是对传统心理健康服务的延伸与发展。通过从个体到社会的全面覆盖，社会心理服务体系推动心理健康问题的综合治理，使其成为适应我国社会现阶段发展需求的一种系统化解决方案。

为更好地厘清相关概念之间的关系，此处借助"漏斗模型"（如图3）进行辨析。"漏斗"呈现的是对社会心理服务体系的认知范围维度由上至下逐渐缩减的现象，是对体系概念内涵外延理解有误的一种常见认识误区。具体而言，会产生认知缩减，把对象事物的内涵与外延缩小，或者对其产生认知偏差甚至误解，从而在行为上表现出与对象事物不一致、不贴切的执行方式方法。在各地开展社会心理服务体系建设中可能会产生认知缩减的误区，即将社会心理服务体系等同于心理健康服务体系，将心理健康服务体系等同于心理（精神）健康，更有甚者，一些单位把社会心理服务体系理解为看"精神病"的。

与社会心理服务相关的概念，由上至下依次包括心理健康服务体系、心理（精神）健康、心理（精神）疾病、精神病等，具体的概念辨析如表1所示。

图3 "漏斗模型"

表1 社会心理服务体系相关概念辨析

| 概念 | 内涵 |
| --- | --- |
| 社会心理服务体系 | 定义：全方位、多层次、多元化的社会支持系统<br>主要工作：积极主动预防和解决个体、群体与社会层面的各类问题<br>工作机制：党委领导、政府负责、部门联动、社会参与、专业支持、群众受益 |
| 心理健康服务体系 | 定义：部门联动、社会参与的综合系统<br>主要工作：心理健康宣传教育、心理咨询与治疗、心理危机干预<br>工作机制：由卫健委牵头，多部门协调配合 |
| 心理（精神）健康 | 定义：人在成长和发展过程中，认知合理、情绪稳定、行为适当、人际和谐、适应变化的一种完好状态 |
| 心理（精神）疾病 | 定义：由于内、外致病因素而造成脑功能障碍，从而破坏了人脑功能的完整性和个体与外部环境的统一性的疾病总称 |
| 精神病 | 定义：大脑机能活动发生紊乱，导致认识、情感、行为和意志等精神活动不同程度障碍的疾病总称 |

## （一）围绕一个中心

社会心理服务体系建设的核心要义就是全心全意为人民服务，即强调以人民为中心，形成具有中国特色的社会心理服务体系建设，助力实现中国式现代化。这就要求以人民需求为导向，着眼于人民群众最关心、最直接、最现实的需求与问题，切实地反映、回应人民群众需求，提供普惠性、预防性、精准性社会心理服务，着重解决人民群众揪心事、烦心事、操心事，满足人民日益增长的美好生活需要，提高获得感、幸福感、安全感，让社会心理服务体系建设成果更多、更公平地惠及全体人民。

## （二）瞄准两个定位

### 1. 同中国具体实际、优秀传统文化相结合

习近平总书记在庆祝中国共产党成立100周年大会上明确提出"把马克思主义基本原理同中国具体实际相结合、同中华优秀传统文化相结合"的重大理论观点。作为创新

性的中国方案，社会心理服务体系只有同中国具体实际相结合，才能够正确回答和解决心理学在本土实践发展中遇到的系列问题；只有同中华优秀传统文化相结合，才能够契合中国人的精神追求和文化底蕴。

同中国具体实际相结合，要求充分考虑中国人民心理需求的特点，从微观层面上主动融合并灵活运用心理学相关技术和方法，从中观层面上结合社会工作利他助人的工作理念和主动服务的模式，从宏观层面上运用社会治理的底线思维和系统思维，将社会心理服务充分融入百姓生产生活和基层社会治理实践，融入经济社会发展的各领域、各行业和全过程、全流程，打造全周期社会心理服务和社会支持系统。

同中华优秀传统文化相结合，要求发挥中华优秀传统文化育人作用，运用生活化场景、日常化活动、具象化载体，塑造健全人格、提升道德修养、培育高尚情操。加强家庭文化建设，引导家长强化主体责任，注重品德教育和心理健康教育，遵循儿童成长规律，培养健康成长、全面发展的时代新人。充分挖掘、提炼、汲取中华民族神话传说、哲学思想、文学经典、历史典故中的营养，将其与人民群众日用而不觉的共同价值观念融合，实现以文育人、以文化人。

### 2. 问题导向和系统解决相结合

坚持问题导向和系统解决相结合。要从实际问题出发，聚焦社会心理服务体系建设中存在的关键环节，精准识别问题并采取有效措施加以解决，在实践中探索创新服务模式。建立心理问题的全流程干预机制，从问题筛查到事前预防、事中干预、事后跟踪，做到教育支持、主动预防、早期干预、持续跟进、服务保障，形成完整闭环。关注心理危机和社会问题苗头，及时进行风险评估和精准干预，防范个体和群体心理危机的扩散。推进"社会心理服务网络"建设，通过在线平台和线下机构为群众提供便利、多样化的心理援助。针对不同人群特点（如全体人群、心理亚健康人群、特殊重点人群）开发个性化服务方案。

采用系统观念整体推进体系建设：一是多领域协同，结合心理学、社会学、社会工作等多学科优势，推动体系在个体、家庭、社区到社会的全覆盖运行；二是多层次服务，将个体放在家庭、群体和社会环境中观察其心理需求，从个体心理、生理到社会环境进行综合性干预，围绕个体心理健康、群体心理调适和社会心态培育等方面提供系统性支持；三是资源整合，统筹政府部门、专业机构和社区组织的力量，将心理服务嵌入各领域和基层治理工作中，实现资源最大化利用。推进基层社区、学校、企事业单位等重点场所的心理服务联动，总结经验并逐步推广。

## （三）兼顾三个结合

### 1. 兼顾事前、事中、事后

社会心理服务体系建设贯穿事前预防、事中干预、事后支持的全周期过程。事前阶段注重心理健康科普和风险研判预警，通过线上线下相结合的方式全面开展科普宣传活动，普及常见心理问题识别和调适方法，同时对重点人群进行心理评估，建立个人心理档案。事中阶段注重心理问题的干预和处理，完善心理咨询和危机干预流程，提供个体化支持。针对重大突发事件，启动安全应急机制，有效降低心理危机的扩散风险。事后阶段则注重建立长效支持机制，通过心理援助、社区康复等服务，为心理问题群体提供后续支持，防止问题复发。同时，针对高危人群开展心理重建，帮助其尽早回归正常社会生活。

### 2. 兼顾防治心身疾病、维护心身健康、提升心身素养

社会心理服务体系建设应从心身健康的全局出发，兼顾防治心身疾病、维护心身健康以及提升心身素养。通过早发现、早干预、早治疗，帮助患者缓解心理痛苦、恢复正常社会功能。在此基础上，推广心理健康自我管理模式，提高个体的情绪调节和压力管理能力，帮助其维持心理和谐状态。此外，应强化心理健康教育，引导大众形成健康的心理行为模式和良好的心理品质。通过持续宣传"身心同健康"的理念，全面提高公民的心理素养和社会适应能力。

### 3. 兼顾全体人群、心理亚健康人群、特殊重点人群

社会心理服务体系兼顾全体人群、心理亚健康人群及特殊重点人群的不同需求。对于全体人群，应加强心理健康知识的普及教育，通过心理健康科普、心理活动和线上服务平台，帮助公众掌握心理自助技能；对心理亚健康人群，通过心理评估、情绪疏导和认知调整等方式，减少不良心理状态的发展；对特殊重点人群，应通过专业机构和社会组织提供个性化心理支持，解决心理困扰，帮助其融入社会。通过差异化的服务模式，确保心理服务覆盖的全面性和针对性。

### 4. 兼顾微观个体、中观家庭组织、宏观社会文化

社会心理服务体系建设应从微观个体、中观家庭组织到宏观社会文化三个层次综合推进。在微观个体层面，注重提升个体心理健康水平，通过心理教育、心理疏导等方法帮助个体应对情绪问题、改善认知模式。在中观家庭和组织层面，通过促进家庭成员的心理和谐，强化单位和社区的心理服务功能，为群体提供稳定的心理支持网络。在宏观社会文化层面，建构"自我支持—家庭支持—亲朋邻里（同学同事）支持—社区（村）组织（单位）及领导支持—专业机构支持—政府（法治）支持—社会环境及文化支持"的社会心理服务支持链，形成全社会共同参与社会心理服务共同体。

### 5. 兼顾心理技术方法、社会工作模式、社会治理思维

社会心理服务体系建设需充分融合心理学技术、社会工作模式与社会治理思维。心理学技术是服务的基础，涵盖心理评估、咨询与治疗等专业内容，为解决个体心理问题提供科学依据。社会工作模式注重通过支持网络和社会资源链接满足心理需求，改善社会适应能力。社会治理思维则从整体系统出发，注重将心理服务嵌入基层治理和公共服务中，提升治理效能。三者结合，通过多学科融合和多领域协同，实现技术方法的精准应用、社会资源的高效整合以及体系建设的整体优化。

## （四）明确"四有"，坚持"四讲"

### 1. 明确"四有"

国家有要求。社会心理服务体系建设是党中央从国家治理现代化、人民心理健康水平提升和社会和谐发展全局出发的重要战略部署。将社会心理服务作为推动健康中国、平安中国和幸福中国建设的重要抓手，明确提出体系建设要求，指导地方稳步推进试点与实践工作。

社会有需求。现代社会的快速发展、人口流动的加速以及经济与社会结构的转型，使得人民的心理健康问题日益成为社会治理中的重要议题。各行各业都存在心理需求，健全覆盖全人群、全生命周期的社会心理服务体系，已成为加强和创新社会治理的重要实践。

民众有诉求。随着人们对心理健康关注度的提高，社会大众对心理服务的期望和需求不断增长。心理困扰和心理问题不仅影响个体幸福感，也可能引发家庭、群体甚至社会层面的不稳定。群众迫切需要便捷、规范、高效的心理服务来缓解压力、解决困扰，改善心理状态。

专业有追求。心理学、社会学等学科的快速发展和实践技术的进步，为社会心理服务提供了更加专业化的支撑。从理论创新到技术运用，心理服务的专业性和科学性已成为体系建设的内在要求。专业追求体现在提升服务质量、规范行业标准、培养高素质心理服务人才和推动社会心理服务体系持续优化等多个方面。

### 2. 坚持"四讲"

讲政治，树立大局意识。社会心理服务体系建设必须以习近平新时代中国特色社会主义思想为指导，紧紧围绕大局，时刻关注大局，始终服务大局，自觉服从服务党和国家工作全局，充分发挥社会心理服务在推动新时代社会工作高质量发展，推进社会治理体系和治理能力现代化中的作用，为中国式现代化贡献"心"力量。

讲科学，确保专业性。社会心理服务体系建设以心理学、社会学（社会工作）及社会治理等学科领域的专业知识、理论和方法作为基础，服务实践有科学的理论指引。体系推行之前强调试点先行、调查研究，保证推行过程的科学性。制定科学规范的服务流程，确保服务的专业性和有效性，提升服务质量。

讲系统，提升融合性。社会心理服务体系是一个涵盖个体、群体和社会层面的综合系统，需要多领域、多层次的协同配合。讲系统就是要注重心理服务与社会治理的深度融合，将心理服务嵌入教育、医疗等领域及社区、企事业单位等场景，打造覆盖全面、功能完善的社会支持网络，形成共建共治共享的服务格局。

讲实效，增强实用性。社会心理服务要紧密围绕人民的需求，解决人民的实际问题，提升人民的获得感和幸福感。社会心理服务要注重服务的针对性和实用性，从事前预防到事中干预，从事后支持到长期跟踪，通过评估服务效果，不断优化服务内容，提高服务水平，实现体系建设的持续改进。

## （五）配齐五大要素

### 1. 五要素

社会心理服务体系建设需要配齐人、财、物、机构、机制五大核心要素，为体系的有效运行提供全面保障。

人是体系的关键。建设一支高素质的社会心理服务从业者队伍是社会心理服务体系建设的重中之重。加强通识与专项能力培训，提升其理论素养和实践技能，确保社会心理服务覆盖的广度与深度。

财是体系的保障。建立多元化的资金筹措机制，包括政府财政投入、社会资本支持和公益性基金，确保社会心理服务各项工作的可持续推进。加强资金使用的科学管理，确保专项经费高效配置。

物是体系的载体。完善社会心理服务的基础设施，如社区心理服务室、学校心理辅导室、医疗机构心理门诊等，并利用信息化手段建设线上心理服务平台，为公众提供便利的心理服务。

机构是体系的支撑。建立各级社会心理服务机构网络，从国家到社区逐层设立心理服务中心、工作站和服务点，形成覆盖广泛的服务体系。机构间需形成良好的协作机制，共享资源，提升服务效能。

机制是体系的核心。通过健全的政策法规和制度设计，确保体系建设的规范化与标准化。建立健全绩效考评机制，强化服务质量监督和持续改进，为社会心理服务体系长效运行提供制度保障。

### 2. 五育：德、智、体、美、劳五育全人教育

古代教育的"六艺"，即礼、乐、射、御、书、数六种科目，也可类比为中国古人心理学的六种自我修养方法和训练方式，与现在提倡的"德智体美劳"五育并举，实质上殊途同归。同时，社会心理服务体系建设与德、智、体、美、劳五育全人教育的目标高度契合，能为全面发展的人才培养提供心理支持。

"礼乐"为立身之本，承担着政治宗法及伦理道德规范教育。"礼"为六艺之首，指礼节、礼仪等，要求遵守外在规范、高尚道德品质，强调道德教育，心育为基，德育导向；"乐"指音乐、舞蹈、戏剧等方面的艺术修养，要求具备较好的艺术素养、娱乐精神、积极心态，强调艺术修养，美育润心，以乐（yuè）促乐（lè）。"射御"为内外兼修，属军事教育范畴，也含身体锻炼成分。"射"指射箭技术的（军事）训练，要求具备准确的判断力、稳定的心理素质和强健的体魄；"御"指在车战中驾车的一门实用技术，要求具备自我控制能力和迎接挑战的勇气。两者主要强调专注、自控、应变，强调体育固本，劳育健心。"书数"为文理并重，属基本常识范畴，体现了智育的智慧。"书"指书法、文学等方面的修养，要求具备扎实的文字功底和良好的审美能力，强调文化养性，"文"智育人，修身立本；"数"指算术与数学知识、科学知识及宗教文化等，要求具备精确的计算能力和严密的逻辑思维能力等，强调理性思维，"理"智育人，明晰思辨。

## （六）打造六大体系

### 1. 六环工作机制

建立"党委领导、政府负责、部门联动、社会参与、专业支持、全民受益"的六环工作机制。

党委领导是工作机制的核心保障。党委领导是核心，要把社会心理服务体系建设纳入各地党委政府的中心工作与各地经济发展规划，列入党建考核、平安建设、综合考核等目标管理。强化组织领导，严格落实各部门一把手负责制。

政府负责推进体系展开。各级政府应全面统筹规划，合理配置资源，制定并落实相关政策与制度，为体系建设提供经费、技术和管理支持，确保社会心理服务覆盖全社会、各领域，能满足人民的多元化、差异化需求。

部门联动是体系运转的关键。社会心理服务体系建设涉及多部门协作，包括卫生健康、教育、公安、民政、司法等部门。各部门在职责范围内相互配合，通过联动机制共享数据、协同治理，确保心理服务从个体、群体到社会的全方位覆盖。

社会参与是服务开展的重要基础。心理服务不仅是专业领域的问题，也是全社会的责任。通过调动社区组织、公益机构、志愿者团队等社会力量，丰富服务供给模式，扩大服务覆盖范围，使心理服务更加贴近群众、接地气。

专业支持是服务质量的核心保障。通过引入心理学、社会工作等学科知识，确保服务的科学性与规范化。专业机构要加强服务效果评估，并推动技术和模式的不断创新优化。

全民受益是最终目标。通过提供高质量、普惠性、多元化的心理服务，帮助人民群众增强获得感、幸福感和安全感，实现个体发展、家庭和睦与社会和谐的良性互动。

### 2. 六大内容体系

社会心理服务体系包括六大内容体系，实现事前—事中—事后服务流程的全闭环（如图4）。

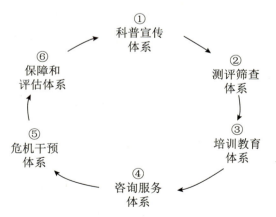

图4 六大内容体系流程图

社会心理服务科普宣传体系。通过广泛开展心理健康宣传教育，提高公众对心理健康重要性的认识，帮助民众掌握情绪调节、压力应对等基本技巧。依托多种传播形式，如社区讲座、线上媒体、公益宣传等活动，普及心理知识，减少社会对心理问题的误解和偏见，为构建精神文明社会奠定良好基础。

社会心理服务测评筛查体系。建立覆盖不同群体的心理健康测评机制，通过科学化的心理测量工具，对个体心理状态进行精准评估。重点包括心理健康筛查、风险人群识别以及社会心态监测，依托医疗机构、社区服务站和线上平台，实现心理问题的早发现、早干预。

社会心理服务培训教育体系。构建多层次、多渠道的教育培训体系，为社会心理服务工作者提供专业培训和实践指导，提升服务人员队伍的整体素质和专业化水平，提高运用社会心理服务解决实际问题的能力。

社会心理服务咨询服务体系。打造从基层到专业机构全覆盖的咨询服务网络，为不同群体提供个性化心理服务。完善社区心理服务站、学校心理辅导室和专业医疗机构，为公众提供便捷高效的心理支持，确保心理问题能够得到及时解决。

社会心理服务危机干预体系。针对突发事件或高风险人群，建立完善的心理危机干预与管理机制。事后跟踪与支持服务。通过跨部门协作，提升社会心理服务在重大公共事件中的应对能力，降低社会风险。

社会心理服务保障和评估体系。建立体系化的管理与评估机制，保障心理服务的质量与持续性。重点包括资源的合理配置、服务流程的优化、绩效的监测与反馈等。通过定期评估服务效果和社会心理健康指标，为政策改进和资源优化提供科学依据，确保服务体系的长效发展。

## （七）完善七大人才培养模块

七大人才培养模块（"3+3+1"模式）以"3"基础为核心，融合"3"提升的国情文化与专业能力，通过"1"实现实践理论与实际的有效对接。该模式可以用"三叶草模型"（如图5）直观表现出来。人才培养体系的完善，确保了社会心理服务体系建设能够持续稳步推进，有助于最终实现提升全民心理健康水平、促进社会和谐的目标。

### 1. "3"基础：心理工作+社会工作+社会治理

社会心理服务体系建设中的人才培养，必须以心理工作、社会工作和社会治理为基础，全面提升人才的综合素养与服务能力。心理工作模块着重培养人才掌握心理学专业理论和技术，包括心理健康评估、心理咨询、心理危机干预等核心技能，为解决个体和群体的心理问题提供科学依据。社会工作模块要求人才

图5 "三叶草模型"

具备以助人自助为核心的理念，熟悉社会资源整合、群体服务组织和社区协调等方法，将心理服务与社会支持网络相结合，实现服务的多层次覆盖。社会治理模块强调从全局出发，将社会心理服务嵌入基层治理结构，通过系统思维和协作模式解决社会心理问题，提升整体社会治理效能。三大基础模块的融合，使人才具备理论、技术和实践的全方位能力，为社会心理服务体系提供坚实的支撑力量。

### 2. "3"提升：政策法规+文化特色+运营服务

在扎实的基础模块上，人才培养需符合中国国情和文化，主要包括政策法规、文化特色和运营服务三方面的提升。首先是政策法规提升模块，培养人才熟悉国家关于社会心理服务和社会治理的相关政策法规，明确体系建设的制度要求和实施规范，以保障服务的合法性、规范性和高效性。其次是文化特色提升模块，强调根植于中国国情与传统文化，将中华优秀传统文化融入社会心理服务中，例如将儒释道思想的"和"文化、中医心理学的整体观等融入社会心理服务，提升社会心理服务的本土化和社会认同感。最后是运营服务提升模块，培养人才掌握社会心理服务的组织、实施和管理能力，包括项目设计、资源整合、成本控制和绩效评估，确保社会心理服务体系的长效运行和实践落地。这三方面的提升，帮助人才将专业理论与社会需求相结合，推动体系建设的适应性和可持续性。

### 3. "1"实践：探索实践+落地服务

社会心理服务体系的最终目的是全心全意为人民服务，因此人才培养必须落脚于实践，通过探索实践推动服务落地。在教育系统、机关和企事业单位系统、医疗系统、农村及基层社区系统等场景中，鼓励人才进行服务模式创新和机制探索，例如个案辅导、小组活动、家庭支持和社会干预等，将理论与实践深度结合。在灾害救援、突发公共事件等应急场景中，培养人才开展心理危机干预和群体心理支持的能力。通过服务实践，不断完善工作方法，积累实战经验，为体系建设注入活力和创新力。

## （八）健全八层全周期社会支持系统

社会心理服务体系是一套以个体为核心构建的全周期、全方位、多层次的社会支持系统。"同心圆模型"（如图6）全面展示了该体系的内容与结构，既是防范和化解个人极端事件的多维系统，也是提供社会支持、培育国民良好心理心态的重要保障。模型分为多个层次：第一、二层为内层圆，提供核心支持，直接面向个体；第三、四层为中层圆，作为中间支持，连接个体与社会资源；第五、六、七层为外层圆，构成广泛的社会支持网络；最外层为生态环境空间，为所有个体提供生活的基本环境支持。

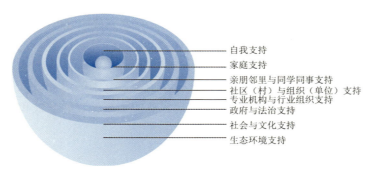

图6 "同心圆模型"

### 1. 核心支持——内层圈

（1）自我支持

自我支持是社会心理服务体系的核心基础。个体心理健康的维护首先依赖于自身的调节和管理能力。通过心理健康教育、心理咨询和科普宣传，帮助个体掌握情绪调节、压力管理、自我认知等技巧，增强心理韧性和自助能力。个体作为心理支持系统的起点，需要通过内在力量实现自我平衡，为后续外部支持的有效性奠定基础。

（2）家庭支持

家庭是个体心理健康的重要外延，是社会支持系统中的核心纽带。通过家庭心理辅导、家庭关系调适和压力疏解服务，推动家庭成员之间的相互关怀与支持，形成温暖和谐的家庭氛围。家庭支持不仅可以为个体提供稳定的心理保障，还能够帮助个体应对外界压力，提升其心理承受力。

### 2. 中坚支持——中层圈

（1）亲朋邻里与同学同事支持

亲朋好友以及邻里、同事、同学构成了个体日常社会关系的重要网络，是心理健康支持的中坚力量。这一层支持通过非正式社交网络的日常关怀和互动，为个体提供情感支持、实际帮助和社会归属感。通过社区活动、团队建设和关系调解机制，进一步强化这一支持网络的稳定性和持久性，提升个体的社会适应能力和幸福感。

（2）社区（村）与组织（单位）支持

社区组织、单位及其领导是心理支持的正式结构化网络。社区（村）与组织（单位）通过心理服务室、心理教育活动，为居民提供日常化心理支持。单位和领导则通过员工心理援助计划（EAP）、团队心理健康建设以及心理干预，为职工提供安全、可信任和有保障的工作环境。通过发挥社区和单位的组织力量，提升群体心理和谐程度，为个体提供切实的社会心理支持。

### 3. 外部支持——外层圈

（1）专业机构与行业组织支持

专业机构和行业组织是社会心理服务体系的技术支撑。各类心理、社会工作专业机构及行业组织为个体和群体提供专业化、精准化的心理评估、治疗和干预服务。通过完善专业服务网络、提升专业能力，提高预防和解决各类心理问题的能力。

（2）政府与法治支持

政府和法治支持即为社会心理服务体系提供政策、资源和法律保障。通过制定政策制度、整合部门资源、提供专项资金，为社会心理服务体系的运行提供全面支持。法治支持则通过完善相关法律法规，确保社会心理服务的规范性、科学性和公平性，为社会心理服务体系建设提供制度基础。

（3）社会与文化支持

社会和文化支持通过构建良好的社会心理氛围和价值导向，提升社会心理服务体系的认同感和广泛影响力。通过传播心理知识、倡导互助精神和文化传承，培育积极健康的社会心态，增强社会凝聚力和正能量。文化层面的支持则通过挖掘和传承中华优秀传统文化中的心理智慧，为社会心理服务赋予更多内涵和生命力。

（4）生态环境支持

生态环境支持是社会心理服务体系的外部保障。通过优化生态环境，包括自然环境和社会环境，为个体心理健康创造良好条件。通过建设绿色社区、改善自然生态，形成能够舒缓心理压力的外部环境。同时，通过社会治理模式的优化，减少社会冲突和心理问题的诱因，提升社会整体心理素养水平。

## 二、社会心理服务体系建设的发展目标

社会心理服务体系建设的发展目标是通过解决个体、群体和社会层面的问题，推动健康中国、平安中国和幸福中国的建设。这一目标可视为一个逐步推进的三级阶梯结构（如图7）:健康中国为基础，平安中国为保障，幸福中国为最终目标。三者相辅相成，共同促进社会发展与文明进步。

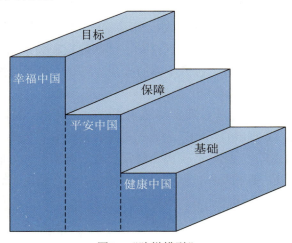

图7 "阶梯模型"

在健康中国层面，目标是防治心身疾病、减少心身问题、维护心身健康、提升心身素质、促进心身和谐、达到心身幸福。社会心理服务体系的核心任务是关注人群整体的

心理健康素养，尤其是在提升心身素质方面发挥作用，而非仅仅关注心理疾病的治疗。实际上，心理健康教育和素质提升是多数人群更为迫切的需求，因为真正患有心身疾病的人只是少数群体。因此，社会心理服务体系的目标应注重前端预防和教育，积极推动心理素质的提高，以减少心身问题的发生。在实践层面，要实现健康中国的目标，首先应通过建立健全社会心理服务网络，逐年增加村（社区）、学校、机关、企事业单位及精神专科医院等社会心理服务场所的数量，确保服务阵地的覆盖。其次，要加强社会心理服务工作者队伍的建设，发展心理服务领域的专业队伍，组建社会心理服务志愿者队伍等。通过多方力量的协作，确保服务"有人做"，并能够覆盖更多人群。此外，心理援助服务平台的建立也至关重要，要将心理危机干预纳入突发事件应急预案，实现大规模应急事件的心理援助工作。

在平安中国层面，目标是防止社会事件、加强社会治理、维护社会安定、促进社会和谐、提升社会文明、实现社会幸福。社会心理服务体系不仅关注个体的心理健康，更要解决社会层面的问题，如社会风险的预防和化解。通过建立完善的心理服务网络和定期的心理测评，可以更早发现并化解社会潜在风险，防止社会矛盾的加剧和社会不安情绪的蔓延。平安中国的目标在实践中需要从多方面入手。一方面，要依靠社会心理服务网络和常态化心理评估做好源头预防，及时发现社会风险隐患。另一方面，要健全畅通的诉求表达渠道，通过心理评估及时反馈民众需求，确保将大矛盾大风险化解在市域内，小矛盾小问题解决在基层。此外，针对弱势群体、高危人群及不同职业群体等，要定期进行心理排查，及时进行心理疏导和危机干预，确保社会的和谐与稳定。平安中国还需要通过社会心理服务体系在社会治理中的应用，实现溯源治理和矛盾纠纷的早期化解。运用科学的心理学方法，可以在人民调解、行政调解和司法调解等领域发挥重要作用，帮助高效低成本地解决社会矛盾，确保社会的和谐与安定。

在幸福中国层面，目标是通过提高社会各个层面的幸福感，实现经济开放富强、政治风清气正、文化繁荣兴盛、社会安定和谐、生态美丽宜居、精神文明富足。幸福中国不仅关乎物质层面的富裕，还包括精神文明的提升。实现幸福中国，需要从个体、家庭、邻里、组织、政府和国家等六个层级上进行多方推进，确保各层级的和谐共融，实现个体积极向上、家庭和睦温馨、邻里团结互助、组织高效关爱、政府公正法治、国家富强民主。

健康中国、平安中国和幸福中国三个目标相互关联、相互交织，构成一个有机的整体。建成以人民为中心，以中国国情与文化为基础，融合心理工作、社会工作、社会治理的综合性服务实践，完善全方位、全周期、多元化的社会支持系统，提升人民心身健康水平，增强社会治理能力，推进健康中国、平安中国和幸福中国建设的社会心理服务共同体（如图8），相关概念解析如图1所示。

图8　社会心理服务共同体

## 三、新时代社会心理服务体系建设的具体做法

新时代的中国社会心理服务体系建设提出了更高的要求,即如何基于中国本土国情实际,融合中华优秀传统文化,更好地形成以人民为中心的全方位、全周期、多元化的社会支持系统。追根溯源,中华优秀传统文化即是回答该问题的关键,面向中国式现代化的社会心理服务体系要凭借中华优秀传统文化来赋能。

中国文化实际上是一种"心"文化、"心"教育。《论语·子罕》中提到,"知者不惑,仁者不忧,勇者不惧"。"惑"而焦虑,"忧"而抑郁,"惧"而恐怖,极度的"惑""忧""惧"往往会引发焦虑症、抑郁症、恐怖症等现代心理疾病。对于如何预防"惑""忧""惧",古人也早已作出了回答,即"知""仁""勇"。"知者"常常具有较高的认知水平,能够正确地理解事物,具备判断力,所以不会感到迷茫或困惑;"仁者"由于心怀善意、宽容他人、情绪稳定,保持内心的平和,因此不容易感到忧虑;"勇者"不仅仅身体上勇敢,更在面对困难和挑战时表现得果敢与坚韧,能以坚定的态度应对,并迅速做出行动、采取措施,不会因恐惧而退缩。心理学中,人类心理活动的三种基本形式分别为认知、情感、意志(即知、情、意),恰好对应着上述的"知""仁""勇"。由此可见,中国传统文化包含了丰富的"心"智慧。具体来说,可以从以下四个方面展开。

(1) 儒释道"和"理念,强调人与自然、社会、他人及自身的和谐。儒家重视"仁"的修养,强调通过个人修身养性和和谐的人际关系建立稳定的社会秩序。孟子提出"穷则独善其身,达则兼济天下",表达了"仁"的深刻内涵。佛教则关注调整负面情绪与不良认知,培养感恩、慈悲等正向心理,帮助个体化解嫉妒、愤怒等情绪。道家主张"壹其性,养其气",提倡亲近自然、包容他人、调和内心冲突,以保持清静淡泊的心态。儒释道文化中对"和"的推崇为心理健康的建设提供了精神指引。

(2) 中医药文化对心理健康的重视可为社会心理服务体系的构建提供借鉴。《黄帝内经》提出"形神合一",强调心理与生理的紧密关系,认为心理现象不仅受到外界刺激的影响,还与身体的气血运作密切相关。历代医家如李时珍、刘智等也对心理现象进行了研究。近年来，国家大力推动中医心理学发展，并在失眠、焦虑、抑郁等心理问题的治疗中取得了显著成果。中医药文化中关于心理调节的理念，可以为提升个体心理素质和促进心理和谐提供宝贵的参考。

（3）在社会治理层面，"德治""礼治"思想提供了治国理政的智慧。孔子提出"导之以德，齐之以礼"，强调通过道德修养与礼仪规范来维持社会秩序的稳定，推动社会心态的健康发展。荀子将"礼"提升为治国安邦的重要手段，主张通过社会行为规范促进社会和谐。唐太宗和朱熹则进一步阐述了"德治"与"礼治"理念的社会价值，认为以德治国、以礼治国有助于维护社会的稳定与和谐。将这些治理思想融入社会心理服务体系，有助于提升社会治理的有效性和心理健康水平。

（4）中国传统文学与历史典故也蕴含着丰富的心理调节智慧。朱熹的生理心理观、王阳明的"知行合一"理念，以及范仲淹、苏轼等文学巨匠的名句，如"不以物喜，不以己悲"和"人有悲欢离合，月有阴晴圆缺"，都体现了面对生活起伏时的心理调适智慧。传统美德典故如"六尺巷""孔融让梨"的故事等，均蕴含着调解矛盾、增进和谐的人际关系的智慧，可作为社会心理服务在各个领域实际运用的重要素材。

通过汲取儒释道的"和"文化、中医药的养生智慧、"德治"和"礼治"治理理念，以及传统文学和历史典故，社会心理服务体系建设不仅能够融入深厚的文化传统，还能为个体与社会提供有效的心理调适和治理方案。这些文化资源为良好个体、群体心理以及社会心态的培育和提升提供了具有中国特色的理论基础和实践指南

闫洪丰

2025年2月18日